JN017793

実践！ウェル ビーイング

一般社団法人
セーフティグローバル推進機構

世界最強メソッド「ビジョン・ゼロ」

日経BP

実践！ウェル ビーイング

一般社団法人
セーフティグローバル推進機構

世界最強メソッド「ビジョン・ゼロ」

日経BP

はじめに

　私たちは今、世界的規模で大きな課題に遭遇し、転換期を迎えようとしています。例えば、地球の温暖化問題を抱え、コロナ・パンデミックを経験するなどの一方で、米欧と中ロの対立やロシアのウクライナ侵攻などの政治的な分断の時代に直面しつつあります。すべては、現実の大きなリスクといえます。これらの困難を乗り越えて、未来の世代のために、明るい将来の世界を構築する方向に転換し、今こそ、新しい社会的価値観を見いだして、その実現に向けて私たちは全員で努力したいものです。

　目指すべき新しい社会の価値観とは、どのようなものなのでしょうか──。それは、いつの時代でも、「全地球市民全員が、日常的に、"『安全』な環境に囲まれて、『幸せ』に暮らせる社会"」。これまでのいつの時代でも、そのような願いだったと思いますが、今回のコロナ・パンデミックが、このことを改めて私たちに教えてくれました。今ほど、次の時代の価値観として、"「安全」な環境に囲まれて、「幸せ」に暮らせる社会"の実現が強く希求される時代はないのではないでしょうか。これが本書の第一の提案です。

　ただ、人々が"「安全」な環境に囲まれて、「幸せ」を実感する社会"とは、あまりに対象が漠然としすぎているかもしれません。私たちは生活や現場の視点から、具体的に、確実に、そして地道に、「幸せ」を実現する道を進む必要があります。

　そのためには、まず、働く人を対象にするのがよいと考えます。世界の人口は80億人

に到達したといわれていますが、そのうちの半数以上の人々は明らかに働く人またはそれに関連した家族や関係者に他なりません。従って、企業が中心となって安全な環境で働く人の幸せ、すなわち「安全な環境の下で、心身ともに健康で、やりがいを持って仕事をすること」を目指すことから始めるべきだ、というのが本書の第二の提案になります。

　我が国では、1972年に労働安全衛生法が施行され、翌1973年からゼロ災運動が開始されて、労働現場における災害を劇的に減らしていくきっかけとなりました。一方、最近の欧州では、ゼロ災運動にヒントを得て、経営トップが率先して、いくつかの組織や企業に声を掛け、仲間をつくって労働災害を減らす「ゼロ・アクシデント・フォーラム」が発足しました。それが進化して、現在、「ビジョン・ゼロ」活動となり、労働安全衛生の世界的な潮流になってきています。

　事実、2022年5月に我が国で第2回「ビジョン・ゼロ・サミット」が開催され、多くの国際機関、政府機関、大手企業を巻き込んで世界的に注目を集める大イベントとなりました。このビジョン・ゼロ活動のメインテーマは、「安全、健康、ウェルビーイング」です。「安全な環境の中で、心身ともに健康で、生きがい、やりがいを持って仕事をする」──。これを広義のウェルビーイングと呼ぶこととすると、これこそが、前述した目指すべき社会の新しい価値観の着実な一つの目標なのではないでしょうか。ビジョン・ゼロ活動は、企業を中心に働く人を対象に発展してきましたが、今や、企業を超えて社会のすべての人々のウェルビーイングの実現に向けた目標になりつつあります。

ここで重視されるのは、技術の役割です。これまで社会の革命がそうであったように、そのスタートは、技術の発展から始まっています。今回の第4次産業革命といわれる変革を先導する技術的な発展は、ICT（情報通信技術）です。安全の面にも、健康の面にも、そしてウェルビーイングの面にも、その実現、向上のために、最近発展著しいICTを適用することができます。

　その時のキー概念として、人間と機械と環境がデジタル情報によるコミュニケーションを通して安全を確保する「協調安全」の考え方、そしてそれをICTの利用で実現する「Safety 2.0」と呼ぶ安全技術があります。ここでの重要な発想は、これまでの安全技術とは異なり、人間を中心にした技術の追求という点です。そこで、「ウェルビーイング・テック」という名目の下に、主に技術面から、協調安全とSafety 2.0に基づいた、広義のウェルビーイング向上に関する技術開発をしていこうというのが、本書の第三の提案です。実際、そのいくつかの現状を紹介します。

　ウェルビーイングという概念は、長らく「幸福」の解明のために心理学を中心に研究されてきました。本書で述べるウェルビーイングは、働く人のウェルビーイング、すなわち働くことに対する生きがい、やりがいを含み、その基本は安全と健康に裏打ちされている必要があることを強調しています。働く人のウェルビーイングの向上は、生き生きと働くことであり、それにより、企業の生産性が向上し、企業の発展につながる──。まさしく企業における経営課題と直結するのです。

新しい価値への転換が求められるこれからの社会では、企業がウェルビーイングを重視する経営が求められています。それが企業の社会的価値を向上させ、社会のウェルビーイングの貢献に直接つながるからです。逆に言えば、社会のウェルビーイングの向上に貢献することが、企業の価値向上に直結する時代に入ったといえます。

　すなわち、企業のウェルビーイング向上の活動が今後、企業価値を向上させ、持続的に社会へ貢献し続けていくことにつながります。これこそが、これからの企業としての社会における在り方の王道になると考えます。これが本書の第四の提案です。

　ここでもう一度強調しますが、企業におけるウェルビーイングの基本は、働く人のウェルビーイングの実現にあり、その基本は、安全、健康、ウェルビーイングに取り組む労働安全衛生活動そのものにあります。

　本書では、働く人の安全、健康、ウェルビーイングの実現を通して、企業のウェルビーイングを向上させ、それを通して社会の人々のウェルビーイングの貢献につながるための考え方と手法を解説しています。併せて、労働安全衛生における安全、健康、ウェルビーイングを世界的に主導する「ビジョン・ゼロ・サミット Japan 2022」において講演された内容を中心にして、世界の名だたる企業におけるウェルビーイングの先端的な活動を紹介しています。企業においてウェルビーイングをどのようにして向上させることができるのか、それを評価するための指標はどのようなものがあり得るのかなど、生き生きとした実例によって知ることができます。

さらに、本書では、労働安全衛生活動におけるもう一つの新しい考え方を提唱としています。それは、今までは、「労働災害を減らす」「疾病やメンタル障害を減らす」などのネガティブな領域でのリスク低減の目標を掲げていましたが、今後は、それらに加えて、「どのくらい元気に、安心して、生きがいを持って仕事ができるか」といったポジティブな領域での指標も掲げて、それを向上させ評価していこうとするものです。このように、労働安全衛生におけるマインドセットを根本から変えていこうというのが、本書の第五の提案に他なりません。

　我が国では2025年に、大阪・関西万博を迎えようとしています。そこでのメインテーマが、「いのち輝く未来社会のデザイン」であり、本書が求める安全、健康、ウェルビーイングの向上とは、お互いに共鳴するものがあります。大阪・関西万博を通して、企業の向上の切り札である広義のウェルビーイングが、一般社会の人々に広がり、すべての人々が「安全」な環境に囲まれて、「幸せ」に暮らせる社会の実現につながることを願っています。

一般社団法人セーフティグローバル推進機構

会長 向殿政男

contents

はじめに ……003

プロローグ　そして、その先へ ……011

第1章　企業がウェルビーイングに
　　　　本気で取り組まなければいけない理由 ……019

1-1　価値観の大転換が始まった ……020

1-2　狭義のウェルビーイングから広義のウェルビーイングへ ……022

1-3　企業が目指すウェルビーイングの中身 ……025

1-4　働く人のウェルビーイングは利益に直結 ……027

1-5　第14次労働災害防止計画に盛り込まれたウェルビーイング ……029

1-6　広義のウェルビーイング向上に最も適した技術 ……035

第2章　ESG 報告に使うウェルビーイング・データの中身 ……039

2-1　サステナビリティ情報は前向きであれ ……040

2-2　従業員がどう感じているかが重要 ……041

2-3　ウェルビーイング情報が目指すべき方向 ……043

2-4　ステークホルダーごとに異なる要求 ……046

2-5　ディーセント・ワークがウェルビーイング促進 ……051

第3章　ビジョン・ゼロはこうして世界最強メソッドになった ……057

3-1　世界のベストプラクティスを共有するビジョン・ゼロ ……058

3-2　国際会議からひもとく安全、健康、ウェルビーイングの潮流 ……064

3-3　国際会議からひもとく安全技術の潮流 ……073

3-4　多くの国が実践するビジョン・ゼロ ……083

3-5　ビジョン・ゼロと協調安全の連携の背景 ……088

○特別寄稿1　経営コミットメントの新しい形
　　　　　　社員と顧客の安全、健康、ウェルビーイングを守る ……093

○特別寄稿2 ビジョン・ゼロの本質
　　　　　世界の経験、革新的な実践方法の共有 ……104

第4章 ビジョン・ゼロの活用法と「ゼロからプラスへ」活動のススメ ……109

4-1 組織のウェルビーイング、従業員のウェルビーイング ……110

4-2 企業のウェルビーイングを高める4つのツール ……121

4-3 ウェルビーイング実践に必要なフレームワーク ……148

第5章 活用の場広がるウェルビーイング・テック ……157

5-1 ビジョン・ゼロが推奨する技術の積極活用 ……158

5-2 ウェルビーイング・テックの定義と技術要件 ……163

5-3 ウェルビーイング・テックを代表する協調安全／Safety 2.0 ……170

5-4 ウェルビーイング・テックを支援する社会的仕組み ……179

5-5 協働ロボットは働く人のウェルビーイングを高めるか ……188

第6章 ウェルビーイング・ベストプラクティス ……197

case 01 メルセデスAMG F1
　　　　労働安全衛生問題をレーシングマシン用語で語り、価値共有 ……198

case 02 BMWグループ
　　　　健康は最も重要な財産であり、人生の喜びのベースである ……203

case 03 ピレリ
　　　　安全はすべての人によって取り組まれるべき課題 ……207

case 04 トヨタ自動車
　　　　協働ロボットの導入と作業者のウェルビーイングの関係を測定 ……214

case 05 日揮グローバル
　　　　作業者の気持ちを動かす施策でウェルビーイングを高める ……214

case 06 ボッシュ・レックスロス
　　　　BBS「5つの基本原則」の実践、まずは行動を変える ……215

case 07 清水建設
　　　　ICTの力で建設現場の省人化・生産性・安全性をかなえる ……221

case 08　NIPPO
作業者検知で自動停止、重機運転手のストレス軽減 ……225

case 09　大和ハウス工業
ウェルビーイング・テックで高所作業者に安心感 ……225

case 10　積水ハウス
幸せな会社からイノベーションが生まれる ……226

case 11　AGC
経営トップが積極関与、メッセージを繰り返し発信 ……232

case 12　IDEC
安全文化構築の活動で目指す、組織にかかわる「心地よさ」……236

case 13　荏原グループ
しっかりとしたガバナンスなくしてOSHなし！ ……243

case 14　Grupo Energía Bogota
従業員に恐れやストレスを与えず、愛と信頼に基づいて会社を築く ……246

case 15　ノボ・ノルディスク
従業員のストレスを最小限に抑えるよう仕事を設計・管理する ……250

case 16　ロレアル
すべての活動の中心に「人」を据える ……256

case 17　ナイキ
「誰もケガをしない」職場を、サプライヤー企業と一緒につくる ……263

case 18　レゴ
リスクを未然に防ぐグローバルネットワークを構築 ……266

case 19　楽天グループ
「人々を幸せにする」責任者の役割と、哲学の共有 ……270

case 20　ドイツ法定災害保険 (DGUV)
幼少期からの安全教育が明るい未来をもたらす ……274

エピローグ　すべての人のためのビジョン・ゼロ宣言 ……281

おわりに ……288

『実践！ウェルビーイング』出版委員会／著者紹介 ……296

奥付 ……304

プロローグ

そして、その先へ

Sowing the seeds of Vision Zero

ビジョン・ゼロの種を蒔く世界中の仲間たち

旗の中のロゴは、「ビジョン・ゼロ・サミット ジャパン 2022」の
主催者、共催者、後援者、講演者の機関と組織。

Plant a seed of
Vision Zero

ビジョン・ゼロの
種を植える

芽生える Sprout

育つ Grow

種を広く蒔く

2014	2017	2019	2021	2022

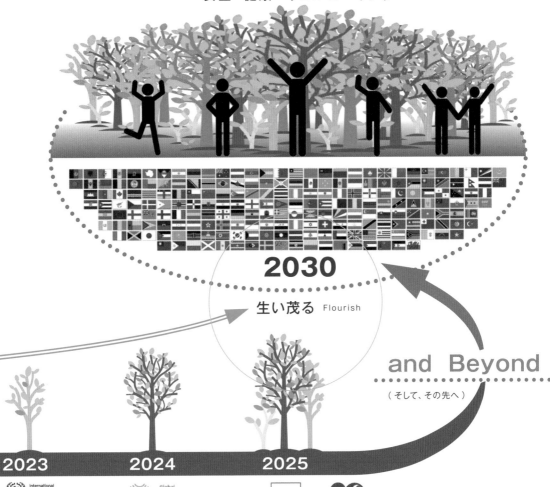

Vision Zero for All
安全・健康・ウェルビーイング

2030

生い茂る Flourish

and Beyond

（ そして、その先へ ）

2023　　2024　　2025

2023年4月にスペイン・ビルバオ、同年5月に大阪で、
「Global Initiative for Safety & Well-being
at EXPO2025 and Beyond」がスタート

安全、健康、ウェルビーイングの追求

年	エリア	概要
		QRコード	[参照Webサイト_検索キーワード]
2014	海外	ビジョン・ゼロという言葉が国際舞台に初めて登場したのは、2014年にドイツ・フランクフルトで開催された「世界労働安全衛生会議」だった。死亡・重篤災害ゼロを目指したコンセプトとして、さらには予防文化の発展のための共通のビジョンとして国際的に認知され、ビジョン・ゼロの共通目標「重大な労働災害や致命的な労働災害のない世界」が掲げられた。国際社会保障協会 (ISSA) がその後展開するビジョン・ゼロ・キャンペーンは、この国際会議が起点となり、より包括的なアプローチを軸に、職場予防文化として伝統的な安全リスクだけではなく、新たに健康やウェルビーイングの視点を取り入れた職業的リスクまでを包含するようになった。 https://www.dguv.de/medien/inhalt/praevention/praev_lohnt_sich/jahrbuch/jahrbuch-2014-2015/jb_2015_en.pdf [DGUV Prevention Yearbook 2014/2015]
2015	海外	国連機関である国際労働機関 (ILO) は2015年、G7と協力して、「グローバル・サプライチェーンにおける重大・致死的な災害、傷害、職業疾病の発生をゼロにする」ことを目的に、「ビジョン・ゼロ・ファンド (VZF)」を発足させた。背景には、①世界で毎年200万人以上が業務上の疾病で死亡し、世界の労働人口の60%が労働災害や疾病から効果的に保護されていない、②労働関連の事故や病気によって、世界で国内総生産 (GDP) が年間4%減少している、という深刻な現実がある。そこで、低・中所得国で事業を展開する企業において、労働安全衛生活動を育成・強化し、公的・民的行動を拡大していこうと、VZFの枠組みがつくられた。最近では、G20がこの活動を支持するようになっている。 https://vzf.ilo.org/ [Vision Zero Fund]
2015	日本	2015年、次世代の安全を目指す新しい考え方として、人と機械と環境がICT (情報通信技術) などの先進技術を活用しながら協調して安全化を図る「協調安全」という概念と、「Safety 2.0」という技術方策が日本から向殿政男 明治大学名誉教授により提案された。40年前には当たり前だった、人の注意に依存した Safety 0.0、およそ20年前にさまざまなISO (国際標準化機構) 規格やIEC (国際電気標準会議) 規格を作成して確立された、人と機械を隔離する Safety 1.0 といった古典的方策だけに頼るのではなく、人と機械と環境をICTで繋ぐ、すなわち最新技術をフルに活用して安全、健康、ウェルビーイングを実現しようとする潮流が日本から発出された。 https://institute-gsafety.com/safety2/ [協調安全 Safety2.0]
2016	日本	一般社団法人 セーフティグローバル推進機構 (IGSAP : The Institute of Global Safety Promotion、会長：向殿政男) を設立し、技術の先進化により新たな安全・安心、さらには健康、ウェルビーイングを推進する活動が日本において開始された。 https://institute-gsafety.com/ [IGSAP]
2017	海外	ISSAによりビジョン・ゼロキャンペーンがスタートしたのは2017年。シンガポールで開催された「世界労働安全衛生会議」において、ビジョン・ゼロが最重要テーマとして取り上げられ、前回2014年の同会議で発表されたビジョン・ゼロ構想に基づく具体的な行動を呼びかけるために、ISSAのビジョン・ゼロ・キャンペーンが開始された。シンガポール労働省のリム・スイセイ大臣も、閉会講演でビジョン・ゼロの重要性を訴え、その後、ビジョン・ゼロは世界的な大きな潮流へと進展していった。 https://visionzero.global/vision-zero-issa-launches-global-campaign-zero-accidents-diseases-and-harm-work [ISSA Vision Zero Campaign]

2017	海外	 https://www.jisha.or.jp/international/exchange/report07.html ［第21回世界労働安全衛生会議2017］
	海外 ＋ 日本	ビジョン・ゼロを日本でも推進するきっかけをつくってくれたのは、2017年6月にIGSAPが主催した、協調安全／Safety 2.0をテーマにした「第1回国際安全シンポジウム」に参加するために来日した、ドイツ労働安全衛生研究所（IFA）ディレクターのディートマール・ライナート博士である。博士は、「これからの欧州をはじめとする世界では、安全、健康、ウェルビーイングを追求するビジョン・ゼロの考え方が主流になるから、日本が協調安全／Safety2.0に関わる技術開発を推進するならば、このビジョン・ゼロの動きと連動するのが望ましい」とアドバイスをくれたのである。そこでIGSAPでは、全世界の安全、健康、ウェルビーイングの専門家約40人と交流を開始し、その後連携することにより、協調安全／Safety 2.0とビジョン・ゼロを組み合わせた包括的活動（ホリスティック・アプローチ）を推進している。 https://institute-gsafety.com/international-safety-symposium/2017-1/ ［第1回国際安全シンポジウム］
2018	海外 ＋ 日本	フランス・ナンシーで開催された「産業オートメーションの安全に関する国際会議（SIAS：International Conference on Safety of Industrial Automated Systems）」で、向殿政男IGSAP会長から協調安全／Safety 2.0の重要性を国際舞台で初めて発表。 https://www.jisha.or.jp/international/topics/201901_03.html ［SIAS安全国際会議］ 2018年6月日本電気制御機器工業会（NECA）は"世界における安全安心の新潮流：協調安全 Safety2.0と VISION ZEROの連携推進に関する日欧戦略的協同"というシンポジウムを開催、また経済産業省国際標準化事業等において協調安全を共に実現するパートナーとして、デンマーク、フィンランド、オランダ等から安全やウェルビーイングの専門家を招聘し、意見交換会を開催すると共に、FANUCの工場や清水建設のトンネル工事現場など、日本が安全やウェルビーイングを重要視している現場視察や意見交換会を実施。 https://www.neca.or.jp/wp-content/uploads/sei2022sp21-Part2.pdf ［NECA国際シンポジウム］［世界における安全安心の新潮流］ 2018年11月に東京・港区の機械振興会館で開催された「第3回国際安全シンポジウム」では、当時のISSA事務総長であるハンス-ホルスト・コンコレフスキー〔現・国際ORP（Occupational Risk Prevention）財団理事長〕が来日、日本でのビジョン・ゼロのローンチを行った。日本発のゼロ災運動から姿を変え、トップマネジメントがリーダーシップを執るビジョン・ゼロとして日本に再上陸を果たしたのである。 https://institute-gsafety.com/international-safety-symposium/2018-3/ ［第3回国際安全シンポジウム］
2019	海外 ＋ 日本	2019年11月には、フィンランド労働衛生研究所（FIOH）の主催で第1回ビジョン・ゼロ・サミットがフィンランド・ヘルシンキで開催された。ビジョン・ゼロのさまざまな側面について議論し、ベストプラクティスと教訓の共有を図った。このサミットで日本から8件の論文を発表、開催国のフィンランドに次ぐ発表件数であり、協調安全やANSHIN（安心）等に関する講演が好評であり、次回の日本開催への流れが生まれた。さらに、このサミット期間中に、ILOの呼びかけにより「労働安全衛生グローバル連合（Global Coalition for Safety and Health at Work）」が発足した。 https://www.julkari.fi/bitstream/handle/10024/139157/VisionZeroSummit2019_Proceedings.pdf?sequence=5&isAllowed=y ［Proceedings of the Vision Zero Summit 2019］

		https://www.globalcoalition4osh.org/ [Global Coalition for Safety and health at Work]
2020	海外 ＋ 日本	労働安全衛生グローバル連合の活動が具体的にスタートし、6 つのタスクグループが設立された (2023 年 3 月時点では 5 つ)。その中の一つが、「Task Group on Vision Zero for the Enterprize Level (企業へのビジョン・ゼロ浸透を目指したタスクグループ)」である。メンバーは、FIOH、ILO、ISSA、英労働安全衛生研究所 (IOSH)、国際労働衛生工学協会 (IOHA)、IGSAP から各 1 人ずつの計 6 人。企業における安全、健康、ウェルビーイングの実践活動を開始した。そして、このタスクグループが、「第 2 回ビジョン・ゼロ・サミット ジャパン」の主催者として計画を推進した。
		https://www.globalcoalition4osh.org/task-groups/ [Task Group,] [Global Coalition for Safety and health at Work]
		経済産業省の支援により、IEC の MSB (Market Strategy Board) が中心となり、IEC 白書 "Safety in the Future" を発行。協調安全／Safety 2.0 やビジョン・ゼロの将来展望を概説した。国際標準化団体である IEC からの正式文書だったため、広く世界中の安全、健康、ウェルビーイングの専門家の目に届くことになり、その後のビジョン・ゼロ活動へのプラスの影響、すなわち技術が安全やウェルビーイングに有用である、という方向性を与えた。
		https://www.japan-certification.com/wp-content/uploads/iec_wp-Safety-in-the-Future_JP20210713.pdf [IEC 白書 "Safety in the Future"]
2021	海外	「第 22 回世界労働安全衛生会議」がカナダにおいて、「Prevention in the Connected Age (接続の時代における予防)：すべての人に安全で健康な仕事を達成するためのグローバルな解決策」をテーマに開催された。
		https://www.ilo.org/tokyo/information/pr/WCMS_820222/lang--ja/index.htm [第 22 回世界労働安全衛生会議]
		欧州委員会 (European Commission) は、持続可能な新しい産業のコンセプトとして 2021 年に「インダストリー 5.0」を発表。人を中心に置き、技術的にも安全、ウェルビーイングの重要性を目標の一つに設定した。
		https://research-and-innovation.ec.europa.eu/research-area/industrial-research-and-innovation/industry-50_en [EU Industry5.0]
		WHO が 2021 年末に発表した新しいシンボルは、国連の SDGs (持続可能な開発目標) の 17 のアイコンを周囲に、「Well-being」をその中央に配置し、2030 年の SDGs 達成の先にウェルビーイングがあることを示唆した。
		https://www.who.int/publications/i/item/9789240039384 [Towards developing WHO's agenda on well-being]
		英国の IOSH は "Catch the Wave" を 2021 年からスタートした。
		https://iosh.com/businesses/iosh-for-business/catch-the-wave/ [IOSH Catch the Wave]
2022	海外 ＋ 日本	「ビジョン・ゼロ・サミット ジャパン 2022」は、2019 年にヘルシンキで開催された第 1 回に続く、第 2 回として日本で開催。主催したのは、労働安全衛生グローバル連合と、日本から IGSAP、産業技術総合研究所、労働者健康安全機構 労働安全衛生総合研究所の三者。講演者は 41 の国・地域から 200 人を超え、聴講者は述べ 7835 人を数えた。安全、健康、ウェルビーイングの重要性が認識され始めたここ 6 年間で、おそらく世界最大級の国際会議といえる。ニューノーマルにおけるウェルビーイングの在り方を活発に議論し、最後には Vision Zero for All をうたった「東京宣言」を発出した。

2022	海外 ＋ 日本	https://japan.visionzerosummits.com/ja/ ［ ビジョン・ゼロ・サミット ジャパン 2022 ］
		https://japan.visionzerosummits.com/ja/japan-2022-jp/tokyo-declaration/ ［ すべての人のためのビジョンゼロ東京宣言 ］
2023	海外 海外 ＋ 日本	「第 23 回世界労働安全衛生会議」が、オーストラリア・シドニーで開催される予定。 https://safety2023sydney.com/ ［ The 23rd World Congress, Sydney ］ The Global Initiative for Safety & Well-being at EXPO2025 and Beyond が発足し、2023 年 4 月にスペイン・ビルバオで、そして同年 5 月に大阪でキックオフイベントが開催される予定。 https://institute-gsafety.com/well-being-tech-international-2023/ ［ ウェルビーイング テック インターナショナル 2023 ］ https://fiorp.org/en/events/orpconference-bilbao-2023/ ［ ORP コングレス 2023 ］
2024	海外 ＋ 日本	労働安全衛生グローバル連合主催により、「第 3 回ビジョン・ゼロ・サミット」が開催される予定。 The Global Initiative for Safety & Well-being at EXPO2025 and Beyond によりイベント、シンポジウムなどが日本で開催される予定。
2025	海外 ＋ 日本	The Global Initiative for Safety & Well-being at EXPO2025 and Beyond により 2025 年日本国際博覧会「大阪・関西万博」に連動し、大々的な安全、健康、ウェルビーイングに関するシンポジウムやイベントが開催される予定。ビジョン・ゼロを働く人に限定するのではなく、すべての地球市民に拡大し、重要なコンセプト「Vision Zero for All」をいかに世界中に浸透させるのかをまとめた「大阪宣言」が発出される予定。 https://www.expo2025.or.jp/ ［ 大阪万博 2025 ］
2030	海外 ＋ 日本	SDGs は、「誰一人取り残さない（leave no one behind）」持続可能でよりよい社会の実現を目指す世界共通の目標で、2015 年の国連サミットにおいてすべての加盟国が合意した「持続可能な開発のための 2030 アジェンダ」の中に掲げられている。これに呼応し、安全、健康、ウェルビーイング、すなわちビジョン・ゼロを全地球市民に浸透させる活動へ拡大・発展させる予定。このころには、ビジョン・ゼロ・サミット ジャパンで発出した東京宣言にあるように、ビジョン・ゼロの活動は世界中のあらゆるステークホルダーが一緒になってますます進化・発展を遂げ、それを世界中で共有し、相互にベンチマークしている状況になっていることであろう。 https://www.unic.or.jp/activities/economic_social_development/sustainable_development/2030agenda/ ［ SDGs 持続可能な開発のための 2030 アジェンダ ］

第 1 章

企業がウェルビーイングに
本気で取り組まなければいけない理由

1-1 価値観の大転換が始まった

　経済第一主義、すなわち規模と利益の増大を目指して突き進むことを良しとしてきたこれまでの企業や社会の価値観は、このたびのコロナ・パンデミックにより、大きく変わろうとしています。

　コロナ以前からも、優良な大手企業を中心に、社会貢献を目標にしたESG（環境、社会、ガバナンス）経営やそれを支援するESG投資が進められてきました。さらに、自然環境を大事にして地球の持続的発展を目的に、これまでの開発・発展で取り残されてきた世界的な問題の解決に貢献すべくSDGs（持続可能な開発目標）が叫ばれ、それらへの貢献の方向に舵を切る企業が増加してきました。そして、ここへきてのコロナの経験により、社会の価値観は着実に変わろうとしています。筆者の目には、その方向性は、「モノを持つ豊かさ」から「心の豊かさ」へ、「見えるもの」から「見えないものに対する価値の重視」へ、「画一」から「多様性の重視」へ――といった流れのように映ります。

　ここで、身近な例として我が国のものづくりにおける企業の価値観の変化とその対応を振り返ってみましょう（**図表1-1**）。

　終戦後、我が国はモノ不足でした。その中、低価格のモノを大量に供給するという価値観に基づいて、安かろう・悪かろうというものづくりの時代を経験しました。それが、大量生産、大量消費、使い捨ての時代につながり、我が国は品質管理や生産技術によって高いコスト競争力を発揮して世界の中で勝ってきました。

　1970年代の石油危機の時には、エネルギー効率性の向上や生産性の向上で克服し、また、その後のモノに対する価値観の変化に対しては良い品質で高機能のモノを造るという価値観の下、品質・機能競争によって勝ち抜いてきました。これらの基本は、主として技

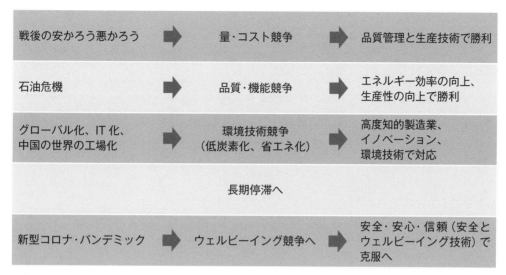

図表 1-1　我が国のものづくりにおける価値観の変遷（出所：筆者）

術に基づいた対応といえます。

　次に訪れたのは、グローバル化、中国の世界の工場化、IT化の時代で、これらには高度な知的製造業やイノベーションで対抗してきました。そして現在は、環境技術などの開発で、低炭素化（カーボンニュートラル）や省エネ化の技術競争に勝ち抜こうとしています。

　しかし現実には、組織の硬直化、さらには危機感と機敏さの欠如などから、この急激な時代と価値観の変化の対応に立ち遅れたといわざるを得ません。ものづくりの世界では停滞が続き、地盤沈下がささやかれるようになりました。実際、スイスに拠点を置く国際経営開発研究所による日本の総合競争力は、1992年に1位だったのが2022年には34位にまで下がっています。こうした中で起きたのが、今回のコロナ・パンデミックです。ものづくりの世界は、次の新しい価値観をどこに置くべきなのでしょうか――。

　筆者は、「利用者の視点に立った安心できるものづくり」と考えます。製品を購入する消

費者や機械類を使用する作業者が、利用者として、安心して、愛着を持って使う。これが本来のものづくりではないかと思います。

　日本は、世界のものづくりの中での役割を見失った現在、次の時代のビジョンとして、安心して、信頼して使ってもらい、幸せ感を得てもらうという心の面に目を向け、日本文化に根付いたものづくりに方向を定めるべきではないでしょうか。これこそが、他の追従を許さない差別領域になるはずです。そのためには、まず、安全な製品を造ることが前提となります。その上で、顧客との間で長期にわたるコミュニケーションを通じて、信頼を得るという「ものづくりの王道」に戻る時代だと考えます。

　ここまで説明してきた時代の流れ、価値観の変化は、ものづくりだけに限った話ではありません。「安全な環境で、安心して、幸せに暮らしたい」ということが、これからの社会の新しい価値観になっていくことでしょう。それが、本書で提案する「安全とウェルビーイング」の時代の到来を意味するものです。

1-2　狭義のウェルビーイングから広義のウェルビーイングへ

　政府の「成長戦略実行計画」(2021年6月)における成長戦略の考え方の中に、「国民がWell-beingを実感できる社会の実現」という言葉が明記されています。では一体、一般市民として、ウェルビーイングを実感できる社会とは、具体的にはどのような社会なのでしょうか——。本書では、前述したように、それを「安全な環境において、安心して、幸せに暮らす」ことと考えています。

　ここで、これまでに考えられ、研究されてきた、ウェルビーイングの考え方を振り返っておきましょう。

　ウェルビーイングという言葉が最近、企業経営を中心に、新聞や雑誌でよく見かけるよ

うになりました。ウェルビーイングに対応する的確な日本語はなく、「幸せ」「幸福」「健康」「福利」「福祉」「満たされた状態」などなど、状況によって訳し分けられています。ウェルビーイングとは本来、「Well＝良く」「Being＝存在する・生存する・生きる」ことを意味し、歴史的には欧州で古くから用いられていました。

　一方、心理学では、古くから「幸福」に関連して、ウェルビーイングに関する奥深い、種々の研究が多く実施されており、多数の分類、定義などが提案されています。一例を、**図表 1-2** に紹介します。

医学的ウェルビーイング	心身ともに病気ではなく、機能障害がない状態のウェルビーイング
主観的ウェルビーイング	人間心理における快楽に関するウェルビーイング
心理的ウェルビーイング	心身の潜在能力の発揮、人生の意義、やりがいの発見としてのウェルビーイング

図表 1-2　ウェルビーイングの種類の例（出所：筆者）

「医学的ウェルビーイング」は、人間の心身が健康であることを、「主観的ウェルビーイング」と「心理的ウェルビーイング」は人間の心の在り方を述べています。主観的ウェルビーイングと心理的ウェルビーイングの違いは、前者が楽しいなどの快楽的な「感情」に関しての、後者がやりがいや生きがいなどの「意欲」に関しての概念といえます。

　最近、ウェルビーイングという言葉が頻繁に用いられ始めている理由には、大きく分けて二つの流れがあります。

　一つは、1946 年の世界保健機関（WHO）の設立時の憲章の中で宣言されている健康の定義です。そこでは、「健康とは、ただ単に病気ではないとか、虚弱ではないというだけでは

なく、肉体的にも、精神的にも、そして社会的にも、完全にウェルビーイング（Well-being）な状態にあることをいう。」となっています。要は、健康の説明にウェルビーイングという言葉が用いられていたのです。なお、我が国では現在、WHO の健康の定義を基本にして、厚生労働省の雇用政策研究会報告書の中でウェルビーイングが定義されています（図表 1-3）。

ウェルビーイング （Well-being）	個人の権利や自己実現が保障され、身体的、精神的、社会的に良好な状態にあることを意味する概念

図表 1-3　ウェルビーイングの定義の例（出所：厚生労働省）

　もう一つの流れは、最近の労働安全衛生の分野における、「ビジョン・ゼロ（Vision Zero）」活動[1~3]です。その主テーマは、「安全、健康、ウェルビーイング」。安全（Safety）、健康（Health）と共に、ウェルビーイング（Well-being）が表明されているのです。

　労働安全衛生におけるこのビジョン・ゼロの活動は、安全、健康、ウェルビーイングを同時に掲げることで、ウェルビーイングを心理学の心に関する狭い研究分野から、人間の肉体、精神、心を含めた広い分野に開放したものと考えることができます。本書でいうウェルビーイングは、この安全、健康、ウェルビーイングに沿ったものであり、生活に密着した立場で広く考えています。

　すなわち、本書におけるウェルビーイングは、安全、健康、ウェルビーイングの三つを含んだ広義のウェルビーイングです。ここが、極めて重要です。例えば、社会のウェルビーイングは、社会で生活する人々が、「安全な環境で幸せに、安心して暮すこと」ができる状態と考えます。今後のウェルビーイングの研究、活動の主流は、この広義のウェルビーイングの考え方になると、筆者は見ています。

これからの社会は前述したように、「安全とウェルビーイング」を重視する方向へいくことでしょう。社会のウェルビーイングの実現には、国や自治体の法規や規則、および一般の人々の価値観と共に、社会の中で大きな存在である企業の価値観、すなわち企業としてのウェルビーイング向上が重要な役割を担うことは間違いありません。

1-3 企業が目指すウェルビーイングの中身

次に、企業としてのウェルビーイングについて考えてみましょう。企業の真の目的は、社会の発展に継続的に貢献することにあるはずです。そして、社会がウェルビーイングを重視する時代を迎えようとしている中、企業には今や、ウェルビーイングを重視した経営が望まれます。そこでまず、企業と、ウェルビーイングの基本にあるとした安全との関係について振り返ってみましょう。

そこで、**図表1-4**を見てください。筆者は、企業における安全には三つの側面があると考えています。

一つ目は、顧客の安全です。製品安全と総称してもよいと思います。製品やサービスの安全を確保し、顧客に安心して使ってもらうのが企業の使命といえます。二つ目は、働く人の安全。ここで働く人とは、作業者だけではなく、役員や管理者などの企業や組織にかかわるすべての人を指します。いわゆる労働安全衛生です。そして三つ目が、経営安全と筆者が呼んでいるものです。経営にかかわる各種のリスクを適切にマネジメントし、コンプライアンスを重視して、透明性、公開性を持って社会の発展に積極的に貢献する経営を目指すことを意味しています。

社会がウェルビーイングを目指す時代において、企業は、上述の三つの安全をウェルビーイングまで拡張し、社会貢献を目指す必要が出てきました。

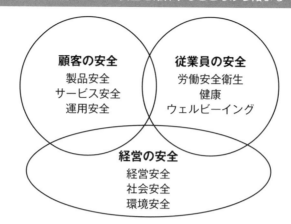

図表 1-4　企業に課されている三つの安全（出所：筆者）

　一つ目の製品安全であれば、顧客の安全確保は当然のこととして、製品やサービスなどの提供を通じて、顧客が健康を意識しながら満足に、楽しく心豊かになることを目指します。二つ目の労働安全の場合には、働く人が安全な職場で、健康的に、やりがいや生きがいを持って前向きに仕事ができるようにします。そして三つ目の経営安全であれば、企業のパーパスの中にウェルビーイングの向上を掲げ、リスクを予見して対応し、顧客や働く人のウェルビーイング向上を通して、社会に継続的に貢献することを目指します。

　多くの企業はこれまで、健康経営、安全経営（従業員の安全確保を重視する経営）、そしてESG経営やSDGs経営といったスローガンを掲げてきました。これからは、これまでの安全と健康だけではなく、関係する人々のウェルビーイング、すなわち関係する人々全員の幸せややりがいも、企業経営の目的の中に入れることが望まれるようになってきたのです。このことが、本書でいう企業におけるウェルビーイングの中身に他なりません。

　企業は、働く人、顧客、そして業界や地域社会などのウェルビーイングの向上を目指

し、その活動を通して、社会全体のウェルビーイングの向上に貢献する──。それにより、企業価値が向上するだけではなく、優秀な人材が集まるという好循環が期待されるのです。

1-4 働く人のウェルビーイングは利益に直結

さらに、企業のウェルビーイングの中でも、働く人のウェルビーイングについてより深く考えてみましょう。

働き方改革が叫ばれる中、多くの企業は現在、労働環境の整備や、画一的な勤務スタイルから多様な働き方への移行など、さまざまな模索をしています。これは、「いかによい仕事をするか」から「生きがいの中でどう仕事を位置付けるか」へと、まさに今、社会が求めているウェルビーイングの方向にシフトしていることを表しています。

生産性を上げつつ、充足感も味わえる積極的なスタイルへ──。この方向こそが、「安全な環境が確保され、健康で、安心して、やりがい、生きがいを持って仕事をする」という働く人のウェルビーイングに他なりません。結果、安全性と生産性、快適性などが同時に向上することへとつながるのです。こう考えると、企業のウェルビーイングの基本は明らかに、働く人のウェルビーイングの実現にあり、その向上に関しては、働く人の安全、健康、ウェルビーイングを目指すビジョン・ゼロ活動の方向とピタリ一致しています。

働く人のウェルビーイングの向上は既述したように、業界、地域を通して顧客のウェルビーイングにつながり、引いては社会全体のウェルビーイングに貢献します。この循環こそが、企業価値の向上、そして利益につながることになるのです。

では、現実問題として、働く人のウェルビーイングを高めるにはどうすればよいのでしょうか、さらに働く人のウェルビーイングの現状の度合いはどのように評価すればよい

のでしょうか──。

　これらの疑問に関しては、本書の中で多くの解が示されています。例えば、働く人の前向きな気持ちややりがい、幸せなどを評価する前向き先行指標「PLI：Proactive Leading Indicator」や、ビジョン・ゼロ活動を推進するための「7ゴールデンルール」などです（**図表1-5**）。特に、7ゴールデンルールの評価項目については、経営トップを含めた組織における労働安全衛生の現状を評価することを主な目的としていますが、企業のウェルビーイングの評価にも大いに参考になることが既に示されています（第4章参照）。

　さらに、ICT（情報通信技術）やIoT（モノのインターネット）、センサーといった技術は、ウェルビーイングを高めるだけではなく、ウェルビーイングの度合いを測定・評価す

1. リーダーシップをとり、コミットメントを示しましょう
   Take leadership – demonstrate commitment

2. 危険源を同定し、リスクをコントロールしましょう
   Identify hazards – control risks

3. ターゲットを定めてプログラムを作成しましょう
   Define targets – develop programmes

4. 労働安全衛生体系を整備しましょう
   Ensure a safe and healthy system – be well-organized

5. 機械、設備、作業エリアの労働安全衛生を確保しましょう
   Ensure safety and health in machines, equipment and workplaces

6. 従業員の資格を向上し、能力を開発しましょう
   Improve qualifications – develop competence

7. 人材に投資し、参加を通じてやる気を高めましょう
   Invest in people – motivate by participation

図表 1-5　ビジョン・ゼロの7ゴールデンルール（出所：ISSA）

るためにも重要な役割を果たします。この辺りは、本書の第5章で詳しく述べていますので、ぜひ参考にしてください。

　一方で、働く人のウェルビーイング、すなわち「明るく、楽しく、安心して、やりがいを持って働く」ということについては、主観的要素が多いため、ある項目は回数などの客観的な数値として計量できるものの、ほとんどの項目は主観的なアンケート調査に頼らざるを得ない部分が多くなります。それでも、なるべく客観的に把握できるように努力をすべきです。そして、その結果は、業種により、企業により、組織を構成する人々により、評価項目にそれぞれ特色が出るなど、異なる可能性があります。が、それでよいのです。本書で示される多くの例を参考に、各企業においてそれぞれの方向、それぞれの評価方法を工夫してほしいと思います。

　大事なことは、現状を把握し、強みと足りないところを理解した上で、ウェルビーイングを高めるために、常に、前年に比べて前進するアプローチを目指していくという点です。この意味では、他社と比較するよりも、前年の自社との比較の方が重要であり有効であると考えられます。

1-5 第14次労働災害防止計画に盛り込まれたウェルビーイング

　ここまで、ウェルビーイングを中心に話を進めてきましたが、企業経営を考える上では労働安全衛生との関係を整理しておく必要があります。労働安全衛生の歴史を簡単に振り返りつつ、今後、ウェルビーイングという観点からどのような取り組みが求められているのかを解説しましょう。

　労働安全衛生法が施行されたのは、1972年のこと。労働災害による死亡者が毎年6000人を超えて発生していた事態を鑑み、労働基準法から分離独立する形で定められました

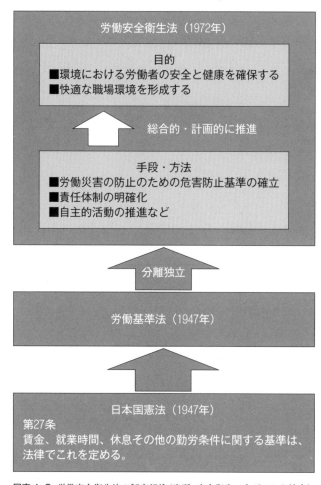

図表 1-6 労働安全衛生法の制定経緯（出所：安全衛生マネジメント協会）

（図表 1-6）[4]。

　その第六条には、労働災害を減らすために「労働災害防止計画を策定しなければならない」とあります。同計画は、労働安全衛生法が成立する以前の 1958 年を初年度とする「第

1次労働災害防止計画」以来、5年ごとに策定されてきました。そして2024年度からは、「第14次労働災害防止計画」がスタートします。実は、この中の「1 計画のねらい （1）計画が目指す社会」の中にウェルビーイングが、下記のようにしっかりと盛り込まれているのです*1。

「誰もが安全で健康に働くためには、労働者の安全衛生対策の責務を負う事業者及び発注者のほか、労働者、消費者・サービス利用者など、すべての関係者が安全衛生対策について、自身の責任を認識し、真摯に取り組むことが重要である。

（中略）

さらに、いずれの事業場の規模、雇用形態や年齢等によらず、どのような働き方においても、『ウェルビーイング』の確保を前提として、多様な形態で働く一人一人が潜在力を十分に発揮できる社会を実現しなければならない。」

すなわち、これからの企業経営においては、労働安全衛生の側面からウェルビーイングの確保を前提にしなければなりません。では、どのようにしてウェルビーイングを確保していけばよいのでしょうか――。続いては、少し大局的な視点に立ち、これまでの考え方を振り返りながら、今後の在り方を見ていきます[5]。

ネガティブ領域からポジティブ領域へ

従来の労働安全衛生活動の主な目的は、労働災害防止、すなわち職場での死亡事故や重

---

*1 「（1）計画が目指す社会」の中には、労働者の安全衛生対策に対し事業者および発注者が責務を負うこと、DX（デジタル・トランスフォーメーション）の進展を踏まえ AI（人工知能）やウェアラブル端末、VR（バーチャル・リアリティー）、メタバースなどを積極活用すること、就業形態の変化はもとより労使のニーズや価値観の多様化に対応すること、費用としての人件費から資産としての人的投資への変革を促進すること、安全衛生対策に積極的に取り組む事業者が社会的に評価される環境を醸成することなどがうたわれています。こうしたことから、労働安全衛生の推進には、経営層の理解がますます重要になりつつあります。

症事故、けがなどをいかに減らすかという点にありました。人間の身体、特に物理的な肉体に対する「安全」の確保といえます。そのための結果指標として、例えば、災害の度数率や強度率が用いられてきたのは、周知の通りです。

　次に、職場では、職業に起因する身体的な病気（疾病）の防止が大きな課題になりました。同時に、過重労働やストレスなどに起因する、肉体的な病気や精神的な障害が増加するようになったのです。そこで、これらをいかに減らすかが次の重要な課題になり出し、働き方改革や健康経営へとつながっていきました。加えて、セクハラなどメンタルの問題が浮上。職場で楽しく仕事ができない、明るい生活ができないという意味で、いわゆる心の問題です。この最後の課題こそが、ウェルビーイングにつながる問題といえます。

　こうした労働安全衛生の流れを、ビジョン・ゼロの活動に沿う形で安全、健康、ウェルビーイングの側面から眺めてみましょう（**図表 1-7**）。

　まずは、図表 1-7 の左側を見てください。ここは、従来のマインド（考え方）であり、働く人にとって「身体的障害がない」「身体的病気、疾病がない」「（メンタルなど）精神的障害がない」など、「……がない」というネガティブ（負）の面を対象としていました。これを、主としてマイナスをゼロにする動きと捉え、「旧概念」とします。無論、こうした視点は今後も大事になりますが、これからの労働安全衛生はこの世界にとどまっていてはなりません。

　そこで、同図表の右側に目を転じてみてください。ここで伝えたいのは、これまでの視点を基礎として、さらに前向きに、ポジティブ（正）の領域で向上するようにマインドを変えていく必要があるということです。すなわち、ゼロからプラスへ向かう努力であり、これを「新概念」と記しました。

　この新概念においては、「安全」とは、機械設備の安全化が施されてリスクが許容可能な状態にまで低減し、作業者はその小さなリスクを受け入れた上で、リスクから解放されて

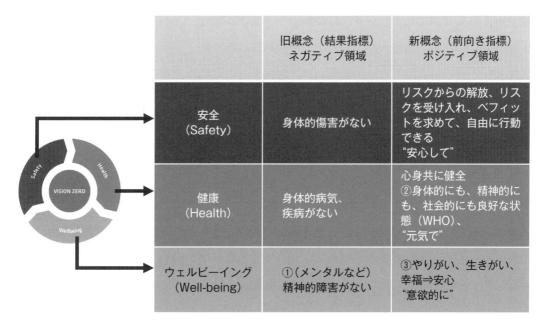

	旧概念（結果指標）ネガティブ領域	新概念（前向き指標）ポジティブ領域
安全 （Safety）	身体的傷害がない	リスクからの解放、リスクを受け入れ、ベフィットを求めて、自由に行動できる "安心して"
健康 （Health）	身体的病気、疾病がない	心身共に健全 ②身体的にも、精神的にも、社会的にも良好な状態（WHO）、 "元気で"
ウェルビーイング （Well-being）	①（メンタルなど）精神的障害がない	③やりがい、生きがい、幸福⇒安心 "意欲的に"

図表 1-7 安全、健康、ウェルビーイングの旧概念と新概念（出所：筆者）

自由に安心して働ける、という前向きの状態のことをいいます。「健康」とは、WHO の定義にならい、身体的にも、精神的にも、そして社会的にも良好な状態で、元気に働ける状態のこと。そして「ウェルビーイング」とは、やりがい、生きがいを持って、意欲的に仕事ができる状態のことを指します。このように、ポジティブ領域でプラスに向かう、すなわちゼロからプラスに向かうのは、これからの労働安全衛生のあるべき姿であることを意味しています。

　繰り返しますが、ネガティブ領域でリスク低減するという、マイナスをゼロにするこれまでの考え方や活動は引き続き重要で、それをしっかりとやることが前提となります。しかし、いつまでもここにとどまっていたのでは、労働安全衛生活動は日の目を見ないし、

経営者から見てコストと意識される傾向があります。

　最も大事なのは、働く人が、明るく、前向きに、やりがい、生きがいを持って仕事に従事すること——。これこそが、企業の生産性向上、さらには企業の発展につながるものとして、経営者は目を向けるべき重要分野です。裏を返せば、労働安全衛生自体が企業の発展に資する、経営に直結する重要分野に他ならないのです。

　多くの経営者が安全をコストとして投資と考えなかったのは、これまでの労働安全衛生活動がネガティブ領域でマイナスをゼロにする方向のみにとどまっていた傾向にあったからと考えられます。そこで、労働安全衛生を本来のあるべき姿に戻すためには、旧概念から新概念に目を向け、ポジティブ領域でゼロからプラスにする方向に大きく踏み出すべきです。ウェルビーイングが着目される中、今がまさに絶好の時期といえます（**図表 1-8**）。

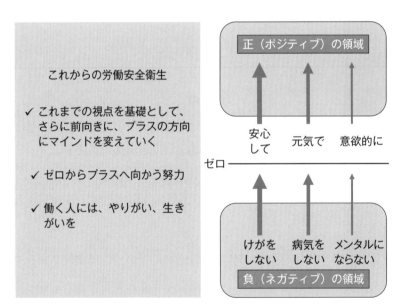

図表 1-8　これからの労働安全衛生は、ゼロからプラスへ（出所：筆者）

以上の提案を要約すると、労働安全衛生の世界ではマインドセットを入れ替え、ネガティブ領域と共に、ポジティブ領域にも積極的に取り組もうということになります。

　ここまでは、ものづくりの世界、労働安全衛生（働く人）の世界を想定して話をしてきましたが、その内容は、あらゆる産業分野、生活するすべての人々に適用可能です。もっといえば、社会全体に対して当てはめることができるのです。なぜなら、ネガティブなリスクの面だけではなく、ポジティブで生きがいのある方向にも目を向けようという新しい社会の価値観の在り方も示しているからです。

　簡単な例として、保険業界をみてみましょう。これまでは、病気をしたりけがをしたりした場合の金銭的補償を主な目的としていた健康保険では最近、健康維持のために規定以上の歩数の散歩をしたりスポーツジムに通ったりすると、保険料を下げたりポイントや特典を与えたりする商品が出てきました（住友生命保険の、健康プログラムをプラスした保険「Vitality」）。けがや病気というネガティブな面だけではなく、健康増進、明るく楽しく生きるというポジティブな面も加味することで、結果的に健康が増進される。これにより、保険会社としては支払いが減り、加入者にとっては保険料が下がるという、ウィン・ウィンの関係が構築されることになるのです。

　これは、ポジティブな面に目を向けた、我々の身近にある一つの好例といえます。

1-6　広義のウェルビーイング向上に最も適した技術

　今、我々は、第3次産業革命である情報革命に引き続き、第4次産業革命を迎えています。これは、AIやIoT、画像処理、ビッグデータ、ドローンなどのICTの発展に基づいたものといえます。これらICTの発展が、我が国で提案している仮想空間と現実空間が一体となってさまざまな社会問題を解決する社会「Society5.0」や、欧州などから始まってい

る第5次産業革命（インダストリー5.0）を導き、未来社会の実現につながると期待されています。その基本概念は、人間中心──。ウェルビーイングへの変革は、この流れの中にあると理解できます。

　ビジョン・ゼロが示す「安全、健康、ウェルビーイング」という広義のウェルビーイングを重視する未来社会の改革も、上述のように、ICTという技術の発展により導かれます。ただし、ここで大事なことは、ICTは、これまでの生産性向上、高度化、省力化といった従来の経済的な視点と共に、人間と機械設備とのコミュニケーションや人間同士のつながり、人間の感性といった人間側からの視点を取り扱うことができるところにあります。それ故、ICTにかかわる技術は、ウェルビーイングを向上させ、引いては社会価値創出の源になるのです。

　技術的にウェルビーイングを向上させるための考え方の一つに、我が国から提案された「Safety 2.0」と「協調安全」があります。簡単に紹介しておきましょう[6]。

　昔、人間が危ない機械を注意して使って作業をしていた時代を「Safety 0.0」、機械設備側を技術で安全化する機械安全や機能安全の時代を「Safety 1.0」と呼ぶのに対し、新しい技術であるICTを安全機能の発揮に用いる時代をSafety 2.0と呼んでいます。正確にいうと、Safety 2.0はICTを安全機能の発揮に用いる時代の安全技術を指しており、同技術は協調安全という安全思想に基づいています。

　その協調安全とは、人間と機械と環境とが互いに情報を共有し、コミュニケーションを通じて、協調して実現される新しい安全の考え方、そして人間中心の考え方です。もちろん、協調安全の考え方は昔からあったかもしれませんが、ICTの発展のおかげで実現が可能になりました（**図表 1-9**）。

　Safety 2.0と協調安全の特徴は、ICTを通じて、人間と機械類と環境が協調して仕事ができるところにあります。Safety 1.0時代の安全技術は、機械設備側を安全化することを

Safety 2.0	現在、発展しつつある IoT、AI、画像処理、ビッグデータなどの ICT を、安全機能の発揮に利用すること
協調安全	人間と機械と環境とが互いにデジタル情報を共有し、コミュニケーションを通じて、協調して安全を実現すること

図表 1-9　Safety 2.0 と協調安全（出所：筆者）

第一とし、人間の行動は使用上の情報に基づいた自覚と教育に任せていました。しかし、Safety 2.0 によって、人間にも焦点を当て、安全を確保する人間の能力に期待したり、人間の行動や心理に着目したりできるようになってきました。

　一方、機械側も知能を持つようになりました。バイタルデータを取得するウェアラブル端末などを身に着けた人間からの情報、さらにはセンサーなどによる環境からの情報を得て、人間だけではなく、機械や環境も知的に対応することができるようになったのです。結果、人間と機械と環境が協調して仕事ができる可能性がでてきたというわけです。

　Safety 2.0 の技術で人間、機械、環境が協調することにより、安全を確保するだけではなく、人間の健康の維持・向上が図れる。作業の現場においては、作業者が安心して、元気に、やる気を持って仕事をするように仕向けられる——。このように、ICT という新しい技術で、働く人のウェルビーイングの実現と向上に貢献することができます。このことは、第 5 章で詳しく触れます。

　これまでの Safety 1.0 の時代には、人間と機械を隔離する「隔離の安全」と、人間が機械に近づくときは機械を止める「停止の安全」が基本でした。しかし、それを可能にしたのは、製造業の一部。多くの現場では、人間と機械を分離することはできず、両者が一緒に活動せざるを得ないのが現実でした。

　その典型は、自動車でしょう。自動車の自動運転は、まさしく Safety 2.0 と協調安全の

先駆けと考えられます。これまでの安全技術である Safety 1.0 を用いては実現困難だった分野の安全、とりわけ人間と機械とを分離することができなかった分野の安全にこそ、Safety 2.0 と協調安全の適用が可能なのです。

　それは例えば、農業の分野であり、健康・医療・介護の分野であり、建築・土木の分野などです。このように、Safety 2.0 と協調安全に代表される、ウェルビーイングを向上させるための技術「ウェルビーイング・テック」は、適用分野が広く、今後、あらゆる分野で応用されていくことでしょう。

　広義のウェルビーインを技術的に向上させるには、本書で紹介する Safety 2.0 と協調安全の考え方が、現時点では最も適していると考えられます。ウェルビーイング・テックは今後ますます発展していくものと期待されます。

参考文献
1) 向殿政男、「労働安全衛生の目指すべき方向とその世界的な動き 〜未来安全構想とビジョン・ゼロ活動〜」、『セイフティダイジェスト』、Vol. 66、No. 11　pp. 2-7、日本保安用品協会、2020-11.
2) 向殿政男、「労働安全衛生の新潮流『VISION ZERO』VISION ZERO SUMMIT JAPAN2022　開催について」、『安全と健康』、Vol. 23、No. 1、pp. 95-97、中央労働災害防止協会、2022-1.
3) セーフティグローバル推進機構、「JAPAN 2022 ビジョンゼロ・サミット」、https://japan.visionzerosummits.com/（2023 年 2 月 2 日閲覧）
4) 安全衛生マネジメント協会、「労働安全衛生法とは」、https://www.aemk.or.jp/roudou_anzen.html（2023 年 1 月 20 日閲覧）
5) 向殿政男、「安全、健康、ウェルビーイング」、『セーフティダイジェスト』、第 68 巻、第 11 号、（公社）日本保安用品協会、2022-11.
6) 向殿政男、「Safety2.0 とは何か？―隔離の安全から協調安全へ―」、『中災防ブックレット』、中央労働災害防止協会、2019-5.

第 **2** 章

ESG報告に使う
ウェルビーイング・データの中身

2-1 サステナビリティ情報は前向きであれ

　社会や環境に配慮した投資概念の起源は古く、約 100 年前にさかのぼります。企業の
パーパスが問われるようになった 1930 年代、社会に配慮したビジネスという考え方が登
場。1950 年代から 1960 年代にかけては、社会的責任投資（SRI：Socially Responsible
Investment）の概念が注目されるようになりました。背景には、ベトナム戦争などの歴史
的出来事や、公民権、女性の権利、環境などに対する社会的関心の高まりがあります。こ
うした問題が個人の投資判断に影響を及ぼすようになりました。別の見方をすれば、企業
が持つ社会的影響力の大きさに対しての意識の高まりを反映したものといえます。

　さらに 20 世紀後半、持続可能な開発が全面的に押し出され、責任あるビジネスの在り方
が一層注目を浴び、2000 年代初頭には、環境（Environment）、社会（Social）、ガバナンス
（Governance）の頭文字から成る ESG が登場しました[*1]。近年では、さまざまな評価機関
から ESG 評価が提供されるなど、ESG は、それ自体が一つの産業となっています。

　ESG データの入手性が飛躍的に高まる一方で、ESG 評価にかかわる標準的な手法が確
立されていないため、評価機関の間で ESG データの適用や分析にややバラつきが生じて
いるのが現状です。特に社会（S）に関するデータについては、需要は高まっているもの
の、その信頼性、比較可能性、および適用性に関して課題を抱えています。組織の開示情
報量があまりに膨大なために、適切なデータ提供を難しくしているのです。こうしたこと

---

*1　ESG の前身である企業の社会的責任（CSR）との関係性は必ずしも明確ではなく、時には同じ文脈で扱われることもありました。その
点に関して英グラスゴー大学のイアン・マクニール氏とアイリーン・マリー・エッサー氏が、「ESG が主にリスクマネジメントにかかわるのに
対し、CSR は社会的および道徳的な責任に基づく」と、その違いを指摘しています。しかし、CSR と ESG がともに希求するのは、企業が長
期的な存続を確保するために合理的かつ積極的な手段を講じることであり、そのような将来を見据えた取り組みこそが、株主やステークホ
ルダーに利益をもたらすと考えます。

から、ESG 評価手法の進化および改善が求められると同時に、企業の活動がその影響を最も受ける人々にとって持続可能かどうかを見極めるデータの必要性が高まっています。

　一方、ESG は、他の持続可能なビジネス概念、例えば社会的責任（CSR）、ソーシャルライセンス*2、コーポレート・ガバナンスなどと重なり合う側面を持ち、その根幹となる目的に関してはおおむね同じ方向を向いているといえます。個々のフレームワークにはそれぞれ異なるアプローチを要するため、実務上のコンフリクトを引き起こす可能性は否めませんが、対立するというよりも、むしろこれらの概念は理論的に補完し合う関係であるとみなすことができます。

　すなわち、サステナビリティ関連の情報開示は総じて同じ目標に向かっているといえます。株主やステークホルダーに対し、組織の活動が社会に有害な影響を与えることなく長期にわたって持続可能であることを示しているのです。さらに、社会に対してどのようにポジティブな影響を及ぼしているのか、あるいは及ぼす可能性があるのかを明らかにしています。もちろん、最終的にこの目標を達成できるかどうかは、開示情報の質にかかっています。いま責任ある行動を示すことによって将来に対する保障を与えることがサステナビリティ情報開示の役割であるならば、その情報は前向きなものでなければなりません。

2-2 従業員がどう感じているかが重要

　職場文化を従業員のメンタルヘルスをサポートするものに変革する活動を行う、マインド・フォワード・アライアンス社の顧問を務めるヘンリエッタ・ジョウィット氏は、著書

---

*2　社会的営業許可。従業員、顧客、規制当局、ステークホルダーのコミュニティによって、そのビジネス慣行や業務手順が継続的に受け入れられることをいいます。

『従業員のウェルビーイングをESG戦略の「S」に入れる (Putting the wellbeing of employees into the 'S' of your ESG strategy)』(2021年) の中で、ウェルビーイングについて重要な指摘をしています。

「忘れてはならないのは、組織全体で手段を統一し、一貫して適用することによって初めてウェルビーイングに影響を及ぼすことができるということ。それは、ヨガレッスンや無料のコーヒーといった従業員サービスではない。従業員の声に真摯に耳を傾け、彼らが安全に働くことができ、また大切にされていると実感することができる、信頼に値する職場を構築しようとする組織、リーダー、マネジャーのパーパス、行動、文化によって決まるのである」。

この指摘はすなわち、ウェルビーイングは取り組みそのものではなく、その「成果」であるという考えを示しています。

さらにジョウィット氏は、ウェルビーイングが労働安全衛生上の課題に位置づけられているのは誤りであり、より広範な社会的な課題として扱われるべきだとも主張します。実際、多くの組織では人事構造上、労働安全衛生部門がウェルビーイングを担当しています。同部門は、従業員の保護や危害の防止、リスクマネジメントを所管しているため、ウェルビーイングと密接な関係にあることに間違いはありません。しかしながら、「ウェルビーイングは労働安全衛生部門だけではなく、より多くのステークホルダーによって所管されるべきであり、そのデータも幅広い情報源から取り込まれるべきである」とする著者の指摘もまた正しいといえます。

従って、従業員のウェルビーイングに携わる関係者一人ひとりが、従業員の日々の労働を向上させるという包括的なパーパスを達成するために、自分たちのインプット、アウトプット、その結果としてもたらされる成果に対して継続的な責任を負う必要があります。

例えば、労働安全衛生の専門家の場合、けがや疾病などのアウトプットに関しどのよう

な行動がどのように引き起こしているのか、その根本原因を分析したり、従業員とのコミュニケーションを通じて安全や働きやすさについて実際にどのように感じているのかを明らかにしたりすることが重要です。同様に、ラインマネジャーの場合には、従業員の能力や生産性を高める要因を把握し、従業員が自分の職務にやりがいを感じているのか、サポートされていると感じているのか、安心して働けているのか、といったことを理解することが大切になります。

　このように、従業員を真に理解しマネジメントする上で有用な情報は、従業員自身がどのように感じるかなどの自己評価にあるといえます。

2-3 ウェルビーイング情報が目指すべき方向

　ウェルビーイングを構成する要素は多様で、そのデータや指標に関連する情報は多岐にわたります。仕事の満足度、生産性、欠勤率、休業災害といった、これまでウェルビーイングを測定するために使われてきた指標は全体の一部にすぎず、他の情報と組み合わせてみなければなりません。

　ウェルビーイング・データは、その多様性と情報量の多さから、情報を継続的に照合、分析、提示する作業を必要とします。これが、データ収集担当者や報告書作成担当者にとっての課題となっています。実際、ウェルビーイングの包括的な測定には、部門横断的なインプットに加え、一定のデータリテラシーが必要となります。ところが、実際の組織においては、多様かつ膨大なデータを正しく読み、使い、分析し、論じる能力を持ち合わせていない人もいます。

　こうした理由からか、ウェルビーイング・データは往々にしてシンプルな単一指標で扱われることが多くなっています。ここで強調したいのは、労働者のウェルビーイングを正

しく反映するような単一指標は存在しないということ。ウェルビーイングの実像をより適切に捉えるには、複数のデータを組み合わせて集約したデータが必要になるのです。

　ESG やサステナビリティの報告分野においてウェルビーイングの重要性は近年著しく高まっているものの、そこで実際に使用されている指標の多くは、安全や健康に関する一般的なアウトプットに過ぎません。すなわち、ウェルビーイングに対するアプローチはいまだに「病気やけがの予防といった従来の考え方に根ざしている」（デロイト）といわざるを得ません。

　こうしたことから、ウェルビーイングを ESG 報告などの評価項目の一つとして組み込むためには、新たな ESG の枠組みの開発が必要とされています。その一方で、ESG 報告に直接関係のないステークホルダーも、同分野の開発を独自に継続すべきであると考えます。ウェルビーイング・リポートは、外部ステークホルダーへの報告のためだけではなく、従業員のウェルビーイング向上のためにも必要だからです。

　ウェルビーイングの有用性は、組織、業界、地域によって異なりますし、同じ組織内でも部署によって異なります。そのため、ウェルビーイングとの関係性を定義し、どのようなウェルビーイング情報が最も役に立つのかを判断するのは、各ステークホルダーの役割といえます。

　このようなことから、ウェルビーイング情報が目指すべき方向は二つあると考えられます。一つは、ウェルビーイング情報を利用する社内外のステークホルダーなど、個々のニーズに合わせて作成される必要があること。もう一つは、過去に起こったことを単に列挙するだけではなく、それ以上の内容を付加する必要があることです。具体的には、過去に起こったことに対して、因果関係（インプット・アウトプットの関係性など）を明確にし、ネガティブ・ポジティブな影響や将来の成果について信頼性の高い示唆を与え、そこから次の行動に結びつくような洞察力に富んだ情報にするとよいでしょう。

そして、ウェルビーイング情報は、人に焦点を当てたデータであることはもちろん、ウェルビーイングが変化しやすく状況に影響されやすい性質を持つことや、仕事全般に対する個人的な考えや思いが反映されたものであることが考慮されるべきだと考えます。

ウェルビーイング・データが広く利用されるためには、すべてのステークホルダーに共通する内容（関心、理解、責任）を反映したものでなければなりません。つまり、ウェルビーイング・リポートの作成には、互いに影響し合うトップダウンとボトムアップの双方のアプローチが必要なのです。そして、ESGやサステナビリティの報告書において、より成熟した、より包括的な従業員のウェルビーイング・データが求められたときに組織レベルで必要なことは、報告書の枠組みの要件を超えた、オーダーメードのウェルビーイン

図表 2-1　ウェルビーイング・リポートに記載する内容例（出所：筆者）

グ・ナラティブ（ウェルビーイングを高めるための従業員との共体験）を構築する継続的な取り組みといえます（**図表2-1**）。

2-4 ステークホルダーごとに異なる要求

では一体、ウェルビーイング・データとして、どのような情報を収集すればよいのでしょうか——。この問いに対する答えは、誰がそのデータを必要としているのかによって大きく異なり、最終的にはそのデータの使用目的によって決まります。

もちろん、どのような場合においても、質の高いウェルビーイング・データが求められていることは明白です。例えば、投資判断にウェルビーイング・データを活用する場合、対象となる組織において従業員が大切にされていることを示す信頼性の高いエビデンスを用意し、投資家に提供する必要があります。同様に、組織や部門レベルでウェルビーイング・データを活用する場合には、改善が必要な領域を特定できるようなものにします。その際には、専門家でなくても意味が分かるように、親しみやすく、アクセスしやすく、そして使いやすいものでなければなりません。いずれにせよ、ウェルビーイング・ナラティブを積極的に構築することは、ステークホルダーの責任です。

近年、ウェルビーイングの決定要因に関する研究が数多くなされ、豊富なエビデンスが提供されています。例えば、次のようなものです。

「有能な労働者は、優れたパフォーマンスを発揮し、コミットメントを維持する可能性が高い」（Martini氏ら）。「仕事の合間に十分な休憩時間を設けることで、労働者は仕事への高い意欲を維持することができる」（Sonnentag氏）。「仕事への意欲の高い労働者は、優れたクリエイティビティやイノベーションを発揮する傾向が高くなる」（Gawke氏ら）。「自律性や仕事のオーナーシップがある労働者は、安全だと感じる傾向が高い」（Shi氏ら）。

「安全を感じている人は、自らも安全に行動する傾向が高い」(Huang 氏ら)。「社会的関係が良好な人は、他者に対する関心と責任感が強いため、自分自身の健康だけではなく、他者の健康を守る行動をとる傾向がある」(Umberson 氏、Montez 氏)。

こうした一連の研究の中には、既存のウェルビーイング・データの強化につながる視点が豊富にあります。すべてのステークホルダーは、ウェルビーイングの結果に関連する豊富な主観的データを基に、客観的なウェルビーイング情報(量や割合など)を充実させていくことが重要です。では、ここから、各ステークホルダーごとに、有用とされるウェルビーイング・データについて考えていきましょう。

外部ステークホルダー

外部ステークホルダーがウェルビーイング・データに求めるものは、組織の慣行が従業員に対してネガティブな影響を及ぼしていないことの保障です。理想をいえば、こうした保障に加えて、将来的にネガティブな影響が生じる可能性のあるリスクを管理していることの保障、ポジティブな影響や機会を創出するための取り組みが実施されていることの保障もあるとよいでしょう。

外部ステークホルダーの間でウェルビーイングに対する理解が深まるにつれ、彼らが要求するデータも独自色を帯びるようになってきました。従って、報告書作成担当者は、従来の指標を超えた対応をしなければなりません。詳細な情報は必要ないかもしれませんが、従業員のウェルビーイングをしっかりと示すことが、組織のサステナビリティの信頼性を示すのに非常に有用な指標となるでしょう。

取締役会・経営幹部

取締役会と経営幹部には、ウェルビーイング・データとして組織の慣行の持続可能性に

ついての保障を提供することになります。ただし、この情報は具体的なリスク、機会、強み、弱みを特定するのに役立つような有益な情報でなければなりません。最終的には、他のデータと併せて検討することで、意思決定に役立てます。その結果、役員は複合的な指標から課題や成功の原因をたどることができ、投資、介入、評価の対象を絞ることができるようになります。

人事担当者・ミドルマネジャー

　各部署のパフォーマンス向上のためのカギは、質の高いウェルビーイング・データが握っているといってよいでしょう。なぜなら、いきいきと働く従業員が組織にもたらす潜在的な利益は大きいからです。そこで、人事担当者とミドルマネジャーに対しては、仕事の経験全体をつなぎ合わせることができる情報があれば、何がうまく機能し、何がうまく機能していないのかをより明確に把握できるようになります。

　最も基本的なレベルで考えてみましょう。例えばリスクマネジメントのプロセスを活用すれば、ラインマネジャーが気付かなかった、従業員に日常的に影響を与えている作業上の問題（必ずしも禁止されている慣行ではない問題）に関する情報を、従業員から得ることができるかもしれません。そして、その問題に対し、ラインマネジャーが取り組むことで、組織の生産性が向上するだけではなく、従業員は「サポートされている」「見守られている」「話を聞いてもらえる」と感じ、より高いレベルのエンゲージメントを得ることができるようになるかもしれません。

　この例から得られる成果としては、人事担当者が関心を寄せる、より広い意味での従業員満足度の向上であると期待されます。

労働者

　労働者は自身のウェルビーイングを意識しており、それに基づいてキャリア選択を望むようになってきました。従って、ウェルビーイングについては、労働者とともに話し合うことが重要であり、単なるデータ収集作業にとどまってはなりません。

　ウェルビーイング・データ報告に関しては、小さな声を考慮せずに大きな声だけに耳を傾けるようになると、労働者の真の声を抑圧することになりかねません。加えて、もう一つ注意しなければならないのは、主観的なデータは、労働者のウェルビーイングの全貌をより豊かに映し出すということ。とはいえ労働者は、ウェルビーイングに関する質問に対して、「そうすることが有益である」と考えたときにだけ、信頼性の高い回答をする傾向にあります。

　それ故、ウェルビーイング調査から導き出された労働者のデータは、彼らの目に見える形で何らかのポジティブな変化につなげることが重要となります。

取締役会の課題

　人的資本管理の中核をなす従業員のウェルビーイングが企業の業績向上を促進し、株主やその他のステークホルダーのために長期的で持続可能な価値を生み出す取り組みを支援する——。こう考える投資家が増えてきました。

　例えば、一定のレベルに達しない安全衛生慣行に起因する労働災害は、企業のソーシャルライセンスを脅かす可能性があります。実際、投資家は従業員の安全と健康への関心を高めており、問題があれば行動を起こすようになってきています。

　労働者の権利やウェルビーイング向上を数十年間にわたって守り続けてきた活動、例えば、企業の運営と方針に起因する社会的および環境的リスクを特定し軽減する Interfaith

Center on Corporate Responsibility（ICCR）の活動などを基とする投資家の取り組みは現在、人的資本管理連合（Human Capital Management Coalition）や国際コーポレート・ガバナンス・ネットワーク（ICGN：International Corporate Governance Network）などの主流の投資機関によって支持されています。

　中でも ICGN は、企業の取締役会が人的資本管理を重要な課題として位置づける必要があると考えています。取締役会は従業員の安全と健康にかかわる会社の方針を監督し、経営陣は安全衛生の中核的なパフォーマンス指標と方針について定期的に報告をしなければなりません。

　さらに、取締役会は、従業員の健康とウェルビーイングを担当する委員会を設置し労働安全衛生の専門家を置く（取締役にする）、もしくは外部コンサルタントへのアクセスを確保することによって、取締役会自体が独立した専門知識を利用できるようにします。加えて、効力のある内部告発プログラムが実施されていることを常に確認し、役員報酬には従業員の労働安全衛生に関する指標を含めるよう奨励する必要があります。そして、従業員の労働安全衛生に関する外部報告が、Global Reporting Initiative（GRI）スタンダード*3 の「GRI 403：OCCUPATIONAL HEALTH AND SAFETY 2018」、または Sustainability Accounting Standards Board（SASB）スタンダード*4 の「Human Capital Framework」によって策定された基準に沿っていることを確認するようにします。

　併せて、取締役会は、労働力問題の新たな進展にも注意を払わなければなりません。例えば、新型コロナウイルスの大流行は、ギグワークやプラットホームワーク、リモートワークのような新しい勤務形態・雇用形態の需要を拡大させました。しかしこれらは、メ

＊3　組織が環境、社会、経済に与えるさまざまな影響について情報を提供する際の、国際的なベストプラクティスを反映した、グローバル・レポーティング・イニシアチブ（GRI）による基準のこと。
＊4　米国のサステナビリティ会計基準審議会（SASB）が 2018 年に公開した、非財務情報公開の標準化に向けた基準のこと。

ンタルヘルスに関連する労働安全衛生上のリスクを増大させている可能性があります。厳しい納期をはじめ、傷病手当や雇用保障の欠如、絶え間ない監視、融通の利かないシステムが、労働者の疲労や孤立、ストレス、不安、うつ病の原因となるからです。

こうした新たな課題の顕在化に伴い、期待が高まるのは次の動きです。2022年6月、国際労働機関（ILO）が、従来の労働における基本的原則および権利の中に、安全で健康的な労働環境を追加しました。この措置は、主に企業と従業員の関係に焦点を当てた現行の基準に影響を与えます。国連グローバル・コンパクト（UNGC）と経済協力開発機構（OECD）の多国籍企業向けガイドライン、ビジネスと人権に関する国連指導原則が含まれていることから、投資機関は取締役会に対しこれらの問題に取り組むよう求めていくことでしょう。

2-5 ディーセント・ワークがウェルビーイング促進

組織の報告の中に、信頼できる質の高いウェルビーイング・データを含めることは、持続可能なビジネスとサプライチェーンを維持する上で重要となります。ウェルビーイング・データは、サプライチェーン全体を通して労働者のウェルビーイングに影響を与えるさまざまな要因を特定し、改善することが期待できます。そのため、ウェルビーイングへの取り組みとその成果の報告に関する透明性の確保は、ESG評価の要件を満たすことへとつながるのです。

しかし、グローバルなレベルで検討するには、労働者が直面する状況や条件が非常に多様であることを考慮しなければなりません。従って、労働者がウェルビーイングとしてどのようなことに重きを置いているのかをまず知る必要があります。

例えば、高スキルが要求され、危険性の高い職務についている労働者にとっては、安全性、そして自分の能力を実感できることがウェルビーイングの決め手となるでしょう。一

方、臨時雇用の低スキル労働者など不安定な仕事に就いている労働者の場合には、安心感やパーパスをより優先して考えることでしょう。

とはいえ、ウェルビーイングの核心部分は普遍的なもの。労働者のウェルビーイングをグローバルに達成するには、社会正義と人権のレンズを通してアプローチすることが重要になります。実際、ディーセント・ワークの文脈に、ウェルビーイングを考慮すべき論拠があります。ILOによれば、ディーセントワークとは、「働きがいのある人間らしい仕事、より具体的には、自由、公平、安全と人間としての尊厳を条件とした、すべての人のための生産的な仕事」のこと。ウェルビーイングは、この中の「自由、公平、安全と人間としての尊厳を条件とした」という、ディーセント・ワークの要件を満たすために不可欠な成果物と考えられるのです。

すなわち、ディーセント・ワークが仕事の質や労働条件の面で労働者が最低限要求すべきものだとすれば、ウェルビーイングは成果として労働者が最低限期待すべきものであるといえます。このように考えるのは、ウェルビーイングが仕事から独立した基本的な権利であると同時に、仕事の基礎的な成果として確立されなければならないからです。

ディーセント・ワークの定義に関しては、Blusteinらが2016年の論文で、「（歴史的に）働く人々の生きた経験」にはほとんど注意を払わず、「よりマクロ経済的な内容に焦点を当ててきた」と主張しています。これに対し著者らは、労働者の心理的健康やウェルビーイングを盛り込んだ定義を提案しています。なぜなら、仕事が有意義であり、心理的な支えになるものであれば、労働者の基本的なニーズを満たすことができると考えるからです。それは、3つあります。

第一に、仕事が、雇用の保証・安定、健康保険の提供、生活賃金などを通して、労働者に生きていく糧を提供すること。第二に、協力的で尊重される職場環境によって、労働者が社会とのポジティブな関係やつながりを構築することを可能にすること。そして最後

に、仕事が、労働者に自己決定、自己選択、そして自己成長の機会を提供すること（Blusteinら）。こうした視点は、「ウェルビーイングが良い仕事の基本的な側面から切り離されたものではなく、良い仕事によって支えられているもの」という角度から捉えたものです。

このように、ディーセント・ワークがウェルビーイングを促進する有意義な仕事を意味すると考えるなら、組織レベルのステークホルダーは、日常業務を通じてディーセント・ワークにどのように貢献できるかを真摯に検討する必要があります。例えば、ラインマネジャー、リーダー、人事担当者などは、作業の割り当てやプロセスの変更、その他さまざまなコミュニケーションを通じた日常業務が労働者に心理的影響を与えると考え、まずは、労働者のニーズや期待を総合的に考慮することから始める必要があります。

こうした仕事に対する見方は、特段目新しいものではありません。しかしBlusteinらは、労働者に影響を与える仕事の多くの側面（身体的側面、心理的側面、社会経済的側面、文化的側面など）で、より公平性を高めることの重要性を主張しています。ESG報告の枠組みがこの見解を反映するにはまだ時間がかかるかもしれませんが、労働者に提供される仕事が、①Blusteinらの定義によるディーセント・ワークの基本的な期待を満たすかどうか、②より一般的に労働者のウェルビーイングを支えるものかどうか、をより詳細に調べ、報告するための積極的な措置を講じることが重要です。

ウェルビーイングと労働における基本的原則および権利

2022年6月10日、ILO総会で、安全で健康的な労働環境を「労働における基本的原則及び権利」として認める決議が採択されました。これは、1981年の労働安全衛生条約（第155号）と2006年の労働安全衛生促進枠組条約（第187号）を基本条約として承認する画期的な決定でした。

実は、こうした人権と労働安全衛生との間の結束を求める声は、今回の決定以前からさまざまな国際文書で認識されてきました。例えば、1919年の国際労働機関憲章（ILO憲章）では、改善すべき分野として「雇用から生ずる疾病・疾患・負傷に対する労働者の保護」が明記されました。2019年の「仕事の未来に向けたILO創設100周年記念宣言」では、「安全で健康的な労働条件はディーセント・ワークの基盤である」と認識されました。

　この基本認識は長期的には、国家的な労働安全衛生における政策と、そのマネジメントに対するシステムアプローチ確立の両面から、労働者の保護と災害防止に貢献し、年間約278万人に上る世界の労働災害死亡者数の削減につながるはずです。実際、人権的なアプローチ、ディーセント・ワークの提供、安全で健康的な労働環境の実現を組み合わせることで、労働者の長期的な労働安全衛生、引いては労働者のウェルビーイング向上に貢献することができます。

　そして、この効果を十分に発揮するためには、政府、政策立案者、規制当局、雇用者、労働者など多くの関係者が真に協力し、一貫したアプローチを採ることが必要です。このような協調的なアプローチは、労働者を保護するための効果的な措置を実現するだけではなく、その措置の有効性を継続し、危害の防止やリスクの管理、職務への関与、そして継続的な改善を確保するために必要なのです。

報告に必要な透明性、学び、改善の精神

　ウェルビーイングが、ディーセント・ワークの基本的な構成要素であるという認識が高まっています。特に近年では、新型コロナウイルスなど世界の労働市場に影響を与えた劇的な変化の中、ウェルビーイングのパラメーターはより重要になってきています。労働者は、身体的・精神的危害のない、客観的に安全で健康的な仕事をする権利だけではなく、ウェルビーイングがより広くサポートされる仕事をする権利についても認識するように

なってきました（図表 2-2）。

　ウェルビーイングが良い仕事の基本的な成果や期待として、社内外の報告書の枠組みの中に着実に組み込まれるようになりました。その一方で、実際にウェルビーイングをどのように管理していけばよいのかという課題が残っており、それが効果的な報告慣行を生み出す上でのさらなる課題となっています。

図表 2-2 安全から持続可能なビジネスへの流れ（出所：筆者）

　本章では、ウェルビーイングを個人と組織の複合的な成果として捉え、その実現に多くのステークホルダーが寄与していることを述べてきました。ウェルビーイングはすべての労働者にとって望ましい成果であるという前提に立つこの考え方は、組織がウェルビーイングに対して持つ共有の責任をより一層明確にするものです。

　ウェルビーイングが労働安全衛生の専門家の権限に含まれるかどうか、またどのように含まれるかについては、答えは一つではありません。Andrei らは、「ウェルビーイングは、効果的な安全慣行をより良い安全成果と全体的な組織パフォーマンスに変換できるメカニズムを構成する」と述べています。身体的、精神的なウェルビーイングの中核となる多くの側面は、危険の特定やリスクの評価など、労働安全衛生の専門家の幅広い能力によって支えられているのです。

　半面、ウェルビーイングのパラメーターはあまりにも広範で、労働安全衛生の専門家だけで管理することはできません。とはいえ、労働安全衛生の専門家と組織も、安全な仕事が労働者のウェルビーイングに寄与するということをより広く明確にする必要がありま

す。企業の社会的影響への関心が高まる中、質の高い安全情報はESG情報開示の重要な要素となります。つまり、労働者のウェルビーイングが安全な業務と密接に結びついているのであれば、その業務を保障する情報は高く評価されるべきなのです（ICGN）。

　ウェルビーイングの測定基準はまだ成熟しておらず、整合性がとれていないところもあります。従って、従業員のウェルビーイングに関係する人たちは協力して、職場環境においてそれを促す、または妨げる要素を積極的に特定することが必要です。Kotsantonisと Serafeimはこう述べています。「企業は、調査要求に圧倒されるのではなく、情報開示を積極的に行うことにより、『ESGデータ・ナラティブをコントロールする』必要があります。指標を『カスタマイズ』すると同時に、比較可能で標準化されたESGの『合理的な基準』について同業他社と合意した上で、自己規制を行う必要があります」。

　もちろん、「ESGデータ・ナラティブをコントロールする」という行為は、責任を持って行う必要があります。結局のところ、報告は、組織内で起こっていることを誠実に、かつ包括的に反映することを目指すべきであり、透明性、学び、改善の精神を持って実施されるべきなのです。ウェルビーイングの取り組みはサイクルとして継続していきますが、ある期間を定め、その期間における取り組みの課題と成果を実証することが重要となります。なぜなら、従業員のウェルビーイング向上に効果があるものは維持、継続し、そうでないものについては見直していく必要があるからです。

　労働安全衛生の専門家は、このような継続的な改善アプローチについて豊富な経験を持っているものの、常にウェルビーイングを念頭に置いているわけではありません。しかし、1つの取り組みのサイクルの終わりに得られた知見が、次の取り組みのサイクルの始まりにつながることを熟知しています。実際、循環型経済が環境の持続可能性に対する答えになり得る時代において、ウェルビーイングへの循環型アプローチは社会の持続可能性に対する答えでもあるのです。

第3章

ビジョン・ゼロは
こうして世界最強メソッドになった

3-1 世界のベストプラクティスを共有するビジョン・ゼロ

　第1章で示されたように、企業においてウェルビーイングを向上させていくためには、「安全、健康、ウェルビーイング」の三つをセットにした「広義のウェルビーイング」を推進する考え方が重要です。世界的に見ても、安全、健康、ウェルビーイングを包括的に推進することが一般的であり、それこそが、「ビジョン・ゼロ」のマインドセットとして2017年ごろから欧州を中心に広がりを見せ始めました。それから6年が経過し、ビジョン・ゼロは、追々紹介するように多くの国々で支持・実践されるグローバル活動として発展してきているのです。

　この第3章では、ここに至る経緯や推進内容について触れます。読者の皆さんにはそこから、なぜビジョン・ゼロがウェルビーイング推進の最強メソッドなのかが読み取れるはずです。まずは、ビジョン・ゼロの概観を理解してもらうために、2022年5月に日本がリードして開催した「ビジョン・ゼロ・サミット　ジャパン2022」から説明しましょう。

■ 安全、健康、ウェルビーイングの3側面から見る

　ビジョン・ゼロ・サミット　ジャパン2022は、2019年11月にフィンランド・ヘルシンキで開催された第1回国際会議に続く、第2回となります（**図表3-1**）。主催したのは、国際労働機関（ILO）のリードにより2019年に設立された、労働安全衛生グローバル連合（Global Coalition for Safety and Health at Work）と、日本からはセーフティグローバル推進機構（IGSAP）、産業技術総合研究所、労働者健康安全機構　労働安全衛生総合研究所の四者。講演者は41の国・地域から200人を超え、聴講者は述べ7835人を数えました。この数字を見る限り、安全、健康、ウェルビーイングの重要性が認識され始めたこの6年

図表 3-1 2022 年 5 月に開催されたビジョン・ゼロ・サミット ジャパン 2022（出所：セーフティグローバル推進機構）

間で、おそらく世界最大規模級の国際会議といえるでしょう。そんな同サミットでは、ニューノーマルにおけるウェルビーイングの在り方が活発に議論されました。

　特に、同サミットのオープニングセッションでは、世界的に著名な国際機関、国、企業を代表する 10 人がメッセージを語りました。この内容をご覧いただくだけで、ビジョン・ゼロの考え方や今後の企業の方向性などが理解できます。そこで、本章中でコラム「世界のトップ 10 人からのメッセージ」としてその概要を随時紹介していきますので、ぜひ、ご一読ください。

　話を戻しましょう。この世界のトップ 10 人のオープニングスピーチから分かることは、ウェルビーイングの重要性を語る時、安全、健康、ウェルビーイングの 3 点をセットにし

働く人の身体的な安全を確保することから始めよう

向殿政男

セーフティグローバル推進機構 会長、
ビジョン・ゼロ・サミット ジャパン 2022 日本組織委員会 会長

　ビジョン・ゼロ・サミット　ジャパン 2022 では、職場における労働安全衛生の今後の在り方をはじめ、多くの視点からニューノーマルな時代の価値観を探ります。出発点は、働く人の「安全、健康、ウェルビーイング」の実現。そのためにはまず、働く人の身体的な安全を確保することから始めます。基本は、安全を技術的に確保することにあり、我が国から提案した「協調安全」および「Safety 2.0」という新しい安全の考え方と技術が重要な役割を果たすと考えています。

　働く人の安全、健康、ウェルビーイングの向上は、新しい時代の価値観の創造につながると確信しています。引いては、企業の価値を高め、社会貢献を通してウェルビーイングな社会の実現につながります。

　日本で 2025 年に開催が予定されている大阪・関西万博のテーマは、「いのち輝く未来社会のデザイン」です。ウェルビーイングの追求は、最終的には幸福の追求と軌を一にすることを踏まえれば、今回のサミットは万博と同じ目標につながるのです。ビジョン・ゼロのコンセプトにより、社会の新しい価値としてのウェルビーイングの確立と定着を願います。

て包括的に見ているということ。残念ながら、日本ではウェルビーイングという言葉だけが独り歩きしていますが、とりわけウェルビーイングについて深い歴史を持つ欧州のマネジメント層では必ず、安全、健康、ウェルビーイングという三つの側面から捉えています。ここが、日本と世界との大きな違いであり、日本が世界に、そしてビジョン・ゼロに学ぶべき点といえます。

■ 分野も専門も違う多彩な面々が集結

　次に、ビジョン・ゼロ・サミット ジャパン 2022 の規模感から、ビジョン・ゼロの世界的な広がりを実感してもらおうと思います。

　3 日間の会期中で、講演者は 16 セッションで 243 人に上りました。通常、日本人が参加する国際会議というのは、日本と欧州と北米で開催され、これらの地域の人たちが参加するケースがほとんどです。しかし、同サミットは違いました。安全、健康、ウェルビーイングは世界中の働く人に対して希求すべき大事なテーマと認識し、全世界の人々、そして国々を「誰一人取り残さない」という SDGs（持続可能な開発目標）の考え方に立って、講演者は開催国の日本をはじめ、欧州（16 カ国）、アフリカ（8 カ国）、アジア・パシフィック（10 カ国）、アメリカ大陸（6 カ国）の計 41 カ国・地域から集まりました。

　そんな講演者の所属も多彩です。企業の 83 人を筆頭に、研究機関・労働安全衛生推進機関 79 人、国際機関 34 人、世界保健機関（WHO）や ILO などの国連機関 24 人、大学・教育機関 13 人、政府機関 10 人[1]。このうち、企業に所属する 83 人の分野・業界は、**図表 3-2** の通りです。製造業が 46 人で最多、建設業が 17 人、学術研究／専門・技術サービス業が 13 人と続きます。製造業をさらに詳しく見てみると、自動車関連が最も多く、これに電機、ロボット、機械がほぼ同数で続き、電気・電子や情報通信などとなります。

---

[1]　研究機関・労働安全衛生推進機関とは、例えば、英国の労働安全衛生研究所（IOSH）、ドイツ法定災害保険（DGUV）、ドイツ法定災害保険研究・試験研究所（IFA）、フランスの国立安全研究所（INRS）、オランダ応用科学研究機構（TNO）、フィンランド労働衛生研究所（FIOH）、米国の国立労働安全衛生研究所（NIOSH）、日本の労働者健康安全機構 労働安全衛生総合研究所（JNIOSH）、セーフティグローバル推進機構（IGSAP）、産業技術総合研究所（AIST）、農業・食品産業技術総合研究機構（NARO）、日本電気制御機器工業会（NECA）など。国際機関とは、国際労働衛生委員会（ICOH）、国際労働衛生工学協会（IOHA）、国際標準化機構（ISO）、国際電気標準会議（IEC）などを、国連機関とは、世界保健機関（WHO）、国際労働機関（ILO）、国際社会保障協会（ISSA）を、政府機関とは、日本の厚生労働省、経済産業省、国土交通省、欧州の欧州労働安全衛生機関（EU-OSHA）、欧州委員会（EC）などを示している。

産業	海外	日本	総計
運輸·通信業	1		1
学術研究、専門·技術サービス業	12	1	13
金融業、保険業	1		1
建設業	6	11	17
情報通信業		1	1
電気·ガス·熱供給·水道業	2		2
農業、林業	1	1	2
製造業	26	20	46
総計	49	34	83

図表 3-2　講演者の所属企業の分野·業界 (出所：筆者)

　図表 3-3 は、83 人の所属企業です。2022 年 5 月のサミット開催時点において、世界で安全、健康、ウェルビーイングを最も熱心に推進している企業と捉えてよいでしょう。なお、海外企業は、安全、健康、ウェルビーイングの学術研究／専門·技術サービス業が多くを占めていました。例えば、デンマークのヒューマン·ハウス、ドイツのフラウンホーファー研究機構、米国の保険業者安全試験所 (UL) などです。すべてを自前で行おうとする傾向のある日本に比べて、海外では安全、健康、ウェルビーイングの分野でも、外部企業·機関をコンサルティングとして活用する潮流があることがみてとれます。

　以上見てきたように、これだけ広範囲の企業、世界有数の企業が集まり、各社が安全、健康、ウェルビーイングに関する取り組みを紹介し、相互に刺激を与え合う機会は、恐らく世界でも初めてだったのではないかと思われます。分野横断的に、参加者全員で安全、健康、ウェルビーイングを向上させるためのベストプラクティスを共有する──。これこそが、グローバルキャンペーン、ビジョン·ゼロの醍醐味であり、最大の魅力であるといえます。

いきいきとした職場風土づくりをめざす

後藤茂之
厚生労働大臣

　ビジョン・ゼロの理念の原点となったのは、日本の中央労働災害防止協会の提唱により、1973 年に始まった「ゼロ災運動」と聞いています。ゼロ災運動は、人間尊重の理念に基づき、労働災害ゼロ、疾病ゼロを究極の目標として、働く人々全員が、それぞれの立場、持ち場で労働災害防止活動に参加し、問題を解決する、いきいきとした職場風土づくりをめざす運動です。

　ビジョン・ゼロのさらなる発展を期待します。

日本	AGC、CYBERDYNE、IDEC、IHI、NIPPO、SDG パートナーズ、SUBARU、荏原製作所、鹿島建設、川崎重工業、クボタ、清水建設、積水ハウス、大吉ファーム、ダイフク、大和ハウス工業、ツバキ・ナカシマ、トヨタ自動車、豊田自動織機、西日本高速道路、日揮ホールディングス、日本 IBM、日本製鉄、日本電気、日立製作所、ファナック、富士通、三菱電機、楽天
アフリカ	Envis Consulting（ザンビア）、YF Talent Partners（ナイジェリア）
欧州	ABB（スウェーデン）、Accident Insurance Association of Luxembourg（ルクセンブルク）、Acciona（スペイン）、AGBAR（スペイン）、AMG PETRONAS Formula One Team（英）、BMW（独）、Bosh Rexroth（独）、FIA Formura E（英）、Fraunhofer IFF（独）、Gerard Zwetsloot Research & Consultancy（オランダ）、Greenstep（フィンランド）、Human House（デンマーク）、LEGO（デンマーク）、L'Oréal（フランス）、Mainka Bau（独）、Novo Nordisk（デンマーク）、ODDO BHF（英）、Pirelli（イタリア）、Schwarz Hara Consult（オーストリア）、Siemens Healthineers（独）、Siemens（独）、Skanska（フィンランド）、Top Farms（ポーランド）、Universal Robots（デンマーク）、Volvo（スウェーデン）
アジア・パシフィック	Larsen & Toubro（インド）、Manage Damage（オーストラリア）、Petronas（マレーシア）
北米・南米	Cementos Progreso（グアテマラ）、FedEx（米）、Grupo Energia Bogotá（コロンビア）、NIKE（米）、OMRON Management Center of America（米）、Skanska（米）、UL（米）

図表 3-3　講演者 83 人の所属企業（出所：筆者）

3-2 国際会議からひもとく安全、健康、ウェルビーイングの潮流

　ビジョン・ゼロの現状を理解してもらったところで、この世界的な活動がどのような流れで誕生してきたのかを整理しておきます。まず最初に、国連の持続可能な開発ソリューション・ネットワーク（SDSN）が公表する、世界幸福度ランキング（2023年）を見てください（**図表 3-4**）[1]。

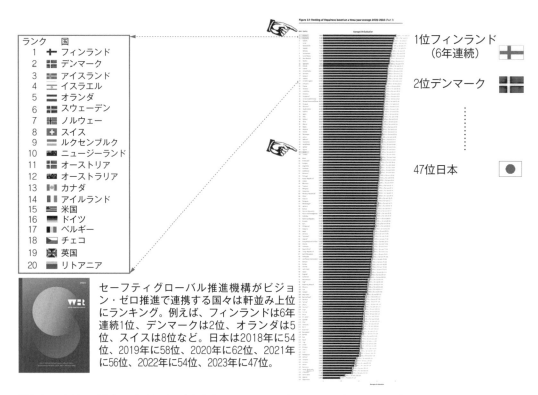

ランク	国
1	フィンランド
2	デンマーク
3	アイスランド
4	イスラエル
5	オランダ
6	スウェーデン
7	ノルウェー
8	スイス
9	ルクセンブルク
10	ニュージーランド
11	オーストリア
12	オーストラリア
13	カナダ
14	アイルランド
15	米国
16	ドイツ
17	ベルギー
18	チェコ
19	英国
20	リトアニア

1位フィンランド
（6年連続）

2位デンマーク

47位日本

セーフティグローバル推進機構がビジョン・ゼロ推進で連携する国々は軒並み上位にランキング。例えば、フィンランドは6年連続1位、デンマークは2位、オランダは5位、スイスは8位など。日本は2018年に54位、2019年に58位、2020年に62位、2021年に56位、2022年に54位、2023年に47位。

図表 3-4　国連が発表する、国別の世界幸福度（ウェルビーイング）ランキング（出所：国連の資料を基に筆者作成）

これを見ると、我が国日本は2023年に47位になりましたが、それまでは毎年50位から60位あたりを行ったり来たりしていました。関係者の長年にわたる努力で、世界一とうたわれるような安全・安心な社会を築き上げ、そこに住む人たちは相手に対する気配りや思いやり、広義に言えば、おもてなしといった、日本固有の温かく優しい気持ちや心づかいを持っているにもかかわらず、この結果です。

　日本のような幸福度の低い国と、フィンランドを筆頭にした幸福度の高い国では、何が違うのでしょうか——。実は、筆者が理事を務めるセーフティグローバル推進機構ではビジョン・ゼロを推進する過程で、フィンランド、デンマーク、スイス、オランダ、ドイツ、カナダ、英国、スペインといった幸福度の高い国の人々と活動をともにしています。彼らと議論していていつも感じるのは、前述のように、ウェルビーイングだけではなく、常に安全、健康、ウェルビーイングの3つの側面から物事を考えていること、すなわちベースとなる労働安全衛生活動の中にウェルビーイングを取り入れ、それを広義のウェルビーイングとして考えているということです。無論、これは、幸福度という視点から見れば、一つの側面に過ぎません。しかし、この考え方こそが世界の潮流であり、働く人や社会のウェルビーイングを、引いては幸福度を高めることにつながっていくのだと思います。

　我々としては、現在のような幸福度の低い状況からいち早く脱却し、安全、健康、ウェルビーイングを向上させて幸福度の高い国へと変貌していく必要があると考えます。なぜなら、コロナ禍によるニューノーマルの状況においては、生活を楽しむことも大切ですが、同時に、やりがいを持って生き生きと働くことも一層重要になってきているからです。

■ 今や1万5000社超の企業が参加するビジョン・ゼロ

　では、安全、健康、ウェルビーイングの潮流はどのようにして出来上がってきたのでしょうか——。国際会議を一つの切り口に、読み解いていきましょう。

ウェルビーイングの享受は基本的権利の一つ

テドロス・アダノム・ゲブレイエスス

世界保健機関（WHO）　事務局長

　身体的、精神的、社会的に達成可能な最高レベルのウェルビーイングを享受することは、すべての人の基本的権利の一つです。しかしながら、労働が原因で命を落とす人は毎年200万人以上にのぼります。そして、それ以上の労働者が職業性の疾病・障害に苦しんでいます。さらに、労働者の6人に1人がメンタルヘルスの問題を抱えています。新型コロナウイルス感染症の大流行によって、労働者の肉体的・精神的ストレスがさらに大きくなりました。

　世界がパンデミックによる深刻な状況から立ち直ろうとしている今、我々が考えなければならないのは、いかにして持続可能な方法で立ち直るのか――ということです。

　まずは、ウェルビーイングという言葉について。この言葉が日本で使われ出したのはごく最近ですが、世界を見渡すと、特に欧州において労働安全衛生のメンバーを中心に10数年前から「職場でのウェルビーイングに関する国際会議 (International Conference on Well-being at Work)」という国際会議が開催されてきました＊**2**。どうやら、欧州がウェルビーイング先進国といっていいようです。

　続いて、安全、健康、ウェルビーイングの三つが融合してきたプロセスを、**図表3-5**を用いて説明します[2]。

＊**2**　職場でのウェルビーイングに関する国際会議の開催国は次の通りで、幸福度ランキングの上位国から開催され始めた歴史を持っている。2010年の第1回はフィンランド（ヘルシンキ）、2012年の第2回は英国（マンチェスター）、2014年の第3回はデンマーク（コペンハーゲン）、2016年の第4回はオランダ（アムステルダム）、2019年の第5回はフランス（パリ）、2022年の第6回はポーランド（ワルシャワ／クラクフ）。

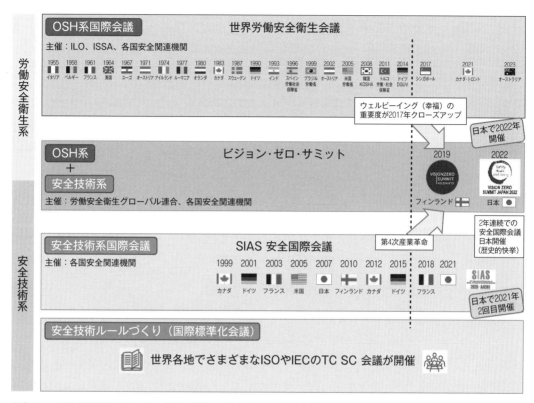

図表 3-5 国際会議開催年表に見る、世界の労働安全衛生（OSH）系、安全技術・国際標準化（ルール形成）系の流れ（出所：筆者）

　この図表は、安全、健康、ウェルビーイングが、国際会議の場においてどのように議論されてきたのかを年表形式でまとめたもの。大きくは、労働安全衛生系と安全技術系の二つの流れがあり、これらが合流して現在の大きな潮流へと発展してきました。それでは、図表の上側にある労働安全衛生系の流れから見ていきましょう。

　同図表の一番上にあるのが、労働安全衛生に関する国際会議「世界労働安全衛生会議（World Congress on Safety and Health at Work）」です。ILO と ISSA（国際社会保障協

会）が主催し、労働安全衛生全般を議論しながら、とりわけマネジメント面からのアプローチや働く人の環境・状態、人材育成などに力点を置いています。先進国だけではなく、発展途上国も含めた世界中の国・地域が参加する、労働安全衛生に関する世界最大の会議です。実は、最近、同会議においてもビジョン・ゼロが重要なテーマとなってきました。

　労働安全衛生分野におけるビジョン・ゼロの概念自体は、1973年から日本の中央労働災害防止協会（JISHA）が推進している「ゼロ災運動」に端を発します。このことについては後ほど説明するとして、ここでは先を急ぎましょう。

　実は、ビジョン・ゼロという言葉が国際舞台に初めて登場したのは、2014年にドイツ・フランクフルトで開催された世界労働安全衛生会議でした。姉妹キャンペーンである交通安全と同様に、死亡・重大災害ゼロを目指したコンセプトとして、さらには予防文化の発展のための共通のビジョンとして国際的に認知されました。そして同会議において、ビジョン・ゼロの共通目標「重大な労働災害や致命的な労働災害のない世界」が掲げられたのです。

　こうした中、ISSAは、現代の労働環境の安全衛生上の課題に対応すべく、ビジョン・ゼロの考え方を「事故・疾病・有害のない労働の世界」に広げることを決定。ISSAがその後展開するビジョン・ゼロ・キャンペーンは、こうしたより包括的なアプローチを軸に、職場予防文化として伝統的な安全リスクだけではなく、新たに健康や福祉の視点を取り入れた職業的リスクまでを包含するようになったのです。

　それが、スタートしたのは2017年のこと。シンガポールで開催された世界労働安全衛生会議において、ビジョン・ゼロが最も重要なテーマとして取り上げられ、前回2014年の同会議で発表されたビジョン・ゼロ構想に基づく具体的な行動を呼びかけるために、ISSAのビジョン・ゼロ・キャンペーンが開始されたのです。シンガポール労働省のリム・スイセイ大臣も、閉会講演でビジョン・ゼロの重要性を訴えました。ここからです、ビジョン・ゼロが世界的な大きな潮流へとなっていったのは。

これからはビジョン・ゼロの時代

ヨアヒム・ブリューワー
国際社会保障協会（ISSA）　前会長

　ビジョン・ゼロとは、予防のための戦略であり、包括的なマインドセットであります。グローバルな予防文化を促進・構築するという共通の願いの上に成り立ち、職場における事故削減と、安全、健康、ウェルビーイングの促進を目指すことが、フィンランド・ヘルシンキでの第1回サミットで示されました。そして、国際的に主要な2つのビジョン・ゼロのアプローチである、国際労働機関（ILO）の「ビジョン・ゼロ　ファンド」と、ISSAの「ビジョン・ゼロ　ストラテジー」はいずれも、安全で健康な労働環境と、命が犠牲にされることのないディーセントワークを目指すものとして、密接に関連しています。

　こうしたビジョン・ゼロに関しては、国家的な重要業績評価指標（KPI）に掲げている国もあれば、本格的な国家予防戦略に発展させた国もあります。欧州委員会（EC）は、「2021～2027年欧州労働安全衛生戦略的枠組み」において労働災害をゼロにすることを宣言し、また欧州労働安全衛生機関（EU-OSHA）は現在、ISSAなどと協力して企業や組織におけるビジョン・ゼロの優れた実践例を収集しています。なぜなら、これからはビジョン・ゼロの時代だからです。

　そして2019年11月には、フィンランド労働衛生研究所（FIOH）の主催で第1回ビジョン・ゼロ・サミットがフィンランド・ヘルシンキで開催されました[3)]。ここでは、ビジョン・ゼロのさまざまな側面について議論し、その考え方と行動を次のレベルにまで引き上げると同時に、ベストプラクティスと教訓の共有を図りました。併せて、世界の労働者の安全と健康を守る目的で、欧州労働安全衛生機関（EU-OSHA）の労働安全衛生戦略をはじめ、国連のSDGs、主要7カ国（G7）および20カ国・地域（G20）諸国などの世界フォーラムにおける過去10年間のコミットメントの実施に貢献するために、「労働安全衛生グローバル連合（Global Coalition for Safety and health at Work）」[*3] が発足したのです。

現在では、同キャンペーンに 1 万 5000 社を超える企業に加えて、EU-OSHA をはじめとする国際機関や地域機関、国内機関が多数参加しています。このことは、ビジョン・ゼロの Web サイトからも確認できます[4]。

■ グローバル・サプライチェーンを救う VZF

　国際会議ではありませんが、労働安全衛生系の重要なトピックとして、ビジョン・ゼロにかかわる ILO の動きについても触れておきます。

　国連機関である ILO は 2015 年、G7 と協力して、「グローバル・サプライチェーンにおける重大・致死的な労災、障害、職業疾病の発生をゼロにする」ことを目的に「ビジョン・ゼロ・ファンド（VZF）」を発足させました。背景には、①世界で毎年 200 万人以上が業務上の疾病で死亡し、世界の労働人口の 60 ％が労働災害や疾病から効果的に保護されていない、②労働関連の事故や病気によって、世界の国内総生産（GDP）が年間 4 ％減少している、という深刻な現実があります。そこで、低・中所得国で事業を展開する企業において、労働安全衛生活動を育成・強化し、公的・民的行動を拡大していこうと、VZF の枠組みがつくられたのです。最近では、G20 がこの活動を支持するようになりました。

　VZF には、民間から独シーメンス、米ナイキ、スイス・ネスレが参画しています。それぞれの活動を簡単に紹介しましょう。

　シーメンスは、ドイツの技術、安全、証明サービスを手掛ける認証機関、テュフ・ラインランドと提携し、インド・ムンバイでトレーニングプログラムを提供する「シーメンス

＊3　創設パートナーには、ILO、国際労働衛生委員会、EC、欧州労働安全衛生機構、シンガポール労働省、フィンランド政府が名を連ね、オブザーバーとして WHO が参画しています。この連合組織には、6つのタスクグループを設置。例えば、筆者がメンバーとなっている「企業レベルでのビジョン・ゼロ・タスクグループ（Task Group on Vision Zero at the Enterprise Level）」では、全世界の企業へのビジョン・ゼロの浸透やビジョン・ゼロ・サミットの内容や運営、またビジョン・ゼロのコンセプトや e ラーニングシステムの調査などに関して議論しています。

ビジョン・ゼロの経験、知識の共有が重要

ステファン・オルソン
欧州委員会（EC）　労働条件および社会的対話担当ディレクター

　ECと欧州連合（EU）はこの数年間、雇用と社会問題の分野において非常に積極的な取り組みを行っています。2021年3月には、労働市場における雇用機会の均等、公正な労働条件、社会保障の確保といった欧州型の社会モデルの強化を目的にした「欧州社会権の柱」（EUが2017年に採択）の「20の基本原則」を実現する行動計画に賛同しました。

　労働安全衛生分野における重要なイニシアチブは、2027年までの7年間のEU政策を定めた戦略的枠組みで、この政策の要となるのが、ビジョン・ゼロの考え方に他なりません。包括的なビジョンゼロ・アプローチの構築方法について、世界中から経験や取り組み、知識を引き出すことは非常に重要となります。

グローバルスキルセンター　フォー　オキュペイショナルセーフティ」を設立し、現地企業に労働安全衛生活動を指導。エチオピアでも、同様のプロジェクトを推進しています。

　ナイキは、「製品をつくる人々のために、世界レベルの安全で健康的な職場を構築する」ことを目標に、VZFとともに衣料品と靴に関係する労働者の死傷災害を削減するための新しいイニシアチブを開始しました。これらの労働者が通勤中の交通事故に遭いやすいことに着目し、事故を減らすためのアプローチを開発するものです[4]。

　ネスレは、コーヒー農家の労働安全衛生と社会的条件の改善に取り組んでいます。ILO

....

＊4　経済協力開発機構（OECD）のデータによると、世界では毎年130万人が道路上で死亡し、最大5000万人が負傷しています。特に、商用車は、世界の交通事故全体の約10〜22％に関与するといわれています。多くの国で、衣料品や履物部門の労働者が交通事故に巻き込まれる背景には、長距離通勤、オートバイなど安全性の低い交通手段の利用、徒歩通勤、大型商用車との道路共有などが指摘されています。

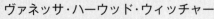

組織やビジネスの成功の中心に人を据える

ヴァネッサ・ハーウッド・ウィッチャー

労働安全衛生研究所（IOSH）　最高経営責任者

　ニューノーマルにおける安全、健康、ウェルビーイングの再定義が重要となっています。さらに最近では、社会の持続可能性と優れたコーポレートガバナンスを維持しようとする動きも活発になり、中でもESG（環境、社会、ガバナンス）リスクの開示と、規制の義務化に向けての動きが顕著です。IOSHはこの動きを歓迎し、2021年末に「Catch the Wave」と呼ばれるキャンペーンを開始しました。

　IOSHは、組織やビジネスの成功の中心に人を据え、労働安全衛生を戦略的意思決定の最前線に位置づけるために、世界中のより多くの関係者と協力していきます。働く人すべての安全、健康、ウェルビーイングという1つの目標を胸に。

　ベトナムとともに官民パートナーシッププロジェクトを立ち上げ、労働安全衛生、社会的保護、その他のディーセントワークに関する研究、能力開発、アドボカシー（一人ひとりが問題について知り、その原因について声をあげ、解決のためにできることを訴えていくこと）、知識の共有などに関するテーマを推進しています。

　このように、ILOのVZFは、グローバル・サプライチェーンに潜む安全と健康の課題に対峙し、共同ソリューションを開発・実施するという、集団行動モデルに基づいた活動です。現在は、農業、建設、衣料・繊維のサプライチェーンを対象に、3大陸8カ国でプロジェクトを推進。今や、世界中のすべての労働者の安全と健康の向上を目指す、ILOのフラッグシッププログラム「Safety＋Health for All」に不可欠な活動となっています。

3-3 国際会議からひもとく安全技術の潮流

　話を国際会議に戻しましょう。図表3-5の下側、安全技術系の流れを見ていきます。

　世界の製造業の安全技術に特化した国際会議が「産業オートメーションの安全に関する国際会議（International Conference on Safety of Industrial Automated Systems）」で、我々は「SIAS（サイアス）」と呼んでいます。フランス国立安全研究所（INRS）、ドイツ法定災害保険研究・試験研究所（IFA）、カナダ　ロベール・ソウベ労働安全衛生研究所（IRSST）などが中心になって始まり、安全技術でゼロ災害を目指す活動を推進してきました[5]。

　安全技術の国力を測るとき、一つの参考になるのがSIASでの発表件数です。「技術や仕組みによる安全の確立」に関する発表件数はこれまで、ドイツがトップで141件、続いて日本が136件、フランスが74件、カナダが52件、フィンランドが35件、米国が18件、英国が16件です。日本はドイツに次ぐ発表件数を有する2位の国であり、安全技術ではドイツとともに世界をリードしているといって過言ではありません。ちなみに、安全技術業界では、この上位7カ国を、G7よろしく「主要安全7カ国（S7：Safety 7）」と呼んでいます。

　上述した、技術による安全の確立とは、何か——。特に、海外では言葉も違う、文化も違う多様な人たちが一緒に働く中、誰もが機械を安全に操作できるようにと、機械側を安全化する技術「機械安全」が構築されると同時に、ISOやIECにおいてその国際標準化活動が熱心に推進されてきました。とりわけ、1992年にはEN292「機械安全—設計の基本概念」という、現在のISO12100（JIS B9700）「機械類の安全性—設計のための一般原則—リス

---

[5]　SIASには、日本からは日本電気制御機器工業会、労働者健康安全機構　労働安全衛生総合研究所、セーフティグローバル推進機構、名古屋大学、明治大学、長岡技術科学大学と、これら関連企業としてIDEC、オムロン、三菱電機、日本認証などが熱心に参画し、日本発の安全技術や要員資格認証制度などについて発表しています。日本主催では2007年と2021年に開催されました。

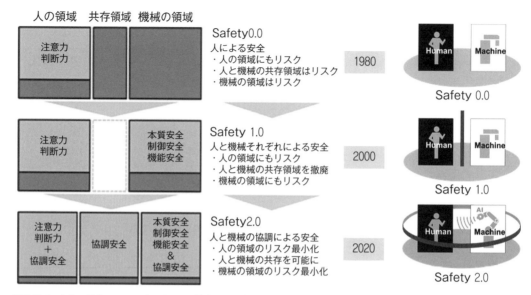

図表3-6 安全、健康、ウェルビーイングの技術的流れ〔出所：日経 BP 総合研究所（左）と IDEC（右）の資料を基に筆者作成〕

クアセスメント及びリスク低減」の前身となる規格が欧州で制定され、一気に国際安全規格体系が整備されました*6。技術によって働く人の安全、健康、ウェルビーイングを実現するという考え方の原点は、ここにあるといってよいと思います。

　こうした経緯を分かりやすく説明したのが、**図表3-6** です。安全、健康、ウェルビーイングを具現化する、技術の考え方がよく理解できると思います。

　この図表を見るときには、工場や建設現場などをイメージしながら読み進めてください。左列が「人のみの領域」、中央列が「人と機械の共存領域」、右列が「機械のみの領域」

＊6　国際安全規格体系は、3層化されたピラミッド構造になっています。頂点が、ISO12100（JIS B9700）で、A 規格（基本的安全規格）と呼びます。ここに、安全設計やリスクアセスメントなど機械安全にかかわる基本的な考え方が規定されています。その下が、B 規格（安全構成要素などのグループ安全規格）、C 規格（個別機械安全規格）となり、B 規格は A 規格に、C 規格は A 規格、B 規格に基づき規定されています。

で、薄いグレーは「安全」、濃いグレーは「危険（リスクがある状態）」を表しています。

日本が工業化に突き進んだ40年以上も前は、人が危ない機械にぶつからないように自ら注意して仕事をしていました。従って、人と機械の共存領域や機械の領域は、とてもリスクが高い（濃いグレー）状態だったといえます。これが、「Safety 0.0」と呼ぶ時代です。ウェルビーイングはほとんど考慮されていなかった時代と言えます。人々は必死で事故に会わないように働いていました。

しかし、人はミスをしますし、機械は壊れるため、事故が絶えませんでした。そこで、欧州を中心に安全技術の専門家が集まり、上述したように、機械安全に関する国際安全規格を制定しました。その基本的な考え方は、人と機械は隔離し、危ない時には機械を止めるという、「隔離の原則」と「停止の原則」です。これにより、人と機械の共存領域はなくなり、機械の領域はグッと安全（薄いグレー）になりました。これが、「Safety 1.0」で、特にものづくりの現場では、多くがこの考え方を導入しています。今の日本の工場の働く人々の現場では、この考え方が中心です。

ただ、このSafety 1.0も万能ではありません。安全性が確保される一方で、生産性が必ずしも高められなかったり、機械を柵で囲うために広いスペースを要したりという課題がありました。そもそも工場においてはSafety 1.0は実践可能でしたが、建設現場においては、多くの場合に隔離の原則を適用することが難しく、人と重機が交錯していました。

実は、隔離の原則がうまく適用できないのは、建設現場だけではありません。大きな耕運機と人が近くで作業する農業をはじめ、配膳ロボットが動き回るファミリーレストランのようなサービス業、掃除ロボットが縦横無尽に走るオフィスなどなど、むしろ、隔離の原則を適用できない分野の方が多数を占めるのです。

そこで、次世代の安全を目指す新しい方策として、ICT（情報通信技術）などの先進技術を活用しながら、人と機械と環境が協調して安全化を図る「協調安全」、すなわち

安全、健康、ウェルビーイングは社会課題の解決

石村和彦
国立研究開発法人 産業技術総合研究所理事長

　私は、かつて民間企業（AGC）の製造現場のトップとして安全衛生管理の責任者を長く務めていました。事故を目の当たりにしたこともあり、予防の大切さと同時に、労働災害をなくすことの難しさも痛感してきました。加えて、「最終的には作業者への教育による安全意識の向上が重要である」という半ば精神論に陥りがちな従来の安全管理の取り組みにも限界を感じていました。

　こうした経緯から、作業者個人の意識というレベルにとどまらず、IoT（モノのインターネット）などの新しい技術を取り入れることによって、よりスマートな方法で労働災害、職業性疾病、危険要因をゼロにすることができないかと考えてきました。そうした中で、「技術開発も含めて新しい予防安全を実現しよう」というビジョン・ゼロの取り組みを知り、大いに共感し支持しています。

　産業技術総合研究所は、「社会課題の解決」をミッションの一つとしています。Society 5.0 の実現とともに、これまでにない観点に基づいて労働者の安全、健康、ウェルビーイングを達成することは、まさに社会課題の解決に直結するものです。今後も、新たな社会における安全、健康、ウェルビーイングに、主に科学技術の側面から貢献していきたいと考えています。

　「Safety2.0」という概念が日本から提案されました。2015 年のことです。これにより、人の領域、機械の領域がより安全になるとともに、Safety 1.0 では隔離の原則によって消滅した、人と機械の共存領域が安全になって戻ってきました。結果、安全性が高まると同時に、生産性やスペースなどの課題も解消されたのです。加えて、建設や農業など隔離の原則が適用困難な分野において、Safety 2.0 による安全化が急速に進展し始めました。

　以上のことをより分かりやすく説明するために機械をライオンに見立てたのが、**図表 3-7** です。Safety 0.0 では、人がライオンにかまれないように注意していました。Safety

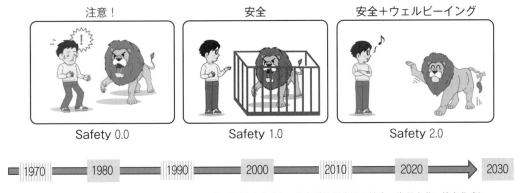

注意！　　　　　安全　　　　安全＋ウェルビーイング

Safety 0.0　　　　Safety 1.0　　　　　Safety 2.0

1970　　1980　　1990　　2000　　2010　　2020　　2030

図表 3-7　安全技術の変遷を示すライオンモデル（出所：厚生労働省、中央労働災害防止協会の資料を基に筆者作成）

1.0になると、ライオンを檻に入れますから、人がかまれる心配はなくなります。しかし檻があるが故に、広いスペースが必要だったり餌をあげるのに面倒だったりします。そこでSafety 2.0では、人がライオンを調教することで安全に共存することが可能になり、邪魔だった檻が要らなくなるわけです。

　それだけではありません。Safety 2.0の本質は「人中心」にあります。ここまで幾度となく強調してきたように、広義のウェルビーイングは、安全、健康、ウェルビーイングの三つの側面を持ちます。人中心とはすなわち、安全、健康を確保した上で、人の働きがいややりがいに通じるウェルビーイングを高めること。それを、Safety 2.0という技術を使って実現するのです。

　そもそも、Safety 2.0を用いる協調安全という新しい安全の概念は、この視点から提案されました。例えば、工場で働く人がロボットに近づいてきたら、それを察知したロボットが自らパワーや速度を落としてリスクを下げる。これにより、働く人は余計な心配をせずに自分の仕事に打ち込み、引いては、働きがいややりがいへとつながっていく——。あるいは、真夏の灼熱の建設現場において、作業者のバイタルデータをリアルタイムで計測

していれば、熱中症の兆候が現れたときにすぐに休ませることができる。体調を回復した作業者が現場に戻ると、再び自分の能力を最大限に発揮できる――。

　このように、協調安全／Safety 2.0 は、働く人々が生き生きとし、ウェルビーイングを高めていく考え方／技術に他なりません。そして、重要なことは、これが決して日本の独りよがりではないということ。世界的な機関と一緒に議論を積み重ね、2020 年 11 月には IEC から白書『将来の安全 (Safety in the future)』が発行されたのが、その一つの証左です (**図表 3-8**)[5]。この中で、協調安全／Safety 2.0 は未来の安全のあるべき方向として紹介されています。

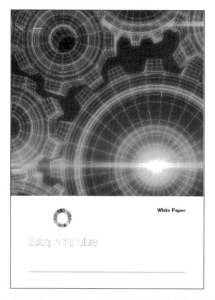

図表 3-8 2020 年 11 月に IEC から発行された白書『将来の安全 (Safety in the future)』。セーフティグローバル推進機構が提唱し、IEC の MSB (Market Strategy Board) が将来の重要テーマとして取り上げ、経産省の支援で発行したものです。未来の安全のあるべき姿・方向性、そして産業化の礎となる国際ルール (国際標準) の在り方を示しています。(出所：IEC)

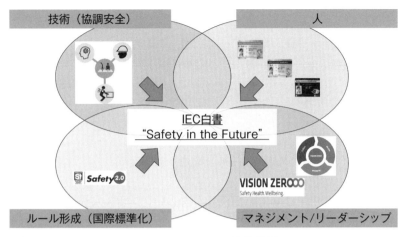

図表 3-9　経営に必要なホリスティック・アプローチ（出所：筆者）

　これからの時代、例えば製造業では、製品を開発するだけではなく、とりわけ経営層と
マネジメント層が製品を使う人・利用する人、製品を開発する人・製造する人を含めた自分
の企業で働く人全員の安全、健康、ウェルビーイングの重要性をしっかりと理解し、組織
運営していかなければなりません。その際、重要になるのが、「ホリスティック・アプロー
チ」です（**図表 3-9**）[5]。

　これは、「人」「技術」「マネジメント」「ルール形成」の4側面から経営に取り組むことを意
味しています[*7]。人を中心に置いた上で、安全、健康、ウェルビーイングを実現するため
に技術を積極活用し、強いリーダーシップを発揮するなどマネジメントの関与を一層深め
ていきます。そして、特にグローバル社会を見据えたときには、さまざまな企業活動が

＊7　ビジョン・ゼロ・サミット　ジャパンでは、ホリスティック・アプローチに基づき、16のセッションを「人軸」「技術軸」「マネジメント
軸」「ルール形成軸」の考え方から構成。各セッションごとに世界中から第一人者をセッションチェアとして迎え、本文でも触れたように、
200人を超える著名な方々が講演しました。

ルールで裏打ちされていることが必須となってきます。このことは既に、多くの企業が品質マネジメントシステムのISO9000シリーズや、環境マネジメントシステムのISO14000シリーズなどで経験されたことでしょう。我々はこうした観点から、協調安全／Safety 2.0の国際標準化を進めたり、5章で説明する「Safety2.0適合制度」の普及に努めたりしているのです。

■2021年発表の欧州発インダストリー5.0と軌を一に

図表3-10は、WHOが2021年末に発表した新しいシンボルマークです[6]。国連のSDGsの17のアイコンを周囲に、「Well-being」をその中央に配置し、2030年のSDGs達成の先にウェルビーイングがあることを示唆しています。その実現に向けては、ここまで見てきた通り、協調安全／Safety 2.0に代表されるような技術の活用が重要になってきます。そ

図表3-10　WHOの新しいシンボルマーク（出所：WHO）

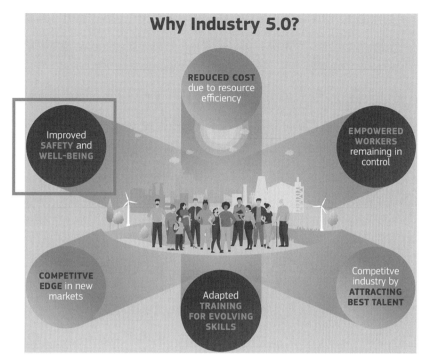

図表 3-11　EC が打ち出した新コンセプト、インダストリー5.0（出所：EC の資料を基に筆者）

の国際的な裏付けを、もう一つ紹介しましょう。「インダストリー5.0（第 5 次産業革命）」です（**図表 3-11**）[7]。

　読者の皆さんの多くは、欧州が 2011 年に提唱し第 4 次産業革命ともてはやされた「インダストリー4.0」をご存じと思います。あれからちょうど 10 年たった 2021 年、EC は、持続可能な新しい産業のコンセプトとしてインダストリー5.0 を発表しました。インダストリー4.0 と 5.0 では一体、何が違うのでしょうか——。

　まず、インダストリー4.0 は、製造業のデジタル化を進めて生産情報を可視化し、新しいビジネスモデルにつなげようとするコンセプトでした。しかし振り返れば、機械化やデ

ジタル化による生産性、効率性の向上にフォーカスし過ぎていたとされています。これを踏まえ、人と機械、人とデジタルデータが連携し、経済の発展と社会課題の解決に向かう方向を考えるとしてインダストリー5.0が提唱されました。

　もう少し詳しくいうと、インダストリー5.0では、生産プロセスの中心に働く人を置くことによって、人間中心（Human-Centric）、持続可能（Sustainable）、レジリエント（Resilient）を目指し、雇用と成長を越えた社会的目標を達成し、繁栄のための産業力を創出しようとするコンセプトといえます。その上で、労働者を「コスト」ではなく、企業にとっての「投資」と考え、これが、企業と労働者双方の発展を可能にするとしています。

　この考え方こそ、ビジョン・ゼロ推進、すなわち安全、健康、ウェルビーイング推進の根幹であり、ビジョン・ゼロ活動と完全に軌を一にしています。さらに、インダストリー5.0のコンセプトの中には、「『労働者が進化し続ける技術に適応し続ける』のではなく、『技術が労働者のニーズや多様性に適応する』」という考え方があります。これが見事に、ビジョン・ゼロ推進の中核技術である協調安全／Safety 2.0のコンセプトと一致しているのです。ECのオルソン氏のコラムからも分かるように、ECは全欧州の国家にビジョン・ゼロを必須の活動として推進することを2021年の行動計画で発表しており、このIndustry5.0もまさに人を中心に置く考え方をしっかり反映していることがくみ取れます。

　以上見てきたように、日本が2015年に提案した協調安全／Safety 2.0は、現在の安全技術の国際的潮流のど真ん中にあります。SIASをはじめとする色々な国際会議を経て、IEC白書では未来の安全のあるべき姿として紹介されました。そしてビジョン・ゼロ・サミットジャパンでは世界中の多くの共感を得て、最後に発出された東京宣言の中に「人、機械、環境をデジタルでつなぐことで更に強化される協調安全の潜在力を再認識し、働く人の安全・健康・ウェルビーイングを促進するものである」と盛り込まれました（エピローグ参照）。協調安全／Safety 2.0はすなわち、安全、健康、ウェルビーイングを実現する技術

従業員のウェルビーイングは戦略的重要性が高い

マンフレッド・ショッホ
BMW 副会長／BMW グループ労使協議会 委員長

　安全、健康、ウェルビーイングは、一人ひとりにとっても、また社会全体にとっても、欠かすことのできない重要な要素です。とりわけ、民主主義、安全、平和のための闘いを余儀なくされている欧州では今、その重要性が改めて、そして痛ましいほどに浮き彫りになっています。

　安全、健康、ウェルビーイングという基本的なニーズを満たすことは、個人だけではなく、企業にとっても重要です。あらゆる企業にとって、成功の鍵を握るのは従業員。その基本的なニーズを満たすことは、企業の成功に直接的な、かつポジティブな影響をもたらします。それ故、従業員のウェルビーイングについては戦略的重要性が高いと確信しています。

「ウェルビーイング・テック」として世界に認められ、製造業、建設業をはじめ、あらゆる分野に展開・浸透していくフェーズに来ているのです。

　その一つの証しとして、協調安全／Safety 2.0 が2015年に日本で産声を上げてから10年後の 2025 年に開催される、大阪・関西万博では、世界中の地球市民と共有するよう検討がされています（1 章参照）。協調安全／Safety 2.0 は、安全、健康、ウェルビーイングを実現するウェルビーイング・テックとして、今後ますます世界中に広まっていくことに疑う余地はありません。

3-4　多くの国が実践するビジョン・ゼロ

　ここまで、安全、健康、ウェルビーイングを実践する上で、ビジョン・ゼロと、それを

推進するための技術である協調安全／Safety 2.0 が世界の潮流になっていることを理解してもらいました。実際、世界の国々はどのようなアクションを起こしているのか、ここで確認しておきましょう。

フィンランド。労働安全衛生の世界的リーダーになるという共通ビジョンの下、他のメンバーの利益のために自らの経験を共有しようとする、全国的な職場ネットワーク「フィンランド・ビジョン・ゼロ・フォーラム」（前身は「フィンランド・ゼロ・アクシデント・フォーラム」）を組織。労働安全衛生を重視し安全の最先端に取り組む、あらゆる職場を対象に、現在は、400 を優に超える職場が属しています[8]

ドイツ。原材料・化学工業社会傷害保険機関（BG RCI）は、ビジョン・ゼロ推進を熱心にリードしています[9]。具体的には、予防戦略「VISION ZERO　事故ゼロ〜健康に働こう！」の実現を目指し、ビジョン・ゼロの実践に力を入れています。

シンガポール。ビジョン・ゼロを国家予防戦略として掲げる、代表的なビジョン・ゼロ先進国です。労働省の傘下の法定機関である WSH カウンシルは、「すべての企業がビジョン・ゼロを採用すべきである」としています[10]。

ルクセンブルク。2016 年に、欧州で初めて国家予防戦略としてビジョン・ゼロを採用した国です。「予防に投資された 1 ユーロは、企業、従業員、社会に有益な効果をもたらします。安全で健康的な職場は、政府、企業、従業員、社会的パートナー、およびすべての利害関係者の間の共通の意志であり、責任の共有です」として、ビジョン・ゼロを実践しています[11]。

マレーシア。2019 年に国家戦略としてビジョン・ゼロに基づく持続可能な戦略的アプローチを立ち上げました[12]。そして、「企業は、職場の安全、健康、ウェルビーイングを促進し、再活性化するために行動計画を実施することを約束する」としています。

チリ。国の予防構想として「ビジョン・ゼロを遵守する」ことに対し、ISSA からビジョ

建設業の新しい未来を切り開く

井上和幸
清水建設 代表取締役社長

　建設業界において国土交通省が2016年から推進している「i-Construction」は、建設業のデジタル変革を目指し、あらゆる建設プロセスでICT活用やデジタル化を推進し、生産性や安全性を向上させるものです。産官学が一体となって取り組むことで、より生産的で、安全で、魅力ある建設業の実現と、「よく働き、よく休み、そして希望を持って」という建設業の新しい未来を切り開くことを目指しています。

　清水建設では、i-Constructionによる安全性と生産性の向上を両立させるために、デジタル化・ロボット化施工に加え、協調安全の概念を取り入れた「SHIMZ Digital General Contractor」という旗印を掲げました。その旗の下、我々は働く人たちの安全、健康、ウェルビーイングを実現するために、世界中の関係者と力を合わせてビジョン・ゼロを推進していきます。

ン・ゼロの遵守証明書を受け取りました[13]。2017年のことです。安全、健康、ウェルビーイングの課題に対し、国を挙げて取り組むことを表明したものといえます。

　ロシア。早くから国家戦略としてビジョン・ゼロの概念にコミットし、2017年にISSAとの覚書に署名しています。翌2018年4月の労働安全衛生週間中にビジョン・ゼロがローンチされ、400以上の企業がビジョン・ゼロ・パートナーとして登録しました。

　カザフスタン。2019年末、ISSAとの間で国家的な予防概念としてビジョン・ゼロを推進する協定を締結することを決定しました。

■ **ゼロ災運動がビジョン・ゼロに姿を変えて再上陸**

　以上、8カ国の動向を簡単に紹介しましたが、「肝心の我が国日本は、どうなっているの

か」という声が聞こえてきそうです。そこで最後に、日本にビジョン・ゼロが紹介・導入され、サミットを開催するまでになった経緯などを踏まえながら日本の動向を駆け足でまとめます。

まず、言っておきたいのは、ビジョン・ゼロの発祥の原点は日本にあるという点です。中央労働災害防止協会が1973年に「ゼロ災害全員参加運動（ゼロ災運動）」を提唱し、ご承知の通り、産業界に広く浸透してきました[14]。実は、このゼロ災運動こそが、ビジョン・ゼロのコンセプトの先駆けなのです。その後、ゼロ災運動は製造業の海外進出とともに海を渡り、欧州でビジョン・ゼロ　グローバルキャンペーンと姿を変えて、日本の地に再び戻ってきたのです。こうした経緯を考えると、日本では既に、多くの企業においてビジョン・ゼロ実践の下地ができ上がっているといっていいでしょう。

ゼロ災運動から姿を変えたビジョン・ゼロを日本に導入するきっかけをくれたのは、ドイツの安全技術の専門家で、ドイツ連邦共和国労働安全衛生研究所（IFA）ディレクターのディートマー・ライナート氏でした。2017年6月、筆者らセーフティグローバル推進機構が主催した、協調安全／Safety 2.0をテーマにした「第2回国際安全シンポジウム」の基調講演に招いた同氏は、我々に次のようなアドバイスをくれました。

「これからの欧州は、安全、健康、ウェルビーイングを追求するビジョン・ゼロの考え方が主流になる。日本が協調安全／Safety2.0 を、安全に加えて、ウェルビーイングにまで適用していく技術開発を開始するならば、このビジョン・ゼロと連携するのが望ましい」。

これを受け、セーフティグローバル推進機構の理事を務める筆者はすぐに欧州に飛び、フィンランド、デンマーク、英国、フランス、ドイツなどの著名な安全、健康、ウェルビーイングの専門家40人と面談。協調安全／Safety 2.0 がビジョン・ゼロと連携することこそが、安全、健康、ウェルビーイングの推進・実践にとって最善かつ最短のソリューションであることを互いに確信しました。その後も、彼らを日本に招いて意見交換をする

など国際交流を深めてきたのです＊**8**。

　そして、2018年11月に開催された「第3回国際安全シンポジウム」では、当時のISSA事務総長であるハンス‐ホルスト・コンコレフスキー〔現・国際ORP（Occupational Risk Prevention）財団理事長〕が緊急来日し、日本での初めてのローンチイベントと位置付けてビジョン・ゼロを詳しく紹介してくれたのです。ゼロ災運動から、ウェルビーイングを包含するように姿を変えたビジョン・ゼロが、日本に再上陸を果たした記念すべき日といえます（**図表 3-12**）。

日・独・仏Safety2.0 国際安全シンポジウム 2017
「第4次産業革命時代の安全はこう構築する」
2017年6月8日（東京）

ディートマー・ライナート氏
IFA ディレクター

ドイツ連邦共和国労働安全衛生研究所（IFA）とフランス国立安全研究所から、世界の安全を引っ張る著名な研究者が登壇。ビジョン・ゼロを日本に導入するきっかけとなった。

Safety2.0 国際安全シンポジウム 2018
「世界は、安全で会社を強くする」
2018年11月20日（東京）

ハンス‐ホルスト・コンコレフスキー氏
ISSA 事務総長

欧州からは独ピルツのCEO、国際社会保障協会（ISSA）の事務総長、日本からは経済産業省、トヨタ自動車、中央労働災害防止協会、清水建設、セーフティグローバル推進機構が登壇。ビジョン・ゼロをローンチした。

図表 3-12 2017年と2018年に開催された、国際安全シンポジウム。国内外の安全の第一人者が安全、健康、ウェルビーイングや安全技術（協調安全／Safety 2.0）について討議。ビジョン・ゼロは、2017年のシンポジウムで導入のきっかけがつくられ、2018年のシンポジウムでローンチされました。（出所：筆者）

....

＊**8**　例えば、2018年には、経済産業省国際標準化事業等において協調安全を共に実現するパートナーとして、デンマーク、フィンランド、オランダから3人の安全、健康、ウェルビーイングの専門家を招へいし、意見交換や工場見学、建設現場訪問などを実施しました。

3-5 ビジョン・ゼロと協調安全の連携の背景

　ビジョン・ゼロと協調安全／Safety 2.0 を連携させる上で特に重要だったことは、海外の安全、健康、ウェルビーイングの専門家の来日時に、シンポジウムや講演会で交流したり会議をしたりするだけではなく、実際に日本の現場で働く人の姿、すなわち安全、健康、ウェルビーイングの状況を見てもらうことでした。

　筆者らが案内したのは、中日本高速道路（NEXCO 中日本）をデベロッパーとする新東名高速道路の清水建設や前田建設のトンネル工事現場、道路舗装大手の NIPPO のアスファルト合材工場、ロボットがロボットを造るファナックの工場などでした（**図表 3-13**）。

　例えば、清水建設のトンネル工事現場の見学を終えた欧州のビジョン・ゼロの専門家は、まず、作業開始前のツールボックスミーティングにおいて、安全や健康だけではなく、ウェルビーイングにもフォーカスが当てられていたことに驚きを隠しませんでした。さらに、国土交通省が推進する「i-Construction」で、建設現場に ICT を導入し、測量から設計、施工、検査、維持管理に至るすべての事業プロセスにおいて生産効率を高める活動や、協調安全／Safety 2.0 を導入して安全性を高める取り組みに高い関心を示しました。

　このように、海外のビジョン・ゼロの専門家が日本の現場を実際に訪れ、自らの目で協調安全／Safety 2.0 の導入により安全、健康、ウェルビーイングが実践されている状況を確認したことで、ビジョン・ゼロと協調安全／Safety 2.0 の国際連携が可能になったのです。ある専門家は言いました。「日本は、協調安全のアプローチやソリューションなど、今まで誰もやっていなかったことを既に実践している。ビジョン・ゼロにおいて、ぜひ、グローバルに拡大していきたい」と。

図表 3-13 海外の安全、健康、ウェルビーイングの専門家による日本の現場訪問。(a)デンマーク国立労働環境研究センターのピート・カインズ氏が訪れたのは、新東名高速道路の前田建設(a:左)と清水建設(b:左から2番目)の工事現場。(a)では、建機に試乗。フィンランド労働衛生研究所のトンミ・アランコ氏が訪問したのは、ファナック(c:右)とNIPPO(d:左から3人目)。(c)では、ロボットがロボットを造り、また人とロボットが協調している工場を見学。このように実際の現場を見てもらうことで、日本の安全、健康、ウェルビーイングの状況に対する理解を深めてもらいました(出所:筆者)

■ 世界中に数多くの仲間が存在

　以上、大きくは安全、健康、ウェルビーイング、すなわちビジョン・ゼロへとつながる流れ、安全技術の流れ、そしてビジョン・ゼロと協調安全／Safety 2.0が融合する流れを見

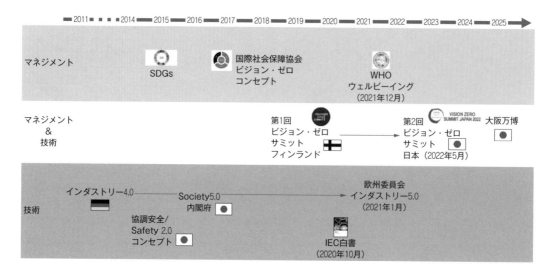

図表 3-14 エポック的にまとめた、安全、健康、ウェルビーイング（労働安全衛生マネジメント）の流れと、安全技術の流れ
（出所：筆者）

てきました（**図表3-14**）。ビジョン・ゼロという旗の下、協調安全／Safety 2.0 に代表されるウェルビーイング・テックを駆使し、働く人を中心にあらゆるステークホルダーの安全、健康、ウェルビーイングを高めていくことが今や、世界の大きな潮流となっているのです。ここまでお読みいただいて、ある種、これが必然だったことが理解いただけたと思います。

　そして何より、この潮流には、数多くの支援者・仲間が世界中に存在するということを強調しておきます。ビジョン・ゼロ・サミットを我々とともに推進した組織である労働安全衛生グローバル連合を核に、厚生労働省、経済産業省、国土交通省、WHO、ILO、ISSAをはじめ、国際標準化面では IEC や ISO、日本規格協会など、2025 年大阪・関西万博に関連しては2025 年日本国際博覧会協会、大阪観光局など、そして世界有数のエクセレントカンパニーを含む 1 万 5000 社超の企業、多くの関係団体など。いわば「チーム・安全、健康

卓越したレベルの安全、健康、ウェルビーイングが必要に

トンミ・アランコ

労働安全衛生グローバル連合 ビジョン・ゼロ推進タスクグループリーダー／フィンランド労働衛生研究所
（FIOH）労働安全部門局長

　労働安全衛生グローバル連合・ビジョンゼロ推進タスクグループは、ビジョン・ゼロのコンセプトを実用的な方法で世界中の企業に紹介するとともに、その考え方を実践することの支援を目的としています。

　良い企業には優れた、安全、健康、ウェルビーイングがあるかもしれませんが、素晴らしい企業になるためには、卓越したレベルの安全、健康、ウェルビーイングが必要なのです。これは、組織が労働安全衛生とビジネス活動の境界をうまく越えて、「ビジネス」と「安全、健康、ウェルビーイング」の両方で世界クラスの結果を達成するための独自の視点と革新的な実践方法を見つけて初めて実現するものです。

　ビジョン・ゼロは、企業の活動をさらに上のレベルへと革新・発展させるためのインスピレーションであり、ツールであり、視点であります。私はビジョン・ゼロの下、すべての人が協力することで、安全、健康、ウェルビーイングをさらなる高みに引き上げることができると確信しています。

&ウェルビーイング（Team Safety, Health & Well-being）」という大きなエコシステムが既に確立されており、安全、健康、ウェルビーイングの世界に大きな革新を巻き起こそうとしているのです。

　その方向性を示したものが、ビジョン・ゼロ・サミット　ジャパンの最後に発出した東京宣言に他なりません（エピローグ参照）。その一つの意義は、ビジョン・ゼロから「すべての人のビジョン・ゼロ（Vision Zero for All）」への転換です。実は、この考え方は、2025年に開催される大阪・関西万博の"いのち輝く未来社会のデザイン"と完全に軌を一にしています。このため同サミットには、2025年日本国際博覧会協会が登壇。万博への参画を呼びかけていただき、80億人の全地球市民に対してVision Zero for Allを考えていくきっかけと

なりました。その後、国内外の機関との討議を経て、"Global Initiative for Safety & Well-being at EXPO2025 and Beyond" という活動が 2023 年からスタートしようとしています。

　この活動の中核を担う 2 人の方に、ここから登場していただきます。まず、国際 ORP 財団理事長のハンス - ホルスト・コンコレフスキー氏がグローバルな視点から新しい経営コミットメントの形を、労働安全衛生グローバル連合のタスクグループリーダーであるトンミ・アランコ氏が自ら推進するビジョン・ゼロの本質を語ります。

参考文献

1) Sustainable Development Solutions Network、「World Happiness Repor」、https://happiness-report.s3.amazonaws.com/2023/WHR+23.pdf（2023 年 4 月 4 日閲覧）

2) ISSA、「XXII World Congress on Safety and Health at Work 2021」、https://ww1.issa.int/world-congress2020/timeline（2023 年 2 月 21 日閲覧）

3) VISION ZERO SUMMIT HELSINKI '19、https://www.julkari.fi/bitstream/handle/10024/139157/VisionZeroSummit2019_Proceedings.pdf?sequence=5&isAllowed=y（2023 年 2 月 10 日閲覧）

4) ビジョン・ゼロ、https://visionzero.global/ja/companies（2023 年 2 月 10 日閲覧）

5) IEC、「Safety in the Future」、https://www.iec.ch/basecamp/safety-future（2023 年 2 月 10 日閲覧）

6) WHO、「Towards developing WHO's agenda on well-being」、https://www.who.int/publications/i/item/9789240039384（2023 年 2 月 10 日閲覧）

7) EU publications、「Industry 5.0 Human-centric, sustainable and resilient」https://op.europa.eu/en/publication-detail/-/publication/aed3280d-70fe-11eb-9ac9-01aa75ed71a1（2023 年 2 月 22 日閲覧）

8) FIOH、https://www.ttl.fi/en/training-and-advisory-services/vision-zero-forum/（2023 年 2 月 10 日閲覧）

9) VISION ZERO、https://www.bgrci.de/vision-zero/（2023 年 2 月 10 日閲覧）

10) WSH COUNCIL、https://www.tal.sg/wshc（2023 年 2 月 10 日閲覧）

11) VISION ZERO national strategy、https://visionzero.lu/en/strategy/（2023 年 2 月 10 日閲覧）

12) VISION ZERO MALAYSIA、https://visionzero.perkeso.gov.my/about.php（2023 年 2 月 10 日閲覧）

13) Prevencion Integral、https://www.prevencionintegral.com/actualidad/noticias/2017/10/15/chile-se-adhiere-vision-zero-iniciativa-global-que-promueve-seguridad-salud-bienestar-laboral（2023 年 2 月 10 日閲覧）

14) 中央労働災害防止協会、Concept of "Zero-accident Total Participation Campaign"、https://www.jisha.or.jp/english/zero_accident.html（2023 年 2 月 10 日閲覧）

経営コミットメントの新しい形
社員と顧客の安全、健康、ウェルビーイングを守る

ハンス‐ホルスト・コンコレフスキー 国際ORP財団理事長

　世界では、労働災害防止対策の捉え方が大きく変わってきました。これまでは、政府が企業に課す義務とみなされていましたが、最近では、経営者が優れたリーダーシップを発揮するための重要経営テーマ、そして企業の持続可能性目標に大きく貢献するKPI（重要業績評価指標）として捉えられています。背景には、ビジネスリーダーたちが従業員の健康や企業のカーボンフットプリント*1により関心を強めていることがあり、これらに関する指標は経営会議や取締役会で議論する非財務データの一部となっています。

　とりわけ、新型コロナウイルスの感染拡大の影響により、ビジネスリーダーたちは、レジリエントな職場の健康保護策や予防システム、そして従業員のケアの重要性を再認識するようになりました。以下では、このマインドセット転換の背景となった、大きな社内的、および社外的な理由について述べます。

ビジョン・ゼロ実施を宣言したEU

　ビジョン・ゼロという新しいマインドセットは、本章で述べられてきた通り、2017年にシンガポールで開催された第21回世界労働安全衛生会議において、国際社会保障協会（ISSA）がローンチ

＊1　商品やサービスの原材料調達から廃棄・リサイクルに至るまでのライフサイクル全体を通して排出される温暖化ガスの排出量をCO_2に換算して、商品やサービスに分かりやすく表示する仕組みのこと。

したビジョン・ゼロ・キャンペーンの核心部分といえます。この世界的な取り組みに2022年現在で、世界のあらゆる地域から、実に1万1000社近い企業が正式に参加しています（**図表3-15**）。すなわち、ビジョン・ゼロ・キャンペーンはこの5年間で、「人々の安全、健康、ウェルビーイングを第一優先にすることにより、職場におけるあらゆる事故、疾病、災害を防ぐことができる」という哲学に基づく国際的な予防活動へと発展し、大きな成功を収めてきたといえます。

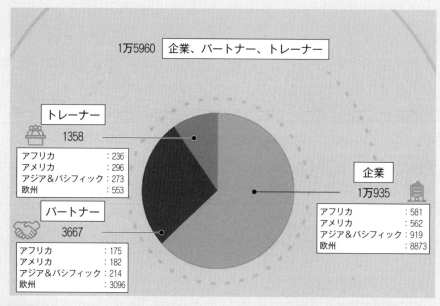

図表3-15 ビジョン・ゼロに参加する企業、パートナー、トレーナーの数（出所：国際社会保障協会）

そして、この新しいマインドセットは、ビジョン・ゼロ・サミット・ジャパン2022で採択された「すべての人のためのビジョン・ゼロ東京宣言（Vision Zero for All）」（エピローグ参照）によりさらに強固なものとなり、ビジョン・ゼロは、世界のすべての主要な国際労働安全衛生機関が支持するグローバルな予防戦略として確立されました。

同サミットを主催した、労働安全衛生グローバル連合（Global Coalition for Safety and Health at Work）のビジョン・ゼロ推進タスクグループメンバーで、セーフティグローバル推進機構理事の藤田俊弘氏は、「東京宣言は、今後の国際レベル、国家レベル、産業レベル、そして企業レベルでのあらゆる予防活動の指針となる『羅針盤』として、ビジョン・ゼロに対する世界的なコンセンサスを示すものです」と、力強く語っています。

労働安全衛生グローバル連合・ビジョン・ゼロ推進タスクグループのメンバー、
セーフティグローバル推進機構　理事の藤田俊弘氏

　そんなビジョン・ゼロに関する、国家レベル、企業レベルの取り組みを見ていきましょう。まずは、国家レベルから。

　ビジョン・ゼロは今や、すべての大陸に浸透し、多くの国々で国家予防戦略の重要な一部となっています。そのフロントランナーがシンガポールです。国際社会保障協会のビジョン・ゼロ・キャンペーンがローンチした、2017年の世界労働安全衛生会議の場において、開催国である同国のリー・シェンロン首相は、シンガポール職場安全衛生評議会（Workplace Safety and Health Council）創立50周年に際し、次のように述べました。「あらゆる職場で、すべての労働者のためにビジョン・ゼロが実践されるよう、全員が自分の役割を果たし予防文化に向けて努力することを期待します」。

シンガポール首相のリー・シェンロン氏
（出所：シンガポール人材開発省）

　さらに特筆すべきは、EC（欧州委員会）です。「職場における健康および安全に関する戦略的枠組み2021-2027」の中で、ビジョン・ゼロをその一部として採択しました。これにより、EUの全27

加盟国は、労働安全衛生プログラムの一環としてビジョン・ゼロを実施しなければならなくなったのです。EC 雇用・社会権担当委員のニコラ・シュミット氏は、「EU における業務上の死亡事故に関して、我々はビジョン・ゼロ・アプローチにコミットしなければなりません。職場における健康とは、身体だけではなく、心の健康やウェルビーイングも含まれています」としています。

欧州委員会雇用・社会権担当委員のニコラ・シュミット氏
（出所：欧州労働安全衛生機関）

世界のトップマネジメントはこう考える

　続いて、企業レベルの取り組みを紹介します。経営トップがビジョン・ゼロの考え方に賛同し、健康的で持続可能な企業文化にコミットする理由はさまざまです。従業員の安全と健康を優先するという伝統を創業以来継承している企業もあれば、重大な事故や災害で莫大な賠償請求をされた結果、安全で健康的な労働環境への取り組みを強化したという企業もあります。理由は、何でも構いません。予防文化を力強く推進するにあたって最も重要なのは、企業トップが自ら積極的にかかわるということとです。世界に名だたる企業 3 社のケースを紹介しましょう。

　ドイツのシーメンスは、トップマネジメントが伝統的に安全に対してコミットしてきた企業の一つです。2013 年から 2021 年まで同社の社長兼最高経営責任者（CEO）を務めたジョー・ケーザー氏は、予防文化プログラム「ゼロ・ハーム・カルチャー＠シーメンス（ZERO HARM CULTURE ＠ SIEMENS）」に関して、「一人ひとりが社員の健康と安全に貢献すること、これが私たちの最優先事項です」と語っています。

2013〜2021年のシーメンス社
社長 兼 最高経営責任者（CEO）のジョー・ケーザー氏（出所：シーメンス）

　英国のテスコの場合には、小売業であることから、経営陣が発したコミットメントは従業員と顧客を対象としたホリスティックなものになっています。2014年から2020まで同社のCEOだったデヴィッド・ルイス氏は、「お客様と社員の健康と安全を守ることは、私たち全員が共有する責任です」と明言しています。

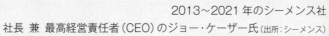

2014〜2020年のテスコ最高経営責任者（CEO）の
デヴィッド・ルイス氏（出所：テスコ）

　最後に紹介するのは、米国のボーイング社です。「ゼロにむかって、日々着実に（Going for Zero - one day at a time）」と銘打った予防キャンペーンは、安全の向上と事故率の低減にコミットする形でトップマネジメントが推進したものです。同社で、2017年から2020年にわたって製造・サプライチェーン・オペレーション担当上級副社長を務めたジェネット・ラモス氏は、「今までとは違う何かをしなければいけない、と我々は分かっていました。職場の安全は、トップレベルの後押しの下、会社のバリューの一つとして強化されなければならなかったのです」と、トップの関与の重要性を指摘しています。

2017〜2020年のボーイング製造・サプライチェーン・オペレーション担当
上級副社長のジェネット・ラモス氏（出所：ボーイング）

従業員の安全、健康、ウェルビーイング、また環境に対する責任ある取り組みに関して企業のリーダーがどれだけコミットしているか、そしてその取り組みをまとめた文書には、政府だけではなく、投資家、顧客、ビジネスパートナーが注目しています。経営層の皆さんは、ここを忘れてはなりません。

　「2030年までに世界中の貧困を終わらせ、地球を守り、すべての人々が平和と繁栄を享受できるように」という目標を掲げた「持続可能な開発のための2030アジェンダ（2030アジェンダ）」——。すべての国連加盟国は2015年、同アジェンダを採択しました。従って、国連加盟国の企業には企業責任として、このアジェンダに署名すること、さらには17のSDGs（持続可能な開発目標）にコミットすることが強く求められており、この活動こそが、企業価値創造と深く結びついていくのです。

安全、健康、ウェルビーイングはサステナビリティ戦略

　投資家は、重大なリスクや成長のチャンスを発見する分析プロセスの一つとして、非財務的なESG（環境、社会、ガバナンス）データを活用するようになってきました。これらのデータは、企業のサステナビリティ戦略を伝える目的で広く活用されています（**図表3-16**）。

環境
ENVIRONMENT

- 気候変動
- 資源の枯渇
- 廃棄物
- 公害
- 森林破壊

社会
SOCIAL

- 人権
- 現代の奴隷制度
- 児童労働
- 労働条件
- 労使関係

ガバナンス
GOVERNANCE

- 収賄・汚職
- 役員報酬
- 取締役会の多様性と体制
- 政治的ロビー活動・政治献金
- 税務戦略

図表3-16 投資家が注目するESG関連データ（出所：PRI）

ここで、ESGについて簡単におさらいしておきましょう。E（環境）の柱は、企業による持続可能性への取り組みに加えて、CO_2排出量やCO_2フットプリント、エネルギー使用量、廃棄物、環境責任といった環境に与える影響が含まれます。水や電力などの資源を大切にする企業は、将来このような資源が限られると予想される地域においてビジネスが成功する、と捉えられるのです。

　S（社会）への取り組みの柱は、企業内の職場文化、従業員の満足度、安全と健康、定着率、多様性、職場環境などです。従業員が幸せで健康に働く会社の多くが優れた業績を残し、より有望な投資先とみなされます。

　G（ガバナンス）の柱は、文字通り、企業のガバナンスへの取り組みを示すものです。具体的には、コンプライアンス、企業文化、企業理念、リーダーシップの透明性と説明責任、報酬比率などが含まれます。投資家は、法律・規制改正を順守し、職場の公平・公正を約束する企業に関心を寄せています[15]。

　こうしたESGに取り組んでいる企業の多くは、WebサイトでESG関連データを公開しています。世界有数のヘルスケア企業であるデンマークのノボ・ノルディスク社は、その代表格といってよいでしょう。同社のWebサイトを見ると、そこでは、「私たちは、持続可能なビジネスであることを約束します。私たちにとって、これは社会と将来のビジネスに価値を付加することを意味します。この目標を達成するために、私たちは定款とノボ・ノルディスク・ウェイに反映されているように、財政的、環境的、社会的に責任のある方法でビジネスを行うよう努力します」と宣言し、ESGデータを広く公開しています[16]。

労働安全衛生への取り組みはビジネスの好機

　実際のところ、投資家は、財務リターンのもっと先を見るようになってきました。世界の投資家の間では、気候変動、人権、ジェンダーの多様性といった課題への取り組みに関心が高まっており、その傾向が如実に現れてきています。

　責任投資原則（PRI）に署名している機関の数は2022年時点で、世界最大の資産運用会社である米

ブラックロックをはじめ、米 JP モルガン、英 HSBC、米モルガン・スタンレー、ノルウェー政府年金基金グローバルなどを含んで 4902 にも達し、121 兆 3000 億米ドルの資産が運用されています（**図表 3-17**）。責任投資原則とは、国連環境計画・金融イニシアチブ（UNEP FI）および国連グローバル・コンパクト（UNGC）と連携した投資家による取り組みで、「責任投資」とは、「投資決定やアクティブ・オーナーシップに ESG 要素を取り入れる戦略と実践」と定義されています。

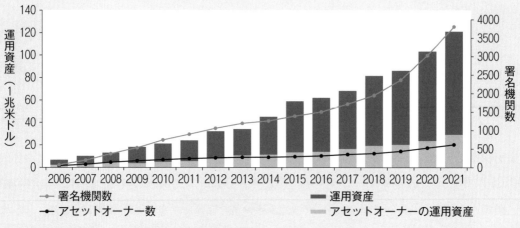

図表 3-17 PRI に署名している機関数と運用資産（出所：PRI）

　投資家はいまや、企業の持続可能性に関する主要な推進役といえる存在になり、企業のトップマネジメントや取締役会に対し従業員の安全、健康、ウェルビーイングへのよりハイレベルなコミットメントを求めるようになってきました。

　これは、企業にとっても、利益に直結するものです。従来、職場の安全、健康、ウェルビーイングを確保する対策は「コスト」とみなされてきました。しかし、そうではなく、企業にとって「元が取れる生産的な『投資』である」と、認識が大きく変わりつつあるのです。実際、国際社会保障協会の国際調査によると、企業が安全と健康の改善のために 1 ドル投資した場合、約 2.2 ドルの投資利益を得る

ことが明らかになっています。

　これに関連し、国際社会保障協会が出版した『Calculating the International Return on Prevention for Companies: Costs and Benefits of Investments in Occupational Safety and Health（企業の予防利益率計算に関する国際調査）』では、労働安全衛生に関わる費用（コスト）と効果（ベネフィット）を次のようにまとめています（**図表 3-18**）。

労働安全衛生の主な費用（コスト）と効果：

➢費用（コスト）
　労働安全衛生サービス、投資、組織的なコスト

➢効果（ベネフィット）
　企業イメージ向上、従業員のやる気と満足度アップ、
　作業の乱れの減少

出典：
https://ww1.issa.int/sites/default/files/documents/
publications/2-ROP-FINAL_en-157255.pdf

図表 3-18 国際社会保障協会が出版した『Calculating the International Return on Prevention for Companies: Costs and Benefits of Investments in Occupational Safety and Health（企業の予防利益率計算に関する国際調査）』（出所：国際社会保障協会）

■費用

✓　労働安全衛生サービス

✓　投資

✓　組織関連

■効果

✓　企業イメージ向上

✓　従業員のやる気と満足度向上

✓　作業の乱れの減少

　こうしたことを裏付けるように、世界の優れた企業は既に行動しています。BMW グループの幹部は、ビジョン・ゼロ・サミット・ジャパン 2022 において、「安全、健康、ウェルビーイングは、BMW グループの事業戦略の主要な柱です」とし、従業員の安全、健康、ウェルビーイングがビジネスの成功に深く関係していることを強調したのです。

BMW 副会長／BMW グループ労使協議会
委員長のマンフレッド・ショッホ氏

重要性を増す経営幹部の役割

　仕事の世界は、グローバル化、人口の高齢化、デジタル化、気候変動などのメガトレンドの下、急速に変化しています。同時に、仕事上のリスクも変化し、新しい革新的なソリューションが求められています。健全でサステナブルな企業文化づくりの一環として、各企業レベルでこうしたソリューションを開発し活用していく必要があるのです。

　企業の持続可能性に基づく、健全でサステナブルな企業文化を構築する上で、（最高）幹部の役割が重要であることに疑いの余地はありません。本章で説明した通り、そのような企業文化づくりに経営陣がコミットする理由には、社内的なもの、社外的なものの両方があります。以前は、国の労働安全衛生関連の法規制を順守したり、労働基準監督署からの指導を受けたりすることが深く関係していました。しかし最近になって、（最高）幹部が健全でサステナブルな企業文化づくりに関与するように

なってきました。これは、思いやりのある企業風土や企業の持続可能性への取り組みがあるからです。

　健康で意欲的な従業員は事業価値を創出します。安全で健康的な職場環境はコストベネフィットを生み出し、これらを表すドキュメントの重要性が高まっています。そして何より、顧客や投資家たちは、主要な非財務情報において高いパフォーマンス水準を達成していることに、より目を向けるようになってきました。こうしたことから、ビジョン・ゼロやSDGsの考え方に基づき、健康で持続可能な企業文化を目指す、新しい経営コミットメントの形が誕生したのです。

　最後に、私と日本の関わりについて触れておきます。私が欧州労働安全衛生機関（EU-OSHA）の所長を務めていた時代、日本の中央労働災害防止協会が主催する「全国産業安全衛生大会 in 神戸」で講演する機会がありました。そこで、日本がいち早くゼロ災運動を推進していることを知り感銘を受けました。さらに国際社会保障協会の事務総長時代の 2108 年には、セーフティグローバル推進機構が主催した「国際安全シンポジウム」に招待され、東京でビジョン・ゼロ・ローンチをできたことは大変うれしい出来事でした。こうした流れの中、私は国際ORP財団の理事長として多くの日本の方々と一緒にビジョン・ゼロ・サミットを開催し、成功裏に終えたことを誇りに思います。

　そして今、働く人だけではなく全地球市民を対象に、Global Initiative for Safety & Well-being at EXPO2025 and Beyond という活動を日本をはじめ多くの方々とともに立ち上げることを喜びに思っています。2025 年の大阪・関西万博で大々的なイベントが開催できるよう活動を推進し、SDGs ターゲットの 2030 年には Vision Zero for All の実現、すなわち全地球市民が安全、健康、ウェルビーイングな生活を過ごせるよう尽力していきます。

参考文献

15) Sarah K. White, What is ESG? Environmental, social, and governance commitment explained, CIO, 2022

16) Novo Nordisk, https://www.novonordisk.com/sustainable-business/esg-portal.html（2023 年 2 月 14 日閲覧）

特別寄稿 2

ビジョン・ゼロの本質
世界の経験、革新的な実践方法の共有

トンミ・アランコ　労働安全衛生グローバル連合 ビジョン・ゼロ推進タスクグループリーダー／
フィンランド労働衛生研究所 (FIOH)　労働安全部門局長

　ビジョン・ゼロの本質[17]を語るに当たって、自己紹介を兼ね、我々の組織のことから説明していきます。

　筆者が所属する労働安全衛生グローバル連合は、2019 年に発足したマルチステークホルダー・パートナーシップであり、労働安全衛生分野における共通の課題に対して戦略立案することを目的としています。地域レベル、国レベル、そして世界レベルで取り組むべく、本グローバル連合には政府、労働安全衛生機関、国際機関、専門家、さらには労働者団体、雇用者団体が集結し、さまざまな場面で提携したり相乗効果を発揮したりしながら活動しています。

　具体的には、4 つのタスクグループが重要課題をソリューションに落とし込んでいきます。その一つが、筆者がリーダーを務めるビジョン・ゼロ推進タスクグループです。

　我々のタスクグループにとってビジョン・ゼロとは、職場の安全、健康、ウェルビーイングを継続的に改善するための戦略であり、ホリスティックなマインドセットです。実際の労働現場に対応するためには、ビジョンやコンセプトだけではなく、しっかりとした現実的なアプローチが不可欠です。ビジョン・ゼロのコンセプトとアプローチをグローバルに、そして現実的な方法で企業に導入する――。これが、本タスクグループの目的です。

　この目的を実現するために、我々は、企業間の交流やコラボレーションの場を提供したり、企業や世界の関係者に向けてビジョン・ゼロに関する情報や資料を作成したり、世界のさまざまな労働安全衛生コミュニティにその一員として活発に参加したりしています。

さらに、職場の安全、健康、ウェルビーイングに対する企業のコミットメントと労働者の参画を応援します。企業がビジョン・ゼロのアプローチを採用・実践するために、革新的かつ刺激的な知識や実践方法を制作することも主な活動の一つとなっています。

　本タスクグループは労働安全衛生機関に所属するメンバーで構成されており、ビジョン・ゼロのアプローチを採用する際に参考となる実践例の共有や成果の発信などを通して、ビジョン・ゼロをグローバルに推進しています。

ビジョン・ゼロは予防戦略

　本タスクグループの設立以来、最も顕著な活動は何かと問われればズバリ、ビジョン・ゼロ・サミットの開催です。本章で既に触れた通り、労働安全衛生グローバル連合自体が、2019 年にフィンランドで開催された第 1 回ビジョン・ゼロ・サミットで発足しました。この記念すべき第 1 回サミットのテーマは、「リシンキング・ビジョン・ゼロ (Rethinking Vision Zero)」[18]。参加者がビジョン・ゼロのさまざまな側面について意見を交わし、ビジョン・ゼロの考え方やアクションを次の高みに引き上げるとともに、成功事例や教訓を共有することを目的としました。実際、サミットを通して、ビジョン・ゼロには、いろいろな視点があることを再確認することができました。

　そして、第 2 回ビジョン・ゼロ・サミットが日本に引き継がれ、2022 年に「ニューノーマルにおける安全・健康、そしてウェルビーイング」をテーマにしてオンラインで開催されました[19]。本章の最初に説明があった通り、本サミットでは、幅広い分野にわたる 16 のセッションで講演、活発な議論が行われ、ビジョン・ゼロによる多角的なアプローチの実践例が数多く発表されました。

　その成果が、「すべての人のためのビジョン・ゼロ東京宣言 (Vision Zero for All)」（エピローグ参照）です。東京宣言の重要なポイントは、ビジョンゼロが安全、健康、ウェルビーイングに対する参加型のアプローチであること、企業における職場の労働リスクを低減するための変革の過程を支援するものであること、そして教育や e-ラーニング、研修、資格取得、情報交換を促進するものであること、加えて、政府や社会的パートナー、専門安全衛生機関並びに社会保障機関が予防を促進し、治療

を施し、支援およびリハビリテーションサービスを提供する上で、重要な役割を果たすことを再認識した点です。

これを踏まえて、東京宣言では、政府、国際機関、労働組合、経営者団体、社会保障機関、労働安全衛生機関に対し、おのおのの法的枠組み、労働安全衛生規制、ガイドライン、行動計画において予防の原則を推進し、職場と社会における安全、健康、ウェルビーイングの予防文化の推進を主導し、ビジョン・ゼロを国家的課題の上位に据えることを求めています。

東京宣言はすなわち、ビジョン・ゼロがグローバルな予防文化の促進・確立という共通の願いに基づいた予防戦略であり、ホリスティックなマインドセットであることを明確に示し、労働事故と職業性疾病の減少、職場の安全、健康、ウェルビーイングの促進を目指したものといえます。

どれ一つ欠けてはいけない安全、健康、ウェルビーイング

筆者らビジョン・ゼロ推進タスクグループは、ビジョン・ゼロ白書『すべての人のためのビジョンゼロ─働く人の安全、健康、ウェルビーイングのためのマルチステークホルダーアプローチ』の執筆に携わり、2022年時点では発行前の最終段階に入りました[20]。

本白書の主な目的は、企業におけるビジョン・ゼロ実践をサポートするために、さまざまな国や企業での経験を生かすことにあり、ビジョン・ゼロの本質を探り、ビジョン・ゼロの実践例を紹介します。その中で、労働安全衛生においてはシステムレベルの協調が必要であることや、ビジョン・ゼロとサステナビリティとの関係、ビジョン・ゼロのアプローチがあらゆるステークホルダーに利益をもたらすことなども記しています。

ビジョン・ゼロの活動は、職場における安全、健康、ウェルビーイングを継続的に発展、かつ改善することでもあります。このためには、労働に起因する事故や疾病を未然に防ぐための効果的な対策とともに、政策レベル、実務レベルでの安全、健康、ウェルビーイングを促進するための革新的な実践方法の両方が必要です。

特に、安全、健康、ウェルビーイングの3本柱のうち、ウェルビーイングに関してはまだ、往々に

して注目されない、もしくは抽象的な理解にとどまっているという現状があります。その一つの理由として、安全や健康では明確かつ具体的な定義、リスク評価、実践手法などが存在しているのに対し、ウェルビーイングではどちらかといえば精神的領域故に取り組みが容易ではなく具体的アプローチが確立していないことが挙げられます。加えて、企業が成功するためにはウェルビーイングが重要であるという事実が、まだまだ理解されていない側面もあります。

　ここで、安全、健康、ウェルビーイングを、木製の椅子を支える３本の脚に例えてみましょう。脚が１本でも欠けていたりぐらついていたりしたら、残り２本の脚がどれほどしっかりしていても、椅子は安定しません。３本の脚は相互に関連し、１本の脚がよい状態であれば、３本の脚すべてがよい状態であることを意味します。その逆も、またしかり。１本を改善すれば、残り２本も同時に改善されることになります。

　安全や健康と同様に、ウェルビーイングにも予防と促進の両面があります。予防とは、ネガティブな側面を許容しないことを、促進とは、ポジティブな側面を増強することを意味します。職場におけるウェルビーイング向上の第一歩は、企業トップと従業員がポジティブだと考える側面を強化し、企業全体で広く活用していくことです。ウェルビーイングに満ちた企業ならば、企業トップのイメージも高まり、その企業で働きたいと希望する人も増えるでしょう。引いては、企業の生産性が高まり、イノベーションが起きていくと考えられます。

優れた実践例の共有が日常に

　ビジョン・ゼロの優れた実践例については、その精神に基づき、他の企業へと普及させることが奨励されます。その際、ビジョン・ゼロには、どうしたら企業に導入できるのか、多角的な視点が備わっています。一つの実践例をそのまま強制的に導入するのではなく、有意義な活動を行えるように、共通の土台を見いだすことが重要になります。

　実は、ビジョン・ゼロ推進タスクグループの活動自体も、同様の考え方で推進しています。同タスクグループは異なる課題を持つ多くの組織で成り立っていますが、ビジョン・ゼロという共通の基盤、

土台の基に活動することで、同タスクグループと各組織の双方の目標をより効果的に、そして同時に推進・達成することを可能にしているのです。実際、さまざまな企業が交流し、ビジョン・ゼロや労働安全衛生の優れた実践例を共有して協力することで、大きな効果が生まれています。

　ビジョン・ゼロの視点は、職場レベルにとどまりません。仕事は単に職場だけの問題ではありませんし、組織は動的なネットワークと多層的な協調関係によって相互に関連しているからです。逆にいえば、労働安全衛生のリスクと懸念も、ますます相互に影響するようになっているのです。

　とりわけ、サプライチェーンとの関係には国内外を問わず、ますます世間の厳しい目が向けられています。労働安全衛生の問題はより露見しやすくなり、サプライチェーン全体を通じて関係するあらゆる企業に影響が及ぶようになりました。

　持続可能なサプライチェーンという課題には、労働安全衛生も含まれます。ビジョン・ゼロは、企業が適切な活動を行えるよう、メソッドやツールを提供します。企業同士の協力だけでは、各企業とさまざまな活動の能力を強化するのにとどまります。しかし、ビジョン・ゼロは第一義的に、相互支援や学習への責任を果たす約束です。それぞれが学んだ教訓や優れた実践例を共有することは日常の習慣となるべきであり、特別な努力を必要とするものであってはなりません。ここにこそ、ビジョン・ゼロの本質があるのです。

参考文献

17）Alanko T and Ruotsala R（2022）, A Multi-Perspective Framework of Vision Zero: Toward Collaborative Promotion of Safety, Health and Well-Being at Work, Safety and Health at Work vol. 13, 3. https://www.sciencedirect.com/science/article/pii/S2093791122000592（2023年2月15日閲覧）

18）FIOH - Finnish Institute of Occupational Health.（2019）. Proceedings of the Vision Zero Summit 2019. 12-14 November 2019 Helsinki, Finland. https://www.julkari.fi/bitstream/handle/10024/139157/VisionZeroSummit2019_Proceedings.pdf（2023年2月15日閲覧）

19）Vision Zero Summit Japan 2022. https://japan.visionzerosummits.com/（2023年2月15日閲覧）

20）Task Group on Vision Zero, Global Coalition on Occupational Safety, Health and Wellbeing 2022. VISION ZERO FOR ALL - A Multi-Stakeholder Approach to Safety, Health and Well-being at Work. White paper. To be published.

第**4**章

ビジョン・ゼロの活用法と「ゼロからプラスへ」活動のススメ

4-1 組織のウェルビーイング、従業員のウェルビーイング

　2022年、世論調査およびコンサルティングを手掛ける米ギャラップ社は、2021年に世界100カ国で測定した従業員のウェルビーイング度に関する調査結果を発表しました。その結論はというと、実に衝撃的なものでした。

　調査結果によると、調査対象者の44％が日常的にストレスを感じており、従業員のストレスレベルが過去最悪を記録しました。さらに、過去10年間（2010年〜2020年）で、従業員の一般的なエンゲージメントレベルは上昇したものの、現在は停滞し、約21％が横ばいでした。つまり、2021年には従業員の5人に1人しか仕事に深くエンゲージしていないことが明らかになったのです。

　このような結果から、従業員のウェルビーイングをより重視し、さらにそれを世界レベルで維持・発展させるためのより良いツールが必要であることが分かりました。本章の前半では、数十年にわたる研究を基に開発した「スカンディナビアン・レンズ」と呼ぶ手法を通して、コンセプトとしてのウェルビーイングを提示します。その後、具体的なツールを使用して組織内のウェルビーイング度を測定し、かつ高めるための体系的な方法として、ビジョン・ゼロのフレームワークを紹介します。

■ ウェルビーイングの捉え方

　ウェルビーイングは近年、企業にとってますます重要なテーマとなり、その要素は、個人だけではなく、ワーキンググループ、リーダーシップ、組織のすべてに関連します。企業においてウェルビーイングに取り組む際、ウェルビーイングとは一体何であるのか、をまず定義することが重要です。しかし、統一されたコンセンサスは存在していません。本

書でも、ここまでウェルビーイングについてさまざまな角度から述べてきましたが、本章では、企業においてウェルビーイングに本気で取り組むことを前提に、改めてウェルビーイングを定義し、話を進めていきます。

　では、ウェルビーイングとは何か——。少なくとも、「ポジティブな感情や気分（満足や幸せなど）があること」「ネガティブな感情（抑うつや不安など）がないこと」「人生に満足していること、充実していること」が、ウェルビーイングである、というのが、一般的な見解です。シンプルな言い方をすれば、「人生を肯定的に捉えて良い気分でいられることがウェルビーイング」といえるでしょう。別の言い方をすれば、「人生全般において自分を『消耗する活動』と自分を『活性化する活動』のバランスが取れている、と個人が認識している状態がウェルビーイング」であるともいえます（**図表 4-1**）。

　この図に見られるように、精神的ウェルビーイングの概念は広く、さまざまな視点があります。そこで本章では、分かりやすくするために、国際社会保障協会（ISSA）が提唱す

図表 4-1「消耗する活動」と「活性化する活動」のバランスが取れた状態がウェルビーイング（出所：筆者）

る次の定義を使用します。

「ウェルビーイングとは：職場における心理的健康の特徴は、個人の前向きな精神的健康と生産的・創造的に働く能力を維持するために、健全な心理社会的労働条件を積極的に促進し維持・持続させること、および不健康と心理社会的労働条件の不良を積極的に防止することである」。

この定義では、ウェルビーイングは健全な心理社会的労働条件と強く結びついています。これには、仕事で要求されることと、それに必要なリソースのバランスをとること、役割と責任を明確にすること、信頼できる対人関係を築くこと、ハラスメントやいじめを回避することなどが含まれます。管理者の視点から見ると、健全な心理社会的労働環境とは、管理者と従業員が、活力、生産性、そして良好な協力関係を保ちながら、バランスよく仕事の課題を解決できるようにすることを意味します。併せて、リーダーや同僚からの適切な社会的支援があること、適切な自律性、また学習・成長の機会を確保することも含まれます。つまり、ウェルビーイングとは、健全な心理社会的労働条件を積極的に促進し、維持することといえるのです。

その一方で、ウェルビーイングは、近年世界で起こっている、より大きなサステナビリティの動きの一部と捉えることもでき、多くの人々はウェルビーイングをよりサステナブルな未来に向けた取り組みの中心的存在である、と考えています。実際、企業がサステナビリティに取り組む方法としては一般に、外的サステナビリティと内的サステナビリティに分けることができます。詳しく見ていきましょう。

■ 外的サステナビリティと内的サステナビリティ

まず、外的サステナビリティとは、企業を取り巻く世界とどのように関わり、行動しているかということです。これを判断する一般的な方法は、ESG（環境、社会、ガバナンス）

の活用と17の持続可能な開発目標（SDGs）への貢献度を見ることによる企業評価です。具体的には、企業のE（環境）、S（社会）、G（ガバナンス）のパフォーマンスを評価し、持続可能な実践を示す、定量的で測定可能な要素を見る方法です。これは、公害政策、地域社会への貢献、さらには企業がその周辺世界とどのように相互作用しているかなどの要因に関連します。

　こうしたESGのフレームワークは、2章でも触れたように、利益を得ながらも責任ある投資をしたいと考える投資家の間でますます人気が高まっています。筆者が暮らすデンマークでは、多くの投資会社が新規の投資案件を評価する際に、ESGを標準的な手法として採用しています。

　一方、SDGsは、企業が持続可能な未来に貢献しているかどうかを測るための重要なフレームワークとして、一般的に利用されるようになりました。SDGsの中には、精神的なウェルビーイングに関連するものも多くありますが、特に「Good Health and Well-being」と呼ばれる第3の目標は、「あらゆる年齢のすべての人々の健康的な生活を確実にし、ウェルビーイングを推進する」ことを目指しているため、精神的ウェルビーイングと直接関係していると捉えることができます。

　次に、内的サステナビリティですが、これは組織の内面に関連しており、しばしばESGを通じて測定されます。ウェルビーイングはここでも重要で、特に企業が社内の関係者の精神面をいかにうまく管理しているかを測定することは、ESGのS（社会）要素に関連します。さらに企業において誠実さ、ダイバーシティ、インクルージョンを確保する際にもウェルビーイングが重要であると考えられるため、G（ガバナンス）要素にも関係してきます。

　以上をまとめると、外的および内的サステナビリティは、精神的なウェルビーイングと強く関係します。なぜなら、企業が周囲の世界に対しどのように行動し、持続可能な開発

目標にどのように貢献するかということと、組織の内部がどのように機能し、企業内のウェルビーイングを維持・改善するためにどのように動いているかということが相互に関係するからです。これは、精神的なウェルビーイングが、より健康で安全な、そしてより持続可能な未来に向けた大きな動きの中でいかに不可欠なものであるかを示しているといえます。

それでは、組織や従業員の中で何がウェルビーイングを生み出すのか、また、ウェルビーイングを生み出し、そして維持するためには、どのステークホルダーが重要となるのかを見ていきましょう。

■ 組織のウェルビーイング感

デンマークの職場では、管理職、人事部、安全衛生部門が従業員のウェルビーイングを促進するための手法やツールを長年にわたって開発してきました。その中で、デンマークのほとんどの組織において重要なツールとして活用されているのが、対話（ダイアローグ）をベースにウェルビーイングに関する話し合いを実践する方法です。

対話には、経営陣と従業員が参加します。多くの組織では、伝統的な指揮系統に基づく階層構造からフラットな構造へと変わり、経営者と従業員の間の距離が縮まっています。同時に、リーダーと従業員の会話は、単なる命令から対話へと変化してきています。今日、成功するリーダーは、いわばまとめ役であり政策決定者であって、従来の命令的で権威主義的な上司ではなくなってきています。つまり、リーダーが政策決定をする際には、従業員にも参加させる傾向があり、故に、従業員の視点を尊重した決断が下されているのです。

このように対話を重視することで、従業員に一層多くの責任を担ってもらうことになります。結果、従業員は組織のビジョンや目標を自分たちのものとして受け入れ、より積極的に行動するようになるのです。

対話を重視した職場づくりを成功させるために重要な要素は、心理的安全性です。心理的安全性とは、「対人関係においてリスクを取ったとしても、チームは安全で安心であるという、チームのメンバー全員が持つ共通の信念」と説明されています。つまり、チームの一人ひとりが同僚たちからの報復を心配することなく、自分の意見を口にすることができるということをいっています。

　心理的安全性が確保されていないチームでは、対話の革新性が損なわれ、物事の進み方が遅くなる恐れがあります。実際、組織でウェルビーイングの取り組みが盛んになるためには、いくつかの次元が存在します。

　図表4-2を見てください。中央の円は、組織のソーシャルキャピタル、または組織のコアやフォーカス部分を表しています。会社のビジョンやミッション、目標がいかに理解され、また責任がいかに共有されているかが、従業員のエンゲージメントやウェルビーイング、病欠、生産性などの側面において重要です。ソーシャルキャピタルのスコアが高い

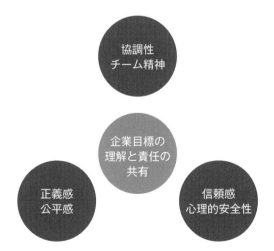

図表4-2 組織におけるソーシャルキャピタルと3つの取り組み（出所：筆者）

ということはすなわち、従業員が組織のビジョンを支持し、会社のミッションに関与しているということ。こうしたソーシャルキャピタルを創造するために、組織は次の3つの点に取り組む必要があります。

▶ **組織としてウェルビーイングを支えるために、グループ全体のカルチャーに協調性とチーム精神を浸透させる（上の円）**
▶ **組織に信頼感と心理的安全性を醸成させる（右下の円）**
▶ **組織全体に正義感や公平感を持たせる（左下の円）**

　組織がこの3つの要素を満たした上で、全員が会社の目標を理解し、責任を持つことができれば、従業員のウェルビーイングを生み出す強い土台となります。**図表4-3**に、組織のウェルビーイング度を向上させる3つの方法をまとめておきますので、実践してみてください。

組織のウェルビーイング度を向上させる3つの方法	
協調性	個人で仕事をするのではなく、チームで仕事をすることができますか？
心理的安全性	批判や罰を受けることを心配せずに、アイデアを出し、自らの誤りを認めることができると感じていますか？
公平感	業務や能力開発、給与は公平であると認識されていますか？

図表4-3　組織のウェルビーイング度を向上させる3つの方法（出所：筆者）

■ **従業員のウェルビーイング感**

　デンマークでは数十年にわたって、職場での従業員の精神的ウェルビーイングに影響を

図表 4-4 6つのゴールデングレイン（黄金の粒）（出所：筆者）

与える要素に関する調査・研究が実施されてきました。その結果明らかになった6つの要素は「6つのゴールデングレイン（黄金の粒）」と呼ばれています（**図表 4-4**）。これら6つのゴールデングレインそれぞれに対して、すべての従業員が高いレベルで満たされることが不可欠なのです。

　改めて、図表4-4を見てください。このモデルの中心には、1日の仕事のあらゆる判断の中心となるべき「コアタスク」があります。6つのゴールデングレインはすべて、このコアタスクに関連しています。その内容は次の通りです。

▶ 私たちは、自分の仕事人生を、どのように計画し、どのような順序で実行するかについて、自ら何かしらの影響力を行使できなければならない（上の円）

▶ 私たちは、自分の仕事に意義を見いださなければならない（右斜め上の円）

▶ 私たちは、近い将来、どのような仕事が来るのか、何が起こるのか、予測できなければならない（右斜め下の円）

▶ 同僚と管理者（上司）の両方からの社会的サポートが得られなければならない（下の円）

▶ 同僚や管理者（上司）から認められ、報われなければならない（左斜め下の円）

▶ 組織から受ける要求と期待に対し、自分の能力のバランスが取れていなければならない（左斜め上の円）

　コアタスクが日々の仕事の中心にあり、6つのゴールデングレインがすべて満たされているとき、個人レベルでのウェルビーイングがサポートされていることになります。このように、従業員のウェルビーイングを維持するのは、決して個人だけの責任ではないことを認識してください。なお、**図表4-5**に、従業員に聞くべき6つの質問をまとめておきますので、前述の組織のウェルビーイング度を向上させる3つの方法と同様、ぜひ実践してみてください。

従業員に聞くべき6つの質問	
影響力	あなたの仕事の重要な部分に対して、あなた自身で十分な影響力を行使できていますか？
貢献	あなたの仕事は、あなた自身にとって有意義なものですか？　どうしたら、もっと有意義なものになりますか？
予測可能性	あなたが仕事をする上で必要な情報は、満足に得られていますか？
サポート	あなたは、上司や同僚からのサポートを感じられますか？
認められる	あなたは、本当に認められたと心から感じていますか？
要求と期待	あなたに対する仕事上の要求と期待が、あなたの能力とバランスが取れていますか？

図表4-5 従業員に聞くべき6つの質問（出所：筆者）

■ 何はさておき、リーダーが精神的な健康を確保

ウェルビーイングを構築し、維持していくためには、従業員個人からチーム、リーダー、組織全体まで、すなわち組織の全レイヤーでその責任を果たす必要があります。これは、組織の全員がウェルビーイングのステークホルダーであることを示しています。

組織の全員がウェルビーイングを維持・発展させる責任を負っているとはいえ、ウェルビーイングを支えるフレームワークをつくって組織を健全にする最大の原動力となるのはリーダーです。リーダーは、チームと個人の両方のウェルビーイングに気づき、対処し、共感を示すことができるキーパーソンなのです。

しかし、ウェルビーイングに関する仕事と他のすべての仕事を同時に行うことは、リーダーとして葛藤や複雑な感情を抱くなど重責になります。多くの場合、リーダーたちはいくつかのパラドックスを抱えながら、バランスを取っていかなければなりません（**図表4-6**）。

この図からわかるように、リーダーは、「関係性」と「成果」、「安定性」と「革新性」の間でバランスを取る必要があります。例えば、リーダーが関係性のみを重視してしまうと、生産性などの成果が低下してしまう恐れがあります。同様に、革新性ばかりに目を向けていると、組織が不安定になり兼ねません。リーダーは、関係性と成果、そして革新性と安定性をバランスよく追求する必要があり、そのためには、リーダー自身がバランスの取れた精神状態を保つことが重要になります。

社員、チーム、組織が健康で、地球のウェルビーイングと持続可能性に貢献するためには、組織のリーダーが精神的な健康を確保しなければならない——。これこそが、本章の核心的なメッセージです。精神的バランス感覚を保ち、高いウェルビーイングレベルにあるリーダーは、予防レベルを継続的に高めるためのさまざまな措置を積極的に講じ、組織

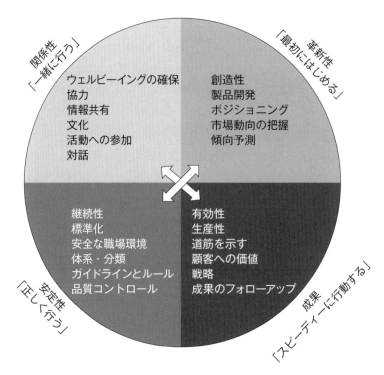

図表 4-6　リーダーシップにおけるパラドックスとバランス（出所：筆者）

内のウェルビーイングの持続と向上に大きく貢献します。

　リーダーは、人を導く正しい方法を知らなければなりません。それにはまず、リーダー自身が自分の心の休息を優先するとともに、彼らをエンパワーする最良のフレームワークを用意します。こうしたことから、トップマネジメントは、リーダーのウェルビーイングを優先させることの戦略的重要性を認識する必要があるのです。

　組織におけるウェルビーイングを維持・向上させるための体系的な取り組みとして優れた実績を持つのが、ビジョン・ゼロです。以降、ビジョン・ゼロのフレームワークの概要

と、実際にウェルビーイングに取り組むための具体的なツールについて紹介していきます。

4-2 企業のウェルビーイングを高める4つのツール

　本書で既に触れられてきた通り、ビジョン・ゼロの考え方は、「すべての事故や被害、業務上の疾病は予防可能である」という前提に基づいています。このことを長期的な目標として、目の前にある身体的・精神的被害や体調不良の原因となる業務上の危険要因を最小限に抑えていくための継続的なプロセスでもあります。理想的には、管理者と従業員が安全、健康、ウェルビーイングであるだけではなく、生産性、能力、雇用適性を維持または向上できるように支援することも含まれます。

　すなわち、事故や被害、業務上の疾病をゼロにすることを目指すビジョン・ゼロのフレームワークは、すべての組織が安全、健康、ウェルビーイングの分野においてより高い予防レベルを実現するための、適切かつタイムリーな設計、計画、手順、実践を行うための探求かつ過程といえます（**図表 4-7**）。

　本章では、安全、健康、ウェルビーイングのうち、特にウェルビーイングに焦点を当てていきます。なぜなら、多くの組織では、ウェルビーイングの管理に比べて、安全、健康の管理の方が進んでいるからです。安全、健康に関する指標は既に十分に開発されているため、ウェルビーイングの指標に目を向けることの方が理にかなっているといえます。しかも、安全、健康に関するグッドプラクティスを活用すれば、新たにウェルビーイング向けに別の活動を設定する必要はありません。既に成功している安全衛生活動からさらに範囲を広げてウェルビーイング活動を設定することが望ましいかもしれませんが、そうすると、今までとは異なる全く新しい別のコミュニケーションが必要になってしまいます。

　それではここから、「ビジョン・ゼロ・マインドセット」のフレームワークと具体的な

図表 4-7 デンマークの国際的な化学会社による、安全、健康、ウェルビーイングに関する予防の定義の例（出所：筆者）

ツール、そして筆者らがさまざまな国のクライアントのウェルビーイングをどのように最適化しているのかを解説していきます。

■ **ウェルビーイングは人材募集、人材流出防止、生産性に影響**

　改めて、なぜ、組織におけるウェルビーイング向上に焦点を当てる必要があるのか、を考えます。**図表 4-8** は、取締役会、取締役、管理職が組織のウェルビーイングに注力することの有益性を示したリストです[1]。ここでは大きく、3つの観点から解説します。

　1つめは、新しい従業員を呼び込む力と従業員を会社に定着させる力——。組織にとって、有能な管理職や従業員を呼び込み、そして会社に定着させることはますます重要な課

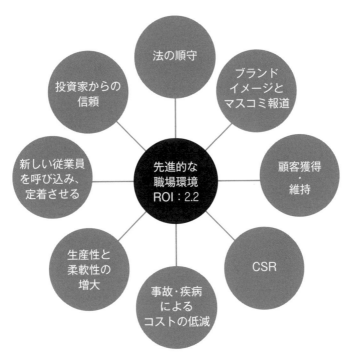

図表4-8 ウェルビーイングに注力する有益性を示したリスト（出所：国際社会保障協会の資料を基に筆者作成）

題となってきました。勤務先の選択や定着に関する個人の意思決定において、組織文化やワーク・ライフ・バランス、良好な人間関係が重要な役割を果たします。このことは特に、高齢者よりも、自分に合う労働条件を求めて頻繁に転職する用意のある若い世代に当てはまります。デンマークでは、安全、健康に加えてウェルビーイングが、優秀な管理職や従業員を呼び込み、そして定着させるための職場の戦略的優先事項と考えられているのです。

　2つめは、SNS上の評判――。ウェルビーイングは企業評価にとってますます重要な要素となってきました。企業がワーク・ライフ・バランスや助け合いといったウェルビーイン

項目	評価
✓ 企業文化	★★★★☆
✓ 経営陣	★★☆☆☆
✓ マネジメント	★★☆☆☆
✓ 報酬	★★★☆☆
✓ ダイバーシティー	★★★★☆
✓ ワーク・ライフ・バランス	★★★☆☆
✓ 全体	★★★☆☆

図表4-9 企業のウェルビーイングに関する従業員レビューのイメージ。こうした内容のものがSNS上で閲覧できる（出所：筆者）

グ要素をどのように管理しているのかといった企業評価を、今や、従業員または元従業員はSNSを通じて転職候補者と簡単に共有しています（**図表4-9**）。ウェルビーイングはもはや、従業員と雇用者の双方にとって、とても重要なものになっているのです。

　そして3つめが、生産性・費用対効果——。ウェルビーイングが企業やリーダーの戦略的優先事項となるべきもう一つの理由が、これです。デンマークの研究では、職場のウェルビーイング度が高い従業員は、低い従業員よりも生産性が37％高いとされています。さらに、安全衛生に関する研究では、予防の取り組みに対する効果〔予防効果：ROP（Return on Prevention）〕は2.2倍あることが示されています。これは、職場環境に関する予防的な取り組みに100万円投資するごとに、220万円のリターンがあることを意味します。

　以上見てきたように、ウェルビーイングに注力することは、人材募集、人材流出防止、生産性の観点からとても有益といえます。そんなウェルビーイングを管理する上で、ビジョン・ゼロは科学的に証明かつ構造化された体系的なアプローチとして、不健康な心理社会的労働条件から生じるリスクを体系的にマネジメントすることができます。例えば、①リーダーや仲間からの適切なサポートがある、②適切な自律性が担保されている、③学

従来の労働安全衛生の考え方	ビジョン・ゼロの考え方
法令順守を重視。「なぜなら、そうせねばならないから」	法令順守を超えたコミットメントの発出。「なぜなら、そうしたいから」。労働安全衛生は「よい投資」
労働安全衛生計画は、主に環境安全衛生部と人事部が主導	労働安全衛生は事業管理に必須の一部であり、日常的に注目
事故や仕事に起因する疾病をゼロにするなど、対症療法的な対応	予防プロセスや情報共有など、前向きの指標にも注力
事故や仕事に起因する疾病が起きたときに対処	事故や仕事に起因する疾病の予防に関し、新しいプロジェクトやプロセスの設計・企画段階で既に検討
労働安全衛生はシステム、ルール、手順を使って専門家が取り組む	労働安全衛生には全員が取り組み、企業文化、学び、情報共有に努める

図表4-10 従来の労働安全衛生の考え方とビジョン・ゼロの考え方の比較（出所：筆者）

習と能力開発の機会が与えられている、など。こうした健全な心理社会的労働環境の実現は、健康と安全だけではなく、ウェルビーイング向上に大きく貢献するのです。

　図表4-10に、従来の労働安全衛生の考え方とビジョン・ゼロの考え方をまとめます。ご覧いただくと、両者が随分と違うことに気付いていただけると思います。

　続いて、ビジョン・ゼロのフレームワークを用いて、企業のウェルビーイングを向上させるための4つの重要なツール、具体的には、①ウェルビーイング度に関するビジョン・ゼロ企業成熟度モデル、②ウェルビーイングのための7ゴールデンルール、③前向き先行指標（プロアクティブ・リーディング・インディケーター）、④ウェルビーイング度に関する管理職の自己評価、を紹介していきます。

①　ウェルビーイング度に関するビジョン・ゼロ企業成熟度モデル

　ビジョン・ゼロは、常により高い予防レベルを目指すジャーニーであると表現しています。まず、ここでいう予防レベルとは、企業が安全、健康、ウェルビーイングに関する予

防的な取り組みにどれだけ投資し、どのように優先順位をつけているかを示す指標のことです。そしてジャーニーとは、「予防対策にほとんど取り組んでいない、または全く取り組んでいない状態」から、「安全かつ健康な職場環境の確保に積極的に取り組む状態」、さらには「予防対策が日常業務に組み込まれ、それが経営陣にとって重要な経営ファクターとなる状態」に至るまでのアプローチのことを指しています。ビジョン・ゼロでは、企業が自社の予防レベルの現在地を確認し、「ビジョン・ゼロ企業成熟度評価モデル」の中の一段高い予防レベルに向かって成長するための対策づくりをサポートします。

　そのビジョン・ゼロ企業成熟度モデルの発展段階を表したのが、**図表4-11**です。これはもともと、健康と安全に関する一般的な予防的イニシアチブのために開発されたものですが、筆者らヒューマンハウス社がウェルビーイングへの取り組みにも適用できるようにアレンジしました。当社は、デンマークをはじめ、世界の数多くの企業と仕事をしてきま

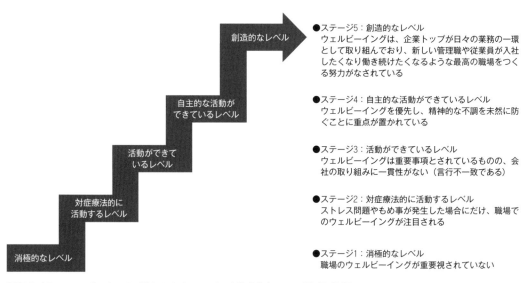

図表4-11　ウェルビーイングに関するビジョン・ゼロ企業成熟度モデル（出所：筆者）

した。そんな企業をみていると、日常業務においてウェルビーイングをどの程度優先しているかは、実にさまざまです。

発展段階の最下位であるステージ１は、ウェルビーイングに取り組みたいと思っていても、具体的な制度やプロセスが確立されていないために「消極的なレベル」にとどまっている企業。ステージ２は、従業員がストレスの兆しを示したり、チーム間に対立の兆候が現れたりしたときにのみ反応する「対症療法的に活動するレベル」の企業。ステージ３は、ウェルビーイングに関する方針や制度が整備されているにもかかわらず、多忙な日常業務の中で優先順位を下に置く「活動ができているレベル」の企業。ステージ４は、従業員のストレスなどウェルビーイングに問題が生じたときに対処するだけではなく、ウェルビーイングの問題を事前に防ぐために定期的に行動している「自主的な活動ができているレベル」の企業。そして最上位のステージ５は、ウェルビーイングをビジネス・リーダーシップと日常業務の両方に組み込んでいる「創造的なレベル」の企業となります。このステージ５が、ビジョン・ゼロ企業成熟度モデルの中で組織的に最も高い予防レベルといえます。

では一体、企業はどのようにして自社の予防レベルを測定すればよいのでしょうか──。次に、説明します。

■ 組織の予防レベルの測り方

筆者らヒューマンハウス社では、企業の現在のウェルビーイングに関する予防レベルを測定するために、あらゆる規模の企業に対して簡単に適用できるツールを開発しました。このツールを活用すれば、企業はビジョン・ゼロ企業成熟度モデルのステージ４「自主的な活動ができているレベル」や同５「創造的なレベル」にまで到達するように行動変容することができます。

肝心のツールの中身はといえば、ウェルビーイングと後述するビジョンゼロの７ゴール

設問	従業員のウェルビーイングへの取り組みについて あなたの会社では、ウェルビーイングは重要な事項として取り組まれていますか？
回答1	重要事項とされていない
回答2	重要事項とされてはいるが、ストレス問題やもめ事、病気欠勤が多発した場合にだけである
回答3	重要事項とされてはいるが、会社の取り組みに一貫性がない（言行不一致である）
回答4	重要事項とされており、管理職や社員の心理的な不調を未然に防ぐことに重点が置かれている
回答5	重要事項とされており、企業トップが日々の業務の一環として取り組み、新しい管理職や従業員が入社したくなり働き続けたくなるような最高の職場をつくる努力がなされている
回答0	わからない

図表4-12 ウェルビーイングに関する予防レベルを測定するためのアンケート例（出所：筆者）

デンルールに関連する、9つの設問から成るアンケートです。9つの設問それぞれについて、回答1が「消極的なレベル」、回答2が「対症療法的に活動するレベル」、回答3が「活動ができているレベル」、回答4が「自主的な活動ができているレベル」、回答5が「創造的なレベル」に相当します。**図表4-12**に、アンケートの最初の設問をお見せします。

　このアンケートは、エンゲージメント・サーベイのような企業におけるITをベースにした調査に含めることもできますし、グループディスカッションやワークショップにおいて管理職や従業員、労働安全衛生の専門家に回答してもらうこともできます。結果は、企業全体または各部門の平均点として点数が付けられます。

　例えば、「職場における心理的安全衛生に関する全般的な予防レベル」の平均点が3.5の場合、その組織は、アンケートに答えた管理職や従業員から、ステージ3「活動ができているレベル」と同4「自主的な活動ができているレベル」の中間にあると評価されていることを意味します。このように予防レベルを評価したら、次は、一段高い予防レベルに到達するための対策を講じなければなりません。そこで活用するのが、二つのツール、②ウェルビーイングのための7ゴールデンルールと③前向き先行指標です。

②　7 ゴールデンルール、③前向き先行指標ガイド

　ビジョン・ゼロでは、「何人の従業員が病気（ストレス、病欠など）になったか」だけではなく、「なぜ病気になったのか」「今後どのように予防していくのか」というプロセスにも目を向けることが求められます。当然、ウェルビーイングに悪影響を及ぼすような事態に陥る前に予防することが目標です。そのためにビジョン・ゼロでは、企業が参照できる 7 ゴールデンルールを用意しています（**図表 4-13**）。これから紹介するのは、ウェルビーイングに適用できるよう、ヒューマンハウス社が独自に発展させたものになります。

　ビジョン・ゼロの 7 ゴールデンルールは、企業のウェルビーイングを育み、維持するために必要不可欠なものです。そして、それを企業がどれだけ順守しているかは、前向き先行指標で測ることができます。以下、各ゴールデンルールについて詳しく説明しながら、

	1.　リーダーシップをとり、コミットメントを示しましょう	管理職、従業員のウェルビーイングにコミットしていることを示す
	2.　危険源を同定し、リスクをコントロールしましょう	組織の変更または業務の変更を計画する際にウェルビーイング・リスクをアセスメントする
	3.　ターゲットを定めてプログラムを作成しましょう	ウェルビーイングの前向き先行指標を開発する
	4.　労働安全衛生体系を整備しましょう	ウェルビーイングに関する倫理的な枠組みを構築する
	5.　機械、設備、作業エリアの労働安全衛生を確保しましょう	IT システムなどを活用した予防を計画する
	6.　従業員の資格を向上し、能力を開発しましょう	ウェルビーイングに関する管理職、従業員の能力を向上する
	7.　人材に投資し、参加を通じてやる気を高めましょう	従業員を、ウェルビーイングに関する対話に体系的かつ定期的に参加させる

図表 4-13　ヒューマンハウス社が開発した、ウェルビーイングに関する 7 ゴールデンルール（出所：筆者）

前向き先行指標の例も併せて紹介していきます。

 ゴールデンルール1
リーダーシップをとり、コミットメントを示しましょう

　健康的な食生活を送りたいと考えたときには、まず、栄養士にアドバイスをもらうのがよいでしょう。ところが、その栄養士がヘビースモーカーで、しかもアルコール依存症で、日常的に不健康な食事をしていたら、読者の皆さんは、その人の指示を受け入れますか。おそらく、受け入れないでしょう。私たちは、新しいことを参考にして何かを身に付けたり行動したりしようとしたときには、周りの人にアドバイスを求めるものです。健康的な食生活に改善したいと思ったときに、栄養士からアドバイスをもらうように。しかし上述のように、肝心の栄養士自身が食事を含め不健康な生活をしていたら、そのアドバイスに従うことはできません。

　同じようなことが、企業内ではリーダーと従業員との間に起こり得ます。リーダーとは、チームの規範となる模範的な存在。そして、リーダーシップとは、企業がウェルビーイングをどのように優先し実践するのかという点に加え、企業内のウェルビーイングがどれほど魅力的なのか、そしてどうすれば実現し持続可能なものになるのかという点まで理解・浸透させる、リーダーの能力・力量です。ゴールデンルール1は、このことの重要性を示しています。

　実際、従業員にウェルビーイングに関する一定のプロセスや手順を順守させたいのであれば、まず、リーダー自身がそれに従って行動する必要があります。そして、プロセスや手順を透明化し予測可能にして、一貫性を持たせた上で、気配りを示します。気配りというのは、例えば、良好な予防文化の構築に妨げとなるような、ウェルビーイングに悪影響

を及ぼす恐れのある状況に対して、従業員が発見し指摘することを奨励することです。こうした問題点を通報する行動は、チームや組織がそこから学び、将来起こり得る負の側面を防ぐために、歓迎され褒められるものでなければなりません。これは、ビジョン・ゼロの哲学でもあります。以下に、デンマークの企業におけるウェルビーイングに関するリーダーシップ行動の例を紹介します。

▶ ウェルビーイングのロールモデルとなる（言行一致）
▶ 従業員の業務計画を策定し、業務を任せる際にはウェルビーイングに配慮する
▶ ウェルビーイング推進に十分なリソース（時間、能力、コミュニケーション、資金）を確保する
▶ ウェルビーイングに関する優れた行動を褒め、よくない行動には適切に対処する
▶ ウェルビーイングのベストプラクティスに関する知識を共有し、企業全体でプロアクティブな思考を促進する
▶ ウェルビーイングの目標について定期的にコミュニケーションを取り、どのように前進させるかについて対話する
▶ 調達、企画、人事、コミュニケーション、マネジメントなど、すべての事業活動において、ウェルビーイングの考え方を積極的に取り入れる

　ビジョン・ゼロのフレームワークには、ウェルビーイングに関するリーダーシップの取り方について、いくつかの前向き先行指標が含まれています。一例としては、従業員に対して「私のリーダーはウェルビーイングの見本であると考えていますか」といったアンケートを実施したり、同様の内容をワークショップで測定したりすること。実際に、あるデンマークの企業では、部門会議や管理職と従業員の個別のミーティングにおいて、議題

としてウェルビーイングがどれくらいの頻度で取り上げられ話し合われているかを測定しています。

ゴールデンルール **2**
危険源を同定し、リスクをコントロールしましょう

　2600の職場で働く3万7000人のデンマーク人労働者を対象とした、2017年のデンマークの研究論文では、「企業の組織的な変更はほとんどの場合、ウェルビーイングにマイナスの影響を及ぼす」と結論付けています。その一方で、「組織的な変更をする前に、ウェルビーイングに影響を及ぼす潜在的なリスクや落とし穴を特定していれば、従業員をサポートすることも、ウェルビーイングへのマイナス影響を軽減させることもできたはずである」と述べています。

　この研究は、ウェルビーイングの危険を特定し、リスクをコントロールすることが重要であるという、ゴールデンルール2を証明したものとなります。つまり、企業がワークバランスの変更や仕事の複雑さの増加など、従業員のウェルビーイングに影響を与えるような変更や決定を実施する場合には、その結果がどのようなものになるかをあらかじめ検討する必要があります。

　繰り返しますが、組織的な変更や決定を行う際には多くの落とし穴があるため、従業員のウェルビーイングを維持するためには、危険性を特定し、リスクをコントロールすることが不可欠なのです。組織変更に伴いウェルビーイングに悪影響を及ぼす恐れのあるリスクを紹介します。

▶ 業務負荷の増大

▶ 仕事の複雑さの増加

▶ 役割と責任の不明確さ

▶ 部門間の連携の少なさ

▶ 情報不足

　ゴールデンルール2に関する前向き先行指標の例としては、いさかいやハラスメントなどウェルビーイングに関する事象の報告に対して、経営陣がどの程度フォローアップしているかの測定や、変化を導入する前のリスクアセスメントなどがあります。この場合のリスクアセスメントには、組織的変化が日常生活にどのようなプラス・マイナスの影響を及ぼすかについて従業員と対話することが含まれています。こうすることで、組織的変化の危険性を予測し、従業員への悪影響を防ぐことができるようになるのです。

 ゴールデンルール3
ターゲットを定めてプログラムを作成しましょう

　安全衛生推進に関する目標やプログラムがあるように、ウェルビーイング推進にもそれらが不可欠です。明確な目標と適切なプログラムがあれば、管理職と従業員は忙しい日常生活の中でもウェルビーイングを意識するようになります。すなわち、ビジョン・ゼロの7ゴールデンルールに基づいた前向き先行指標の導入は、企業がウェルビーイングに対する予防レベルを高める一助となるのです。

　安全衛生に関連する組織パフォーマンスの質と成果を測定・評価するために、企業は従来、労働災害や疾病の統計、いわゆる結果指標に着目してきました。しかし多くの企業が、このアプローチは不十分であることに気づき、過去だけではなく、現在の状況や、よ

り高い予防レベルを達成するために今後何をすべきかを示してくれる指標を探し始めました。かくして、ビジョン・ゼロの7ゴールデンルールに沿った、前向き先行指標プロジェクトがスタートしたのです。詳しくは、「Vision Zero.com」のWebサイトをご覧ください。

　ゴールデンルール3では、ウェルビーイングの前向き先行指標を開発します。これは、事故に加えて労働安全衛生のプロセスの質も測定するために、事後的な測定を補完するものとしても使用することができます。測定しさえすれば行動する――。結果、前向き先行指標は、ウェルビーイングに関する主な活動が、労働安全衛生の専門家だけではなく、管理職や従業員によって推進され、そして定着することを保証してくれます。もちろん、こうした前向き先行指標は、組織のあらゆるレベルで利用することができます。**図表4-14**に、7ゴールデンルールと前向き先行指標の例を示します。

　実際、前向き先行指標を測定する方法は、企業の規模や現在の予防レベルにより3つあります。1つめは、「YES／NOチェックリスト」。ウェルビーイング向上のためのプロセスを前向きに進める活動に焦点を当てた、単純な「はい」「いいえ」によるチェックリストです。これにより、企業は優れたプロセスのためのメインの活動が行われているかどうかが分かります。

　2つめは、「頻度の推定」。優れた前向き先行指標のためのメインの活動が、体系的かつ着実に実施されているか、その頻度をみるアンケートです。頻度は、「いつも、またはほとんどいつも」「頻繁に」「ときどき」「まれに」「ほとんどない、または全くない」の5段階で推定します。異なる部門間や拠点間のベンチマークとして実施するのにも有効です。

　そして3つめは、「定量的な測定」。これは、より高度なアプローチとなり、メインの活動を度数や割合で定量的に測定します。結果は、社内・社外にとどまらず、国内、多国間のベンチマークとして利用できます。指標データの収集と記録という点でより多くの作業が必要となりますが、より具体的な前向き先行指標を求める企業に適しています。

	7ゴールデンルール	前向き先行指標の例
	1. リーダーシップをとり、コミットメントを示しましょう 管理職はウェルビーイングへのコミットメントを分かりやすく示していますか？	▶ ウェルビーイングの手本としての管理職に対する評価（アンケート） ▶ 部門会議や個別面談でウェルビーイングに関して話し合う頻度
	2. 危険源を同定し、リスクをコントロールしましょう ウェルビーイングを脅かすリスクを管理し、評価していますか？	▶ 組織変更を行う際のリスクアセスメントの実施回数 ▶ 報告されたウェルビーイングの問題事象（例えば、多くのもめ事がある、仕事量が日常的に多いなど）に対するマネジメントのフォローアップ（分析、改善、関係者へのフィードバック）の頻度
	3. ターゲットを定めてプログラムを作成しましょう ウェルビーイングのための努力と設定目標との関連性が評価されていますか？	▶ 職場アセスメント（アンケート）で設定した目標の評価 ▶ 入社時におけるウェルビーイングに関する説明（タスクの優先順位付けや会社の行動規範など）
	4. 労働安全衛生体系を整備しましょう プロジェクトのスタート時のミーティングで、ウェルビーイングを取り上げていますか？	▶ ウェルビーイングを話題とするキックオフミーティングの開催頻度（例えば、グループ内の仕事量や協力関係など）
	5. 機械、設備、作業エリアの労働安全衛生を確保しましょう 調達プロセスや設計段階で、ウェルビーイングを考慮していますか？	▶ 新しいITソリューションに投資する際には、ウェルビーイングを考慮に入れること（例えば、ウェルビーイングの複雑さや、ウェルビーイングという新領域についての学習など）
	6. 従業員の資格を向上し、能力を開発しましょう ウェルビーイングが管理職と従業員の研修に含まれていますか？	▶ ウェルビーイングを含む研修プログラムの数（例えば、ストレス予防、正しい行動に関する指針、虐待的な行動、新型コロナウイルスに関するウェルビーイングの問題など）
	7. 人材に投資し、参加を通じてやる気を高めましょう 管理職と従業員が優れたウェルビーイング行動をとった際、表彰していますか？	▶ ウェルビーイングのための優れた取り組みやベストプラクティスに関する知識共有

図表4-14 7ゴールデンルールとそれに対応する前向き先行指標（PLI）の例（出所：筆者）

ビジョン・ゼロ ゴールデンルール （1〜5段階評価）	従業員	管理職	経営陣	平均値
VISION ZER Safety Health Wellbeing　　予防レベル	3.2	3.4	4.0	3.3
1. リーダーシップをとり、コミットメントを示しましょう	3.4	3.3	4.2	3.4
2. 危険源を同定し、リスクをコントロールしましょう	3.5	3.6	4.3	3.6
3. ターゲットを定めてプログラムを作成しましょう	3.2	3.6	4.0	3.5
4. 労働安全衛生体系を整備しましょう	1.7	2.9	3.2	1.9
5. 機械、設備、作業エリアの労働安全衛生を確保しましょう	3.1	3.1	3.3	3.1
6. 従業員の資格を向上し、能力を開発しましょう	1.9	2.1	3.1	2.2
7. 人材に投資し、参加を通じてやる気を高めましょう	3.1	4.1	4.2	3.5

図表4-15 7ゴールデンルールとビジョン・ゼロ企業成熟度モデルの組み合わせ。1.0〜2.8：消極的なレベル、または対症療法的に活動するレベル、2.9〜3.9：活動ができているレベル、4.0〜5.0：自主的な活動ができているレベル、または創造的なレベル（出所：筆者）

　さらに、前向き先行指標の別の規定方法として、先に紹介したツール、①ビジョン・ゼロ企業成熟度モデルと組み合わせる方法があります。7ゴールデンルールのそれぞれについて、企業の予防レベルをアンケートでマッピングすることで、**図表4-15**のような集計を可能にします。

　この図表では、従業員と管理職、経営陣の結果を比べています。これにより、7ゴールデンルールのうち、高いルールはどれか、低いルールはどれか、組織内の各階層で違いがあるのか、といったことが視覚的に把握できるようになります。このような表現方法は、

とりわけ経営陣のコミットメントを高めるのに有効に働くことでしょう。

　以上、見てきたゴールデンルール3は、管理職と従業員のウェルビーイング強化のための具体的なプログラムに重点を置いたものです。新入社員の入社時プログラムが、その一例です。ある調査により、新入社員の入社時プログラムは、その従業員の将来のウェルビーイングに大きな影響を与えることが明らかになっています。実際、優れた入社時プログラムには、ウェルビーイングに関する研修や知識、ストレス予防策、仕事の優先順位付け、企業の行動規範などが含まれており、よい人間関係や仕事の習得につながります。そして何より、従業員のウェルビーイングをサポートし高めることになるのです。

　なお、入社時プログラムの例では、新入社員に「自分のウェルビーイングを維持する方法を知っているか」「精神的に健康であるか」を尋ねることが、前向き先行指標です。これらに対しポジティブな回答が得られれば、入社時プログラムがうまく機能していることになります。

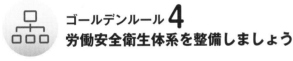

ゴールデンルール **4**
労働安全衛生体系を整備しましょう

　ゴールデンルール4では、企業はウェルビーイングに関する高い予防レベルをサポートするために、効率的なシステムやプロセス、手順を導入しなければならない、と説いています。

　多くの企業の場合、人事部がウェルビーイングを、技術者や労働安全衛生の専門家が安全衛生を担当します。人事部は、人間への対応に関しての経験は豊富ですが、体系的な労働安全衛生マネジメントについての経験は乏しく、逆に労働安全衛生の専門家は組織全体に関する対応経験は少ないのが一般的です。こうした企業内における部門の壁を打破し、

共通の安全、健康、ウェルビーイング戦略を構築することは、企業にとって有効性を高め相乗効果を発揮する機会となります。

　これを実現する一つの方法として、ストレス・ポリシーがあります。ストレスを防ぐ方法をはじめ、ストレスを感じたらどうするか、どこに助けを求めるか、といったガイドラインや手順を定めたものです。近年、デンマークのいくつかの企業は、このストレス・ポリシーを導入しています。ストレスの原因となる「対立」する状況下で何をすべきか、対立を解決するために企業内のどこに助けを求めればよいか、などに関する方針を策定することもできます。

　このように、ゴールデンルール4は、自分のウェルビーイングに影響が及ぶ恐れのある状況に遭遇した際に、どのような手順を踏めばよいかなどが、誰もがすぐに分かる倫理的なフレームワークに相当します。前向き先行指標の例としては、用意された方針に対するフォローアップのプロセスがあるかどうか、が挙げられます。従業員のウェルビーイングを脅かしかねないものに対して、企業が用意している方針と手続きを知っているかについて、複数の従業員に尋ねるのも一つの指標です。

ゴールデンルール5
機械、設備、作業エリアの労働安全衛生を確保しましょう

　デンマークでは2015年から2017年にかけて、医療分野向けの新しいITシステムが導入されました。導入前、デンマーク最大級の病院の院長は、次の4点を指摘していました。

▶ 新しいITシステムにより、病院業界で約6700万ユーロが節約できる
▶ 患者への治療が向上する

▶ 患者のデータがより安全に保護される

▶ 医療従事者が仕事への満足感をより感じられるようになる

　ところが、ふたを開けてみると、現実は違いました。医療スタッフが新しいシステムの研修を十分に受けていなかったため、ストレスが高まったのです。それだけではありません。システムのチェックが不十分だったために、エラーや遅延が発生し、患者にまで悪影響が及びました。すなわち、新しい IT システムは、アイデアとしてはよかったものの、実際に導入してみると、思い描いたような成功には至らなかったのです。システムの設計段階から、管理職と従業員のウェルビーイングを考慮に入れていなかったことが原因と考えられます。

　ゴールデンルール 5 の目的は、機械、装置、職場における安全と健康の確保です。このルールは、従業員のウェルビーイング度を高めたり、逆に下げたりする可能性のある技術的側面に関係します（デジタル化とウェルビーイング技術の効果については後述します）。前向き先行指標としては、新しい IT ソリューションに投資する際の、ウェルビーイングを考慮する頻度が考えられます。先に挙げたデンマークの病院の例では、新しい IT システムが医療スタッフのウェルビーイングに与える影響を事前にきちんと検討していれば、問題は防げたかもしれません。

 ゴールデンルール6
従業員の資格を向上し、能力を開発しましょう

　ゴールデンルール 6 は、管理職と従業員にウェルビーイングの研修と教育を受けさせる必要性に関するものです。仕事に行くと、人はポジティブな意味でもネガティブな意味で

も、必ずやウェルビーイングに影響が及ぶ状況に置かれます。ネガティブな意味では、ストレスを引き起こすような複雑な状況や従業員間の対立などが考えられます。

　そこで企業側が、管理職と従業員に対して社内で生じる意見の食い違いなどに対処するための戦略やツールを提供することで、対立する状況のリスクと精神的な健康への悪影響が軽減できるようにします。具体的には、管理職と従業員の双方に、ストレスに関する共通言語の作成、ストレスの予防、ストレスの軽減に関するトレーニングを実施します。これにより、管理職と従業員はウェルビーイング向上に向けた協調的行動をとれるようになるのです。

　前向き先行指標としては、例えば、ウェルビーイング（ストレス防止、よい行動のためのガイドライン、ハラスメント対策、新型コロナウイルス関連のウェルビーイングなど）を含んだ教育プログラムがどれだけあるかの測定です。さらに、適切な資格を持つ「ウェルビーイング専門家」へのアクセスができるかの測定も重要な前向き先行指標となります。ここでいうウェルビーイング専門家とは、自分のウェルビーイングに関する話を聞いてもらえたり、ウェルビーイングの維持・向上のための方法を教えてくれたりする存在で、例えば人事部やウェルビーイングの訓練を受けた社員などが該当します。

ゴールデンルール**7**
人材に投資し、参加を通じてやる気を高めましょう

　最後のゴールデンルール7は、ウェルビーイングに関する体系的かつ定期的な意見交換に、従業員を参加させる必要性です。上述したように、従業員を巻き込みながら、仕事におけるウェルビーイングに関連する機会や問題、今後の変化、経営判断などについて話したり尋ねたりすることが大切です。ウェルビーイングに関する高い予防レベルを実現する

ためには、社内の全レベルの管理職と従業員が、ウェルビーイングに影響を与えるリスクと機会について話し合うこと、そして、ウェルビーイングに悪影響を及ぼすことに対処することが重要であり、そこに安心と心理的安全性を感じられるようでなければなりません。

従って、管理職は部門会議、生産会議、状況説明打ち合わせといったさまざまな場で、ウェルビーイングについての建設的な議論をする機会を設ける必要があります。こうすることで、ウェルビーイングに関する共通言語ができ、管理職と従業員のモチベーションとコミットメントが確保されます。ひいては、企業が優れたウェルビーイングプログラムを用意し実行できるようになるのです。

さらに、IT を駆使し、エンゲージメント・アンケートをはじめ、職場のウェルビーイング評価、管理職評価などの匿名調査を実施することは、ストレスやハラスメントといった取り扱いが難しいテーマに関する企業内のウェルビーイング状況を把握するために非常に有効です。

ゴールデンルール 7 の前向き先行指標の例としては、良好なウェルビーイング施策やベストプラクティスに関する知識が部門間でどれだけ共有されているかの測定があります。きちんと共有されていれば、組織は正しい判断を下すために、既存の経験を活用できます。さらに、コミュニケーションがどの程度機能しているのか、自分たちのウェルビーイングをどのように守るのが最善だと考えているのかといった点について、従業員側は一致した意見を持っているか、経営側は従業員の意見に基づいて行動する力量を持っているか、といったことの測定も有効となります。

④　ウェルビーイング度に関する管理職の自己評価

ビジョン・ゼロのフレームワークを用いて、企業のウェルビーイングを向上させるための最後のツールが、④ウェルビーイング度に関する管理職の自己評価です。

そこで突然ですが、皆さんは今、ある場所に向かう船に乗っているとしましょう。航海の旅では、船の向きに絶えず影響を与えるものや、航路から外れさせようとするものがたくさん存在します。風は船をどこかに押しやろうとしますし、波も船をどこかに流そうとします。従って、船長は水平線上の目標物を観察し、地図やコンパスで現在地を確認しながら、常に一定の方向へと船を修正し続けなければ、船は航路を外れて迷ってしまう恐れがあります。

　実は、このことは、企業においても同じです。ゴールデンルール１で述べたように、自社をビジョン・ゼロ企業成熟度モデルにおける「自主的な活動ができているレベル」や「創造的なレベル」に導くためには、経営陣のコミットメントが不可欠なのです。従業員に対して「ついてくるように」と旗を振るのは、経営陣なのですから。

　しかし、船長が船の針路を絶えず修正し続けなければならないのと同じように、経営陣自身、そして経営陣のウェルビーイングに対する注力の仕方は常に修正を重ねなければなりません。別の言い方をすれば、自主的な活動ができているレベル、そして創造的なレベルを維持するためには、経営陣がウェルビーイングを持続するための自らの役割と努力を自己査定し続ける必要があるのです。

　もし、経営陣がウェルビーイングリーダーとしての役割を自省せず、従業員を正しい方向へと導けなくなったら、またたく間にビジョン・ゼロ企業成熟度モデルのステージが下降する危険性にさらされます。このことは、トップマネジメントだけではなく、企業内のすべてのリーダーに当てはまり、故に、主体的に取り組む姿勢が求められるのです。

　筆者らヒューマンハウス社では、管理職が正しい方向に進んでいるか、あるいはどのような取り組みに注力すべきかを明らかにするために、自己評価アンケート「トップ・ミドル・マネジメントによるウェルビーイングに関するリーダーとしての自己役割評価」を作成しました。このアンケートによって、従業員のウェルビーイングをさらに育むために、

	ウェルビーイング	自己評価
1	私は、ウェルビーイングを実践し、基準を定め、管理職や従業員のロールモデルであるように努めている	◎○△
2	私にとって、ウェルビーイングが最優先事項だ。少しでも疑念が生じれば、作業を「中断せよ」と言う	◎○△
3	私は、直属の部下とウェルビーイングについて話し合っている	◎○△
4	直属の部下は、私にとってウェルビーイングがどれほど重要であるかを理解している。従業員と管理職は、誰もが等しく手順を守っている	◎○△
5	正しい行動は褒め、誤った行動には断固とした姿勢で対応している	◎○△
6	社内のウェルビーイングのために投資をしている	◎○△
7	直属の部下に、仕事をするための十分な時間を与えている	◎○△
8	職場のウェルビーイングを確保するための適正な手段を講じ、予算を確保している	◎○△

図表4-16　トップマネジメントやミドルマネジメントが行う、ウェルビーイングに関するリーダーシップの自己評価テスト。自己評価の結果は、「◎：完全に実行されている」、「○：改善の余地あり」、「△：アクションが必要」の中から選択します（出所：筆者）

管理職がどの分野のウェルビーイングにもっと力を入れるべきかを知ることができます。**図表4-16** が、その一例です。管理職は、こうした自己評価を絶えず続けていく必要があるのです。

■ デジタル化導入時にはウェルビーイング・アセスメントを

上述したビジョン・ゼロのゴールデンルール5「機械、設備、作業エリアの労働安全衛生を確保しましょう」の解説の中で、このルールは技術的側面に関係するといいました。とりわけデジタル化は、安全、健康、ウェルビーイングにとどまらず、生産性の向上にも大きく貢献します。導入する際には、現実世界のあらゆる側面においてデジタル化への考慮が必要となります。潜在的な課題を予測した上で、デジタル化の利点を最大限に活用し、労働環境の安全性を確保しながら、管理職と従業員のウェルビーイング度を高めていきま

す。デジタル化とは、以下のような技術を指します。

▶ スマートロボット：移動可能で協調的な動作
▶ パワードスーツ：重量物の作業負荷の軽減
▶ ビッグデータ、人工知能（AI）、アルゴリズム：新しい知の創造
▶ スマートな個人用保護具（PPE）：労働者の安全、健康、ウェルビーイングを向上
▶ 仮想現実（VR）と拡張現実（AR）：労働安全衛生に積極的に取り組む機会を提供
▶ アディティブ・マニュファクチャリング（3Dプリンティング）やアフェクティブ（感情）
  コンピューティング：新たなビジネスチャンスの創出
▶ コネクティビティとモバイルデジタルデバイス：柔軟性のある作業の機会を提供
▶ オンラインプラットフォーム：非定型的な仕事の可能性を創出

　企業は、こうしたデジタル化で生産性、柔軟性、そして管理者と従業員の自主性を高め、さらには職場の多様性を広げ、身体の不自由な人や高齢者の就労機会を増やすことができます。作業現場においては、デジタル化によって危険がより少ない状況や繰り返し作業がより少ない業務をつくり出すとともに、根拠ある予防戦略を構築することで、より高い予防レベルを実現しウェルビーイング度を向上させることが可能になります。

　さらに、デジタル化は、これまでとは違った新しい方法で従業員にかかわれるようになります。この特徴をうまく生かせば、より効果的なウェルビーイング研修が可能になったり、ウェルビーイングに関するより進んだ職場リスク評価プログラムを構築したりすることができます。

　こうした新しい技術をビジョン・ゼロの考え方に基づいて導入する際には、ウェルビーイングに関する適切なリスク評価を実施する必要があります。実際のリスクとしては、以

下のようなものが想定されます。

▶ 長時間の座り仕事と運動不足から生じる筋肉・骨格障害、精神的・身体的な健康問題に由来する人間工学的リスク

▶ スマートロボットとの協働で感じるストレスや不安感など、新しい安全上のリスク

▶ 仕事上のストレス、業績へのプレッシャー、仕事の複雑さ、情報過多、人的交流の少なさなどの心理社会的リスク

▶ リモートワークの管理など、就業形態が不明瞭な新しい労働形態を起因とした、管理職と従業員の健康的、精神的、心理的リスク

しかし企業は、このような状況をチャンスに変えなければなりません。それには、新しいテクノロジーをどのように導入し、管理し、規制するかという点にかかっています。ヒューマンハウス社は、企業成熟度モデルを使用して、デジタル化とウェルビーイングに関する発展段階を示しました（**図表4-17**）。

さらに当社では、企業がデジタル化とウェルビーイングに関して自主的な活動ができているレベル、そして創造的なレベルに成熟するために、デジタル化を実施する際に活用するビジョン・ゼロ　7ゴールデンルールも策定しました（**図表4-18**）。先に述べたウェルビーイングに関する前向き先行指標も、新しいテクノロジーの導入が管理職や従業員のウェルビーイングに関する予防レベルの向上につながるよう活用できます。

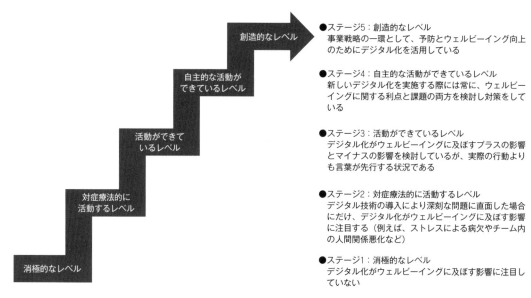

●ステージ5：創造的なレベル
事業戦略の一環として、予防とウェルビーイング向上のためにデジタル化を活用している

●ステージ4：自主的な活動ができているレベル
新しいデジタル化を実施する際には常に、ウェルビーイングに関する利点と課題の両方を検討し対策をしている

●ステージ3：活動ができているレベル
デジタル化がウェルビーイングに及ぼすプラスの影響とマイナスの影響を検討しているが、実際の行動よりも言葉が先行する状況である

●ステージ2：対症療法的に活動するレベル
デジタル技術の導入により深刻な問題に直面した場合にだけ、デジタル化がウェルビーイングに及ぼす影響に注目する（例えば、ストレスによる病欠やチーム内の人間関係悪化など）

●ステージ1：消極的なレベル
デジタル化がウェルビーイングに及ぼす影響に注目していない

図表 4-17 デジタル化とウェルビーイング度に関する企業成熟度モデル（出所：筆者）

🎯	1. リーダーシップをとり、コミットメントを示しましょう	デジタル化によるウェルビーイングへの影響を見極めるためのコミットメントを示す
⚠️	2. 危険源を同定し、リスクをコントロールしましょう	ウェルビーイングに関してもデジタル化のリスク評価を実施する
◎	3. ターゲットを定めてプログラムを作成しましょう	デジタル化に関連したウェルビーイングの前向き先行指標（PLI）を開発する
⛁	4. 労働安全衛生体系を整備しましょう	組織の倫理的な枠組みを構築する
⚙️	5. 機械、設備、作業エリアの労働安全衛生を確保しましょう	設計段階での予防を計画する
📖	6. 従業員の資格を向上し、能力を開発しましょう	デジタル化の影響に関連したウェルビーイング能力を開発する
👥	7. 人材に投資し、参加を通じてやる気を高めましょう	デジタル化戦略の設計と実行に従業員を参加させる

図表 4-18 ウェルビーイングとデジタル化のための 7 ゴールデンルール（出所：筆者）

■ 実践を始めるデンマークの国際企業

4-2節の最後に、デンマークの国際企業の事例を3つ紹介します。

1社目は、製薬会社。この会社では、大幅な組織変更をするに当たり、すべての管理職と従業員を対象にオンライン調査を実施し、組織変更に伴う心理社会的なリスクをレーティングしました。リスクには、部門間の協力関係の低下、仕事量の増加、業務の複雑化、（役割や責任が不明確になることによる）製品の品質低下、在庫切れなど、仕事上のものから事業上のものまでさまざまありました。

こうして組織変更を実施する前に心理社会的リスクを評価したことにより、この製薬会社では、管理職と従業員の知識と経験を活用しながら予測されるリスクの一部を低減、あるいは回避するリスク管理計画を立てることができました。

2社目は、食品製造会社。この会社は、新しい管理職や従業員を雇い、定着させることは難しいと感じていました。しかし、給与などを含めた物理的な労働環境については、同じ地域の競合他社と変わりありません。そこで、この壁を突破するには、良好な心理社会的労働環境が決め手になると判断し、トップマネジメントがこの戦略を受け入れました。全管理職が、良好な心理社会的職場環境をつくり出して維持する方法と、自らの役割に関する研修を受講。さらに、管理職と従業員が、ストレスを防ぐ方法、透明性があり効果的に協調する方法、社内のいやがらせを防ぐ方法などのトレーニングを受けました。

今では、心理社会的職場環境に関する管理職と従業員の満足度を毎年調査・評価し、そのデータに基づいてトレーニングプログラムやその他の取り組みを実施しています。加えて、心理社会的労働環境をトピックの一つとして話し合う部門会議の頻度測定ダッシュボードも導入しました。

最後は、IT企業。この会社では、一部の部署で、大きな作業負荷やネガティブな対人コ

ミュニケーションなどの心理社会的労働環境問題が発生していたため、会社のシステムとプロセスの最適化を決断しました。具体的には、心理社会的労働環境に関する管理者と従業員の役割と責任を定義し、それに基づいた行動を取るように促しました。さらに、ストレス症状や、いやがらせ、対立が起こった場合には、どこに助けを求めればよいかを周知しました。新入社員には、仕事の優先付けに関する部門ルールだけではなく、職場でのウェルビーイングや好ましいコミュニケーション方法と振る舞いについて会社の行動規範を説明しました。

　さらに、この会社では、心理社会的職場環境に関する内容が社員研修プログラムにどれくらい含まれているかの計測を開始。毎年実施するアンケートや新しいITソリューションへの投資の際には、どれほどウェルビーイングを考慮に入れているかといったことの測定も始めました。

　ここまで、デンマークの事例を取り上げながら、ウェルビーイング推進に当たって有効となるビジョン・ゼロのツールを中心に紹介してきました。ただし、いかに素晴らしいツールがあったとしても、現場への適用方法を誤れば、無用の長物と化してしまいます。そこで重要になるのが、企業としてウェルビーイングを実践していくためのフレームワークです。経営陣、管理職、従業員のすべてのステークホルダーが納得し、一体となって進めるためのフレームワークとは、どのようなものか——。次の4-3節では、日本の事例を紹介しながら、ウェルビーイング実践の土台となるフレームワークについて解説します。

4-3 ウェルビーイング実践に必要なフレームワーク

　ウェルビーイングを「単にケガや疾病がないというだけではなく、生き生きと働きがいを感じながら、生産性と創造性を発揮して働ける状態」とすると、職場でのウェルビーイ

ング向上を目指した取り組みは「ゼロからプラスへ」の活動、安全文化構築の活動ということができます。

　これに対し、従来の取り組みである安全衛生活動は、リスクの低減が中心でした。具体的には、事故の再発防止と類似災害の防止、リスクアセスメント、教育訓練、マネジメントシステムの整備など、安全、健康を阻害する要因を排除し、危険や不安を感じない安全・安心な職場環境づくりを目標としていました。これはいわば、労働環境の負の要素を取り除く「マイナスからゼロへ」の活動だったといえます。

　これから求められるゼロからプラスへの活動は、ウェルビーイングを高めるファクターを発見し、評価し、増大させるものです。安全文化構築の活動には、従来のマイナスからゼロへのプロセスに、この新たなゼロからプラスへのプロセスを積み上げることが重要となってくるのです（**図表4-19**）。

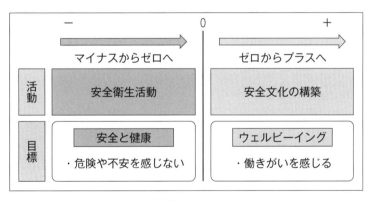

図表4-19 安全文化の構築（出所：筆者）

■「ゼロからプラスへ」を志向

　ここで、安全文化構築に向けた具体的な取り組みが従来の安全衛生活動とどう変わるのかを整理しておきましょう。**図表 4-20** の実践項目に沿って説明していきます。

　まず、目指す方向は、安全、健康を阻害する原因の追及から、ウェルビーイング向上機会の追求へと転換します。それぞれの組織の特質や職務によって、何がウェルビーイングを高めるかを追究することが基本になります。

　実践の手順は、リスク低減策からウェルビーイング向上策への転換です。事故、不安全、疾病要因となり得る作業については研究が進んでおり、リスク低減策も広く共有できるレベルに手順化されています。これに比べ、職場におけるウェルビーイングの研究は始

| | | − | 0 | + |
| | | マイナスからゼロへ | | ゼロからプラスへ |

実践項目	安全衛生活動	安全文化の構築
目指す方向	・何が安全、健康を阻害するか	・何がウェルビーイングを高めるか
実践の手順	・リスク低減策 ・実践事例が豊富	・ウェルビーイング向上策 ・実践事例が少ない
始業時 ミーティング	・保護具、作業着、健康状態の確認	・表情、発声など精神的・心情的状態を確認
職場巡回方法	・観察、目視	・声掛け、ヒアリング
教育訓練	・危険を排除するための知識の修得	・仕事への意欲・満足度を高める機会を増やすための知識の修得
専門家の育成	・安全、健康の専門家	・ウェルビーイングの専門家
マネジメント	・業務として推進 ・安全コスト	・経営課題として推進 ・ウェルビーイング投資

図表 4-20 これまでの取り組みと新しい取り組み（出所：筆者）

まったばかり。向上策はまだまだ各企業において試行されている段階で、手順化されている事例は多くありません。

　作業現場での始業時ミーティングは、参加者が互いに安全な正しい服装か、正しい保護具を着用しているかを確認します。しかし今後は、参加者の態度、表情、声など精神的・心情的状態の確認も付加して実施されることになるでしょう。

　安全専門家、管理者による職場巡回も、実施方法の転換が必要です。従来は、現場の作業者の動作行動を観察し、危険への接近や不安全な行動を発見したら未然対策を講じていました。しかし、これからの安全文化構築の活動では、従業員に声を掛け激励することや、従業員の声を聴くことが中心になります。つまり、従業員の心の状態を実感することが重要となるのです。

　教育訓練では、機械設備の安全装置、取り扱い物質の安全性、人の行動原理などに着目し、危険を排除するために必要な知識を習得することから、仕事への意欲・満足度を高める機会を増やすための知識を習得することへと、主体が変わります。研修対象は、現場作業員、リーダー、安全の専門家中心から、管理者、経営者層に広げていく必要があります。

　専門家の育成については、法的要求事項に詳しい専門家に加えて、今後は勤務意欲を高めるノウハウを持つ専門家や、人事施策を開発できる専門家が求められてきます。

　安全文化構築の活動については、会社経営における位置付けも変わってきます。従来の安全衛生活動は、業務の中に組み込む形で整備してきましたが、ウェルビーイングを高める施策については経営課題としての推進が不可欠です。同時に、費用の考え方も変わります。従来は、事故防止、疾病防止のための費用は少ない方がいいというコストの考え方でした。しかしウェルビーイングでは、到達目標地点に際限がないので、かかる費用は得られる経営成果の大きさによって評価されることになります。つまり、投資という扱いになるのです。

以上のようにウェルビーイング向上を目指す安全文化構築の取り組みでは、これまでのフレームワークを超えて新しいフレームワークでの実践が必要となります。

■ 日揮グローバルによるウェルビーイング実践例

　ウェルビーイング向上を目指す安全文化構築の活動事例として、世界的なプラント建設会社である日揮グローバルの活動を紹介します。同社の海外プロジェクトでは、"作業員の笑顔が安全文化の指標"と位置付け、「すべての人が、健康で安心して働き、家族のもとへ無事帰る」という「HSSE（Health, Safety, Security and Environment）基本理念」の下、工事管理者と作業者の接点に力点を置いてさまざまな施策が展開されています（**図表 4-21**）。

　まず、工事責任者は毎朝作業員を握手で迎え、挨拶をかわします〔図表 4-21（a）〕。エリアごとにすべての作業員、監督者、工事管理者が集合したら、体操をした後に「Tool Box Talk（TBT）」というミーティングを実施します。この場では、工事責任者が自ら作業員へ安全のメッセージを送り、現場の責任者として、現場の安全衛生の環境確保に対するリーダーシップを表明します。現場の責任者としては、日揮グローバルの責任者以外にも各協力会社の責任者が参加し、それぞれが責任者として安全衛生に関した発信を行います。こうして安全な作業環境とリーダーとしての方針を表明することにより、安全文化の醸成を誓うのです。

　TBT の後は各作業グループに別れ、作業開始前に監督者と作業員の双方向の直接対話を重視した「Safety Task Analysis Risk Reduction Talk（STARRT）」を行います〔図表 4-21（b）〕。STARRT は、特定された危険と管理措置を作業員に伝達するためのもので、建設監督者によって当日の作業場所において作業開始前に必ず実施され、ミーティング内容は記録として文書化されます。STARRT の特徴は、次の 4 項目です。

図表 4-21 日揮グローバルのウェルビーイングに対する取り組み。(a) 同社のスタッフが毎朝、作業員を握手で迎える。(b) 作業開始前には、監督者と作業員の双方向のコミュニケーションを取る。(c) 安全パフォーマンスの優れた作業者やグループには表彰する。そして、(d) 安全文化醸成の熟練者には、有段者として認定する (出所:日揮グローバル)

1. 顔を合わせて挨拶を交わす(監督者、作業員が互いの顔を見ながら関係性を築く)
2. きょうの仕事を説明し、その上で当日の作業についてのリスクと対応に関して質問を受けながら、監督者と作業員の双方で確認し合っていく。これによって作業員の積極性を募り、安全に対する自意識を盛り上げる

3. 正しい道具、許可証、材料がそろっているか、また必要な技量（教育訓練）があるかを確認する

4. 双方向のQ&Aを通して、話し合ったことを総括する。不安全作業や状況を見つけたら作業を止めるように伝える

　こうしたTBTとSTARRTによって、作業員は、監督者と一緒に安全を意識するとともに、自分がプロジェクトの一員であることを認識できます。中でも、安全衛生に対して強い認識を持ち、自ら行動するような作業員に対しては、マネジメントはそれをきちんと認識し、感謝の形として表彰します〔図表4-21（c）〕。

　一方、安全文化の醸成を強くけん引し、周りの作業者を巻き込みながら率先して安全衛生活動を実践している監督者には、"黒帯（有段者）"の称号を与えるなど、安全文化の醸成が形として周りからしっかりと見えるようにする施策を開発し導入しています〔図表4-21（d）〕。こうした作業員の気持ちを動かす施策があることで、従業員は働きがいを感じながら生産性と創造性を発揮して働くことができるのです。

　日揮グローバルでは、STARRTについてはそれを実施するだけではなく、実施状況を評価することもあります。STARRTは監督者と作業員にとっての大事なコミュニケーションのポイントであり、安全文化醸成の要になるからです。その他の安全文化構築の活動に関しても、以下のように実施状況をモニターし評価して継続的な改善を目指しています。

A）STARRTの開催状況：訓練を受けた評価者が、決められた評価項目に従って各グループで実施しているSTARRT活動をチェック。結果は実施責任者にフィードバックされ、改善を促します

B) 作業員の安全表彰：HSE（Health Safety and Environment）に関して作業者の行いを認識することは重要です。常に現場の整理整頓を行っている作業員など、安全意識の高い作業員は安全文化醸成の大切な構成者です。そんなパフォーマンスの高い作業員を現場で認識したら、クーポンを配布します。そして、月に一度、クーポンの獲得数の多い作業者を表彰し、全員の前で賞を授与していきます。これにより、マネジメントが作業者による率先した安全行為を認識していることが全員に伝わります

C) オブザベーション（観察）カードの発行数：オブザベーションカードには、安全管理項目や作業態度などの項目が決められています。工事担当者や監督者らは常に携帯し、現場で作業者の安全な行為または不安全な行為を見つけた際には、その作業者に話しかけるためのツールとなります。結果は、カードに書き込んで点数化され、工事現場の状況を表す指標として使われます

D) Behaviour Based Safety（BBS）：BBSの評価者としてトレーニングを受け認定された評価者が、現場を回り、作業者の作業の様子を評価した上で良かった点や改善する点などを話し合います。そして、そのことを評価表にまとめてデータ化し、集約・分析してマネジメントへとフィードバックしていきます。現場全体の状況、雰囲気が見えるため、具体的な状況の改善に活用されています

　これらの評価結果は、安全文化構築がどの程度進んでいるかを示唆するものといえます。現在は、モバイル機器を活用し、リアルタイムでシームレスにデータを把握することを試行しています。さらに、蓄積された大量の記録データからAIなどの技術を使って将来を予測することも、近い将来には可能になるかもしれません。

　以上、プラント建設会社の海外工事における事例を紹介しました。ウェルビーイングを実践していく上で、参考になる点は多々あると思います。しかし大事なのは、それぞれの

会社が自社の特質に応じたウェルビーイングを高めるためのファクターを見いだし、実践の第一歩を踏み出すことです。

参考文献

1) ISSA、FINAL REPORT 2023、https://ww1.issa.int/sites/default/files/documents/publications/2-ROP-FINAL_en-157255.pdf

第5章

活用の場広がる
ウェルビーイング・テック

5-1　ビジョン・ゼロが推奨する技術の積極活用

　ビジネスの成功は、従業員が健康に働けること、そして意欲的に働けることに大きく依存すると言われています。実際、働く人がウェルビーイングな状態にあると、創造性が3倍、生産性が1.3倍、欠勤率が4割減、離職率が6割減、労働災害が7割減[1]になる、というプラスの報告があります。それだけではありません。企業価値の向上や優秀な人材の確保にも直結するのです。経営者にとって、従業員の安全、健康、ウェルビーイングの確保は急務といえます。

　第4章では、そのために必要不可欠なツールとしてビジョン・ゼロの7ゴールデンルールを紹介しました（**図表5-1**）。この中の、特にゴールデンルール5「機械、設備、作業エリアの労働安全衛生を確保しましょう」では、技術の活用を勧めています。これを受けて本章では、第1章で示した、広義のウェルビーイング、すなわち安全、健康、ウェルビーイングを向上するための具体的な技術について考えていきます。

　広義のウェルビーイングを向上するためには、まず従業員の安全確保に取り組みます。機械、施設、設備、作業エリアなどにおいて労働安全衛生法をはじめとする法令や安全関連の最新規格を順守することにより、事故や災害を未然に防止し、健康に悪影響を及ぼす環境からの暴露を回避するようにします。安全対策は、従業員の注意力や判断力などに頼るのではなく、技術を活用して実現することが何より重要です。その際、特に注意したいのが非定常作業。事故の多くは、修理やメンテナンス、トラブルの原因究明時などに起きるため、設計や組み立ての段階からあらかじめ非定常作業を考慮して被災リスクを低減しておく必要があります。

　続いて、従業員の健康を確保し、やりがいや働きがいを感じられる、そして自身の能力

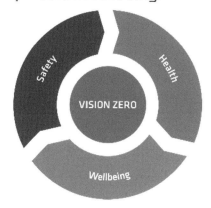

図表 5-1　国際社会保障協会（ISSA）が発行する、経営者・管理者向けガイドブック『ビジョン・ゼロ災害ゼロと健康的な働き方のための7ゴールデンルール』（出所：ISSA）

を最大限発揮できる施策を講じていきます。これは、健康診断をはじめとする従来の健康経営の取り組みの単なる延長ではありません。第1章、第4章で指摘した通り、安全も含め、従来のマイナスからゼロへのプロセスの上に、ゼロからプラスへのプロセスを積み上げていきます。技術は、そのために積極活用されていくのです。

　では、実際に、従業員の安全、健康、ウェルビーイングを実現する技術とはどのようなものなのか——。次に解説していきます。

ウェルビーイング向上に役立つ要素技術やデバイスが続々

　昨今の技術の革新には、めざましいものがあります。デジタル技術やセンシング技術、通信技術などが進化し、すべてのモノがインターネットによって「繋がる」ようになってきました。実際に、生活のみならず、産業、事業、サービスなどさまざまな場面において、設備や装置、器具などの状態をセンサーで検出し、そのデータをネットワークを介してクラウドへ送り、人工知能（AI）によるビッグデータ解析などをして生活や仕事をより良くしていくシーンが増えています。

　一昔前までは、通信技術の未発達や制御装置の能力不足などによって実現しなかった大規模かつ広範なシステムが、今では、高速大容量通信技術とエッジコンピューティング、クラウドコンピューティングなどの組み合わせによって構築されるようになりました。世界中に有線や無線の通信網が張り巡らされ、誰もがリーズナブルなコストで利用することができるようになったのです。ネットワークと切り離した生活や職場は、多くの人にとってもはや考えられないものになりつつあります。

　このことに対しては、安全、健康、ウェルビーイングの向上に技術を活用できる環境が十分に整ってきたという見方ができます。実際、人が装着するウェアラブルデバイスがいろいろと登場したり、人間の身体や心の状態をリアルタイムで捉える遠隔検出技術や画像処理技術などが開発されたりしています。安全、健康、ウェルビーイングの向上に技術を活用しない理由はありません。

　身近な例としては、スマートウォッチがあります。心拍数、血圧、血中酸素濃度、睡眠トラッキングなどを手軽に測定できます。働く人の健康状態を把握するための専用デバイスや、監視・分析に有効なソフトウエアやアプリも数多く市場に出回っており、こうした技術を上手に使えば、安全、健康、ウェルビーイングの向上に役立てることが可能です。

さらに、センシングによって取得したバイタル／生体情報に加え、個人の属性として資格や能力、行動計画なども統合的に処理すれば、これまでは不可能だった人とモノ（機械）と環境が情報を共有し協調して全体最適を目指すシステムが構築できるようになります。その一つが、人の能力を拡張する技術「ヒューマン・オーグメンテーション（人間拡張）」です。古くは身体の欠損を補完する義手や義足に始まり、最近では人に装着し力仕事などをサポートするパワーアシストスーツからメタバース、アバター、遠隔医療といった空間や存在の拡張にまで及んでいます。

　ヒューマン・オーグメンテーションにより、例えば病気やケガなどの障害を持つ人の社会参加が可能になったり、技能を持つ人が物理的移動せずに活躍したりできます。コロナ禍で経験したようなリモートワークにも、ストレスなく対応できるようになります[2]。こうした技術はダイバーシティ、インクルージョンへの取り組みやニューノーマル社会への対応と同時に、働く人の安全、健康、ウェルビーイングの向上にも貢献します。

　世界に目を転じてみましょう。実は、ウェルビーイングの推進に技術を活用する試みは既に大きな潮流になりつつあります。

　米国で2014年に投資家を中心に設立された、トランスフォーマティブ・テクノロジーは、世界72カ国450都市に9000人のメンバーと1200人の起業家が参画するコミュニティ（共同体）を運営し、定期的なカンファレンスなどを通して技術の積極活用を推進しています。同社のニコール・ブラッドフォード氏や奥本直子氏らは、人間の可能性を最大限に引き出す技術として「ウェルビーイング・テクノロジー」というキーワードに着目し、ニューロサイエンスや臨床心理学などの科学的知見とデジタル技術、データを掛け合わせることにより、精神や感情、社会的な対人関係、そして自己実現とパフォーマンス向上を支援する投資活動を展開しています（**図表 5-2**）。その市場規模は、実に400兆円以上と見込んでいます。

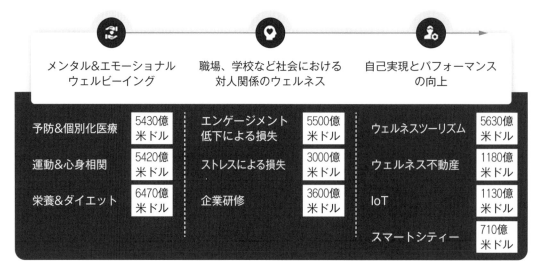

400兆円以上の市場可能性

メンタル&エモーショナル ウェルビーイング		職場、学校など社会における 対人関係のウェルネス		自己実現とパフォーマンス の向上	
予防&個別化医療	5430億 米ドル	エンゲージメント 低下による損失	5500億 米ドル	ウェルネスツーリズム	5630億 米ドル
運動&心身相関	5420億 米ドル	ストレスによる損失	3000億 米ドル	ウェルネス不動産	1180億 米ドル
栄養&ダイエット	6470億 米ドル	企業研修	3600億 米ドル	IoT	1130億 米ドル
				スマートシティー	710億 米ドル

図表 5-2 ウェルビーイングを向上する技術の市場規模（出所：トランスフォーマティブ・テクノロジーの資料を基に筆者作成）

　数字はともかくとして、ICT（情報通信技術）やAI、クラウドなど日々進化する技術を適切に組み合わせてシステム化し、ユーザーがその目的や意図を正しく理解して活用すれば、ウェルビーイング向上の大きな助けとなることに間違いありません。デジタル技術に代表される最新技術（State-of-the-art）は、人による管理や現場単位の工夫だけでは到底なし得ないことを可能にするため、安全、健康、ウェルビーイングの向上に展開・活用する余地は大いにあります。同時に、こうした技術活用は、日本の内閣府が提唱する「Society5.0」[*1] や欧州発の「インダストリー5.0」（第3章参照）の考え方と軌を一にし、今後の積極推進が期待されます（**図表 5-3**）。

　本書では、広義のウェルビーイング、すなわち安全、健康、ウェルビーイングの向上に役立つ技術を「ウェルビーイング・テック」と呼びます。まずは、その定義から解説します。

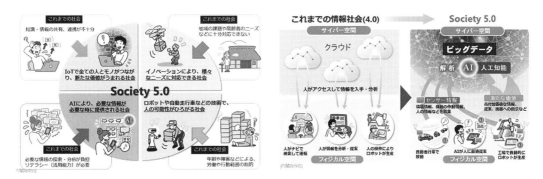

図表 5-3 日本の内閣府が提唱する「Society5.0」（出所：内閣府）

5-2 ウェルビーイング・テックの定義と技術要件

　2022年5月、「ビジョン・ゼロ・サミット　ジャパン2022」が開催されました。ここでは、ビジョン・ゼロ、すなわち職場における安全、健康、ウェルビーイングの推進に当たり、世界中の安全の専門家や研究機関、企業のトップならびに安全担当者などから、考え方や取り組み方、成果や事例等について実に多くの発表と共有が行われました。そして、サミットの集大成として技術の積極活用をうたう「東京宣言」を発出（エピローグ参照）。これが、ビジョン・ゼロの進化版「Vision Zero for All」として、安全、健康、ウェルビーイングを向上する技術の必要性と重要性を唱えることとなったのです。ウェルビーイング・テックは、こうしたサミットで示された、世界におけるウェルビーイングの今後の潮流を

＊1　日本の内閣府は、これまでの情報化社会「Society 4.0」の先の姿として、我々が生活するフィジカル空間で検出されたデータをサイバー空間上でビッグデータとして統合、AIが解析することで新たな価値を生み出し、経済発展と社会課題の解決を両立する「Society 5.0」を提唱しました。社会のイノベーションを通じて、これまでの閉塞感を打破し、希望の持てる社会、世代を超えて互いに尊重し合える社会、一人ひとりが快適で活躍できる社会を目指すもので、まさにウェルビーイングを実現するための国策といえます。

十分に考慮し、次のように定義されました。

▶ 人間の安全・健康を確保して、人間が安心してやりがいを目指す技術

　このことを、**図表 5-4** で説明しましょう。まず、ウェルビーイングは、身体、精神、心の三者が良好な状態でなければなりません。そして、重要なのは、第 1 章や第 4 章で述べられているように、従来のマイナスからゼロへのプロセスの上に、ゼロからプラスへのプロセスを積み上げていくこと。すなわち、ウェルビーイング・テックは、

▶ 身体：「ケガへの懸念」「病気罹患の恐れ」がより緩和・払拭された状態、さらに「リスクからの解放」「身体の健康」がより促進・向上された状態

▶ 精神：「精神疾患への懸念」「ストレス障害の恐れ」がより緩和・払拭された状態、さらに

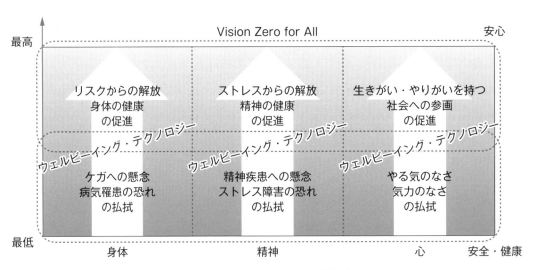

図表 5-4 ウェルビーイング・テックの概要（出所：セーフティグローバル推進機構）

「ストレスからの解放」「精神の健康」がより促進・向上された状態

▶ 心:「やる気のなさ」「気力のなさ」がより緩和・払拭された状態、さらに「生きがい・やりがい」「社会への参画」がより向上・促進された状態

へと導く技術といえます。例えば、身体を例にすれば、工場の作業者から危険な機械・装置によるケガへの懸念を払拭する、本質的安全設計や安全防護方策などの機械安全と呼ばれる技術がマイナスからゼロへのプロセスに当たります。さらに、後述する協調安全によって作業者のやりがいや働きがいを引き出す技術がゼロからプラスへのプロセスに相当します。機械安全、協調安全のいずれも、ウェルビーイング・テックになりますが、従来は、前者のようなマイナスらゼロへのプロセスを対象にした技術が主流を占めていました。しかし今後は、後者のようなゼロからプラスへのプロセスを対象にした技術がより重要になっていくものと考えられます。

さらに、ウェルビーイング・テックには「場」の概念があります。場とは、人が置かれた環境のことをいいます。例えば、家にいるのか、会社にいるのか、外出先にいるのかによって、身体的リスクも違えば、精神的ストレスも異なります。従って、ウェルビーイング・テックを開発したり適用したりする場合には、対象とする人が置かれた場を考慮することが重要になってきます（**図表5-5**）。

技術要件1：身体、精神、心にアプローチ

「人間の安全・健康を確保して、人間が安心してやりがいを目指す技術」と定義したウェルビーイング・テックを標榜するためには、すべての場に共通して3つの技術要件を満たす必要があります。

第1の技術要件は、**「人間の身体および／または精神および／または心にアプローチする」**こと。これには図表5-4に示した通り、①マイナスからゼロへ（ネガティブ側面）、②

世界
国
社会
企業
働く人
個人

適用される「場」	「場」におけるウェルビーイング・テック
世界の ウェルビーイング	場は世界・地球。カーボンニュートラルや生物多様性、ジェンダー平等など、地球上で生活するすべての人のウェルビーイングを対象にした技術
国の ウェルビーイング	場は国。再エネに代表される持続可能なエネルギーや経済成長、医療・福祉など、その国に暮らすすべての人のウェルビーイングを対象にした技術
社会の ウェルビーイング	場は社会。道路や空港、スマートシティー・スーパーシティー、データセンターなど、社会生活を営むうえでの人のウェルビーイングを対象にした技術
企業の ウェルビーイング	場は企業（働く場所）。働く人の意欲を上げ、企業利益や企業価値を高め、社会のウェルビーイングに貢献するための技術
働く人の ウェルビーイング	場は企業（働く人）。労働安全衛生を基本に、能力を最大限に引き出し、やりがいや働きがいを高めるなど、企業で働く人のウェルビーイングを対象にした技術
個人の ウェルビーイング	場は生活空間。食事や睡眠など家庭でのさまざまなシーンや、買い物や通院など生活でのさまざまなシーンにおける、人のウェルビーイングを対象にした技術

図表 5-5 ウェルビーイング・テックにおける「場」の概念（出所：セーフティグローバル推進機構）

ゼロからプラスへ（ポジティブ側面）、という二つのアプローチがあります。具体的に見ていきましょう。

▶ 身体

① マイナスからゼロへ：仕事や生活において「ケガへの懸念」や「病気罹患の恐れ」を払拭するアプローチ。例えば、工場の作業員が危険な機械に近づいたらエネルギーを小さくしたり、真夏の建設現場で働く作業員が熱中症にかかる前にバイタルデータから休憩を促したりする技術があります。仕事に携わる作業者自身がうっかり配慮することを怠ったとしても、ケガや病気から守ることができます。

② ゼロからプラスへ：仕事や生活において「リスクからの解放」「身体の健康」を促進するアプローチ。例えば、自動車の高レベルの自動運転はドライバーの責任を一定程度解放し、安全で負担の少ない運転を可能にします。重量物の運搬を手助けするパワーアシストスーツは、腰痛を防止し、作業効率を高め、通常の人間の能力以上の働きを引き出します。

▶ 精神

① マイナスからゼロへ：仕事や生活において「精神疾患への懸念」「ストレス障害の恐れ」などを払拭するアプローチ。例えば、バイタルデータのモニタリングを AI で解析することにより慢性的な疲れや落ち込みの根本原因を精査したり、ストレスホルモンとして知られるコルチゾールをリアルタイムに計測したりすることにより、自身で気付くことが難しい精神的な不安を払拭します。

② ゼロからプラスへ：仕事や生活において「ストレスからの解放」「精神の健康」を促進するアプローチ。例えば、ペットロボットは、生活を楽しく明るくするとともに、人間とのコミュニケーションを通して知識の取得や成長体験の共有を図ります。まさに家族の一員として、生活意欲を高め前向きに暮らしが送れるよう支援します。

▶心

① マイナスからゼロへ：仕事や生活において「やる気のなさ」「気力のなさ」を軽減・払拭するアプローチ。例えば、従業員の心身の健康状態をモニタリングし、やる気がなかったり気力が沸かなかったりするときには、AIチャットボットが「PCを閉じてしっかりと睡眠をとりましょう」「きちんと水分を取ってください」「一度、深呼吸をしましょう」などと、その人に寄り添った行動変容を促します。

② ゼロからプラスへ：仕事や生活において「生きがい・やりがい」「社会への参画」を促進するアプローチ。例えば、従業員がゲームをするときのプレイ傾向をAIで分析して潜在能力を見つけ出したり、ボランティアのスマホにその活動を讃える言葉や感謝の言葉を届けて社会への参画意識を高めたりします。

技術要件2：体験を通して価値観や関係性、考え方などに変化

　続いて、第2の技術要件は、**「単なるモノや利便性の提供にとどまらず、体験を通して価値観や関係性、考え方などの変化をもたらす」**ことです。例えば、ICTやIoT（モノのインターネット）、AIといったデジタル技術は、人間のウェルビーイングに大きく貢献します。とはいえ、デジタル技術そのものによって人間のウェルビーイングが向上するわけではなく、使い方がカギとなります。

　日本発の協調安全／Safety 2.0ではICTやIoTなどを駆使し、作業員に危害を及ぼす恐れのある機械や装置のリスクを低減したり、重機が近づくことを知らせたりして危険からの回避を促します。こうしたシステムはウェルビーイングの向上を目的に開発されており、経験した作業員は「作業が以前と比べて随分と安全・安心になった」と感じることができます（**図表5-6**）。実際、重機の事例は土木現場に導入されています。作業員や管理者へのアンケート調査では、こうした技術の導入によって安心して働け、ウェルビーイングの

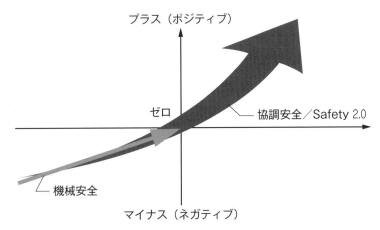

図表5-6 従来の機械安全は、マイナスからゼロへのアプローチが主体だったが、協調安全／Safety 2.0ではさらにゼロからプラスへのアプローチを実現する。横軸はウェルビーイング・テックの介入度合いを示し、右にいくほど大きくなる（出所：筆者）

向上を実感できたことが確かめられています。

　このように、ウェルビーイング・テックは、対象となる人の価値観や関係性、考え方などの変化をもたらすアプローチが必須となります。そのために活用されるICTやIoT、AIなどのデジタル技術については、ウェルビーイング・テックを支えるための基盤、いわば「ウェルビーイング・インフラ」と位置付けられます。

　繰り返しになりますが、ウェルビーイング・テックは人の体験を通して価値観や関係性、考え方などの変化をもたらし、持続可能な幸せへと導くものなのです。

技術要件3：開発者自身がエビデンスを用意

　最後の技術要件は、**「人間のウェルビーイングが維持・向上する」**ことです。ウェルビーイング・テックである以上、この技術要件は当然といえますが、そこには計測の難しさがあります。というのも、楽しさや快適さなどを指す主観的ウェルビーイング、やりがいや

自己実現などを指す心理的ウェルビーイングのいずれも、その人がどう感じるかで決まるからです。この点で、GDPや健康寿命といった客観的指標を持つ客観的ウェルビーイングとは大きく異なります。

主観的ウェルビーイングにしろ、心理的ウェルビーイングにしろ、客観的・統一的指標がない中では、その技術が第3の技術要件を満たすか否かの判断は、開発者に委ねられます。開発者がウェルビーイング・テックをうたう場合には、インテグレーターや使用者の立場に立った効果を熟考し、第3の技術要件に関する何らかのエビデンスを自ら用意する必要があります。その一方で、ウェルビーイングを計測する客観的・統一的指標の研究・開発は既に始まっており、本章の最後で詳しく触れます。

以上見てきた通り、ウェルビーイング・テック「人間の安全・健康を確保して、人間が安心してやりがいを目指す技術」とは、

▶ **人間の身体および／または精神および／または心にアプローチする**
▶ **単なるモノや利便性の提供にとどまらず、体験を通して価値観や関係性、考え方などの変化をもたらす**
▶ **人間のウェルビーイングが維持・向上する**

という3つの技術要件を満たすものとなります。

5-3 ウェルビーイング・テックを代表する協調安全／Safety 2.0

続いては、ウェルビーイング・テックの代表例として、協調安全／Safety 2.0の事例を製造、建設、医療・介護、鉄道の4分野から紹介します。第1章、第3章でも紹介した通り、

協調安全／Safety 2.0 は、「人は間違える」「機械は故障する」という考えに基づく安全「機械安全」、コンピュータによる安全「機能安全」に続く、新しい安全の概念／技術です。人とモノと環境を情報（ICT）によってつなぎ、リスク関連情報を受けて自律的（自身）あるいは他律的（周囲の人やモノ）に安全側に導くことにより、人の能力ややりがい、生きがいを最大化するためのものです。まずは、製造分野の事例からみていきましょう。

非常停止スイッチの遠隔操作で作業者に安心感を

産業用制御機器の専業メーカーである IDEC は、人が安心して働き、ウェルビーイング向上につながる職場環境やシステムを構築するための、協調安全／Safety 2.0 の考え方に基づいたシステムやコンポーネントを開発し市場展開しています。

その一つが、非常停止スイッチを遠隔から無線で操作できるスイッチ「アシスト E-STOP」です。作業者が危険を察知したら、腕などに装着したこのスイッチを操作することにより、直ちに非常停止スイッチを作動させることができます（**図表 5-7**）。これまでは、作業者が非常停止スイッチの設置している場所まで移動しなければならず、どんどんと危険が迫ってきましたが、それが解消されることになります。加えて、無人搬送車などの移動体の非常停止スイッチとしても使用できます（**図表 5-8**）。作業者はこのスイッチを身に着けるだけで、危険事象の発生や拡大を防ぎやすくなるため、安心して仕事に臨めてウェルビーイングの向上につながるのです。

なお、このスイッチの使用状態では、常に無線による通信状態を診断し、通信可能時は状態表示灯が緑点滅を、通信不能時や通信範囲外では赤点滅をします。本来目に見えない無線電波の接続状況をこうして可視化することで、「万一のときに機能しなかった」といったことがなく、作業者の安心感につながっています。

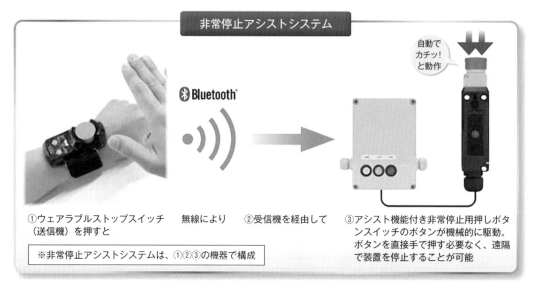

図表 5-7 非常停止スイッチを遠隔から無線で操作できるスイッチ「アシスト E-STOP」(出所:IDEC)

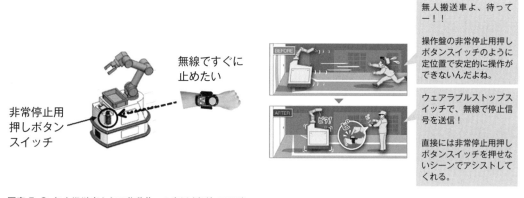

図表 5-8 無人搬送車などの移動体への応用(出所:IDEC)

危険な高所作業を改善しウェルビーイング向上

　次は、建設分野です。大和ハウス工業は、作業者のウェルビーイング向上を実現するために、高所作業車での死亡事故をゼロにするという明確な方針を掲げ（**図表5-9**）、技術的な取り組みを導入しています。

　高所作業車には、梁や天井などの構造物との挟まれ事故などを防ぐフットスイッチ式の安全装置が装備されています（**図表5-10**）。しかし作業者によっては、都度の操作が面倒であると無効化してしまいます。実際に構造物との間に挟まれた場合には、動揺があったり体勢が悪かったりしてフットスイッチを踏み込んだまま即座に離すことができず、重篤な災害に繋がったケースもあります。

　こうした従来のフットスイッチの問題は、指令が人から機械へと一方通行だった点にあ

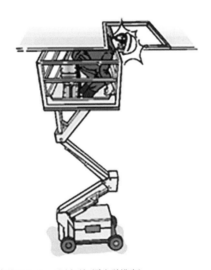

図表5-9　高所作業車による挟まれ事故のイメージ（出所：厚生労働省）

ります。そこで同社は協調安全／Safety 2.0の考え方を取り入れ、人と機械と環境が互い
に情報を伝え合うことで重篤災害を防止し、作業者のウェルビーイングを向上するシステ
ムを実現しました。

　具体的には、2つの機能を実装したシステムになります（**図表5-10**）。1つ目は、上部
構造物との距離を超音波センサーにより計測し、一定以上の距離に近づいたら上昇を停止

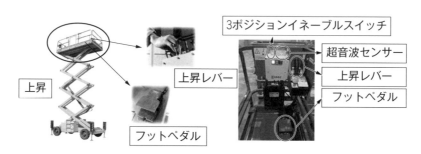

図表5-10 高所作業車の上昇レバーと、上昇を停止させるフットスイッチ（左）。超音波センサーと3ポジションイネーブル
スイッチで協調安全／Safety 2.0を実現（右）（出所：大和ハウス工業、IDEC）

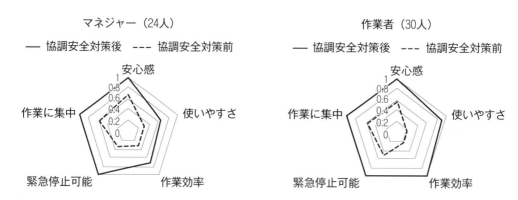

図表5-11 協調安全／Safety 2.0の対策前後でのウェルビーイングに関するアンケート調査結果（出所：大和ハウス工業）

させる（フットスイッチを無効化する）機能。これにより、上部構造物が接近しているという情報を作業者に伝え、注意を促します。

　2つ目は、フットスイッチの無効化後の危険状態を高所作業車に伝達する機能。これを実現するために導入したのが、3ポジションイネーブルスイッチです。1つ目の機能によりフットスイッチがいったん無効化されると、作業者は同スイッチを押しながらでないとフットスイッチを有効化することができません。その際に、上部構造物に衝突するなどすると、作業者は驚いて同スイッチを押し込んだり放したりします。実は、同スイッチは押し込まれても放されても、作業者が危険状態であることを高所作業車に伝えて上昇を停止させることができるのです。

　実際に、このシステムを導入した建設現場で、作業者30人と監督者であるマネジャー24人にアンケート調査を実施したところ、「ウェルビーイングの向上につながった」という結果が出ています（**図表5-11**）。

見守り安全で医療従事者・患者双方にメリット

　続いては、医療・介護分野です。センシング、ICT、制御技術を活用し、患者や要介護者と、医師や看護師をはじめとする医療従事者を情報でつなぐ取り組みが始まっています。例えば、患者や要介護者のバイタルデータをリアルタイムでモニタリングし、心拍数が上昇するといった事態にはそのリスク関連情報を医師らに送り、直ちに診断・診療を実施して適切な処置を指示する、といった具合です。

　ある住宅型有料老人ホームでは既に、こうした考え方に沿った取り組みを行っています（**図表5-12**）。高齢の入所者が体調の異変を感じたら、ベッドの上方のタブレット端末に大きく表示された呼び出しボタンに触れるか、連動する枕元のナースコールボタンを押します。すると、管理室のタブレット端末につながり、スタッフがタブレットに映し出され

図表 5-12 医療・介護分野における協調安全システムの一つの姿（出所：IDEC『協調安全／Safety2.0 ガイドブック』、イラスト：楠本礼子）

た入所者の映像を見たり会話をしたりしながら、入所者の容態を確認。必要があれば、近くにいるヘルパーに連絡して入所者の部屋に急行させます。容態が深刻であれば、タブレット端末を介して医師がオンライン診療を実施するようにします。

　さらにベッドの下には、横になっている入所者の脈拍や体動、呼吸の推移を非接触で計測するセンサーを設置。それを活用して入所者のバイタルデータを常時モニタリングし、本人も気づかない体調の異変にも迅速に対応できる仕組みとなっています。

　実は、同ホームのある地域では高齢化率が高く、通院不能な高齢者や独居老人が増えているそうです。そのため同ホームを運営する医療法人は、介護と医療が一体となった在宅診療を核に、安心・安全に暮らせる町づくりを模索したいと、協調安全／Safety 2.0 システ

ムと呼べる、前述のような取り組みを始めました。これにより「見守り安全」を実現し、高齢者や独居老人にとっては毎日を不安なく過ごせるようになったり、医療・介護従事者にとっては日々の仕事の負担を減らして充実度や働きがいを高めたりと、両者にとってウェルビーイングの向上につながっているといいます。

IoT制御の踏切で利用者は安心、運転士は負担軽減

ウェルビーイング・テックの代表的技術である協調安全／Safety 2.0の最後の事例は、鉄道分野です。鉄道運転事故を見ると、踏切に関連する事故が34.3％（2019年）を占めており、乗務員をはじめとする鉄道関係者にとって大きな課題とされてきました。この解決に向けて近年、協調安全／Safety 2.0の概念で安全確認型*2にしたIoT利用踏切制御システムが開発されました。

既存の踏切における安全制御の特徴は、列車検知、警報、障害物検知、特殊信号発光といったすべての処理が踏切近傍の地上設備だけで行われている点にあります。これに対し無線式列車制御システム「ATACS」*3や現在検討が進んでいるIoT利用踏切制御システムでは、すべての機器をネットワークで接続し、相互の情報交換により安全制御を実施します。まさに、IoT時代にふさわしいソリューションであると同時に、単なる人と機械相互の情報交換にとどめず、システムの構成要素相互の情報交換による高度な協調安全／

---

*2　安全確認型　例えば、工場を考えてみましょう。安全確認型システムは、作業者が危険区域にいない安全を確認し、その安全情報を機械に与えて運転を許可します。これに対し危険検出型と呼ぶシステムでは、作業者が危険区域に入ったことを検出し、その危険情報を機械に与えて停止させます。両システムの決定的な違いは、安全装置が故障した際に現れます。前者の安全確認型システムでは、安全を確認できないため「危険」と判断し、機械の運転を許可しません。これに対し後者の危険検出型システムでは、危険を検出しないため「安全」と判断し、機械を動かし続けるのです。どちらが安全か――。前者の安全確認型システムであることに疑いの余地はありません。

*3　Advanced Train Administration and Communications System。従来、軌道回路で行っていた列車位置検知を車上検知に変更し、地上と車上の通信をデジタル無線で実施するシステム。既に、仙石線や埼京線などで実用化されています。

Safety 2.0 システムを実現するものといえます。

　ここで、**図表 5-13** をご覧ください。ここには、列車進入検知センサーの踏切制御子も、乗務員に異常を伝える特殊信号発光機もありません。しかし、列車に搭載された車上装置と地上装置がネットワークに接続され、相互に情報を交換します。

① 列車が踏切に接近すると、踏切直前までの停止パターンを生成するとともに、制御のタイミングが算出され、踏切に送信

② 踏切制御装置が警報音を鳴動し、一定時間後に踏切遮断桿を降下させることにより道路交通を遮断

③ 踏切制御装置は遮断を完了し障害物がないことを車上装置に伝達。その結果、

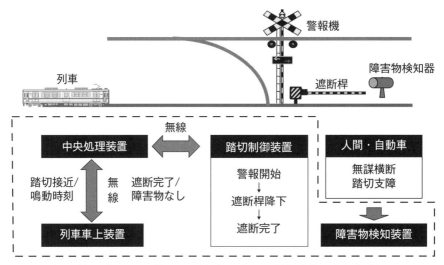

図表 5-13 協調安全／Safety 2.0 の概念に沿った踏切制御システム（出所：中村英夫）

④　踏切直前地点までの停止パターンは消去され、列車は踏切を通過

　万一、無謀運転などで自動車が踏切内に取り残された場合には、踏切障害物検知装置が検知します。このときには「遮断完了・障害物なし」の情報は車上装置に伝達されず、停止パターンは消去されません。特殊信号発光機などにより異常を送信し乗務員にブレーキを扱わせるのではなく、地上からの「安全が確認できた」という情報が伝達されないことにより列車は自動的に停止します。これが、安全確認型システムに他なりません。

　このように、IoTを活用した相互情報交換により制御手法が進化し、既存の踏切制御が抱えていた「乗務員の確認遅れ」などのヒューマンリスクが払拭できます。これはまさに協調安全／Safety 2.0の効果といえます。高い次元での安全性向上が図られた踏切道は、安心して渡りたい利用者のみならず、細心の注意を払って運行していた列車の運転士にとっても歓迎すべきものであり、社会的リスク軽減と社会的ウェルビーイング向上に寄与すると考えられます。

5-4　ウェルビーイング・テックを支援する社会的仕組み

　ここまで見てきたように、代表的なウェルビーイング・テックである協調安全／Safety 2.0はさまざまな分野に浸透し始めています。それを支援する社会的仕組みが、セーフティグローバル推進機構（IGSAP）が開発・運営する「Safety 2.0適合審査登録制度」です。

　同制度では、事業者が労働災害や事故防止を目的に構築したシステムを、Safety 2.0の要求事項に基づいて審査し、その結果「適合」と判定されると、そのシステムを「Safety 2.0適合」として登録します*⁴。簡単にいえば、国際標準化*⁵の作業を進めるSafety 2.0規格のお墨付きであり、安全先進企業の証しであるといえます（**図表5-14**）。

　ここで、既に登録されている、ある安全部品メーカーの事例を紹介しましょう。この

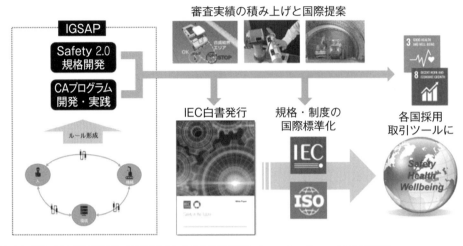

図表 5-14 規格・適合性評価制度の国際標準化に向けた道筋 (出所：セーフティグローバル推進機構)

メーカーは、ものづくり現場のロボットアームへの装着を意図した、シート状の静電容量センサーを開発しました。現場の作業者が定常動作中のロボットアームに一定距離まで近づくと、これをセンサーが検知しロボットアームが一時停止または接触回避します。そして、作業者がロボットアームから離れるなど安全状態に戻ると、定常動作を再開するというシステムです。

＊4 審査過程では、未経験の新たな安全技術が実験室とは異なる環境の現場において、Safety 2.0 の意図する機能を満たすのか、その機能が信頼性をもって継続的に発揮されるのか、リスクアセスメントに抜けはないのか、といった懸念を第三者が客観的に評価します。こうした取り組みを行うことで、社内の安全風土改革にも貢献します。

＊5 協調安全／Safety 2.0 の考え方は、IGSAP 主導により、国際電気技術標準化委員会 (IEC) の市場戦略評議会 (MSB) に提案され、2020年に IEC 白書 "Safety in the future" として世界に向けて発信されました。これに基づき、2021 年から IEC 安全諮問委員会 (ACOS) で規格開発の基となる指針づくりが開始されました。こうした規格開発と並行して、認証制度も今後本格的な審議が行われる予定となっており、規格・制度の両面で国際標準化が加速すると予想されます。国際標準になれば、先進諸国・発展途上国を問わず国際規格・制度が各国に採用されると同時に、他国が認めた評価結果を重複の評価なしに認めなければならなくなります。将来、国際的な取り引きや入札などで大きな影響を受けることになります。

このシステムの最大のポイントは、作業者をロボットアーム接触という恐怖感から解放する点にあります。既存の公的安全基準では、傷害を引き起こさない限り「接触可」としています。傷害の恐れはないとはいえ、作業者はロボットアームと接触しないように恐る恐る仕事をしなければなりません。これに対してSafety 2.0を活用したこのシステムであれば、作業者からロボットアームとの接触という恐怖感を取り除き、心理的安全（＝安心）を与えてくれます。結果、仕事に集中でき、自分のパフォーマンスを高いレベルで発揮して、やりがいや働きがいを感じられるようになるという好循環が生まれるのです。

ウェルビーイング職場に訪れる意識変革

繰り返しになりますが、Safety 2.0は、協調安全を実現するための技術のことを指します。実は、協調安全／Safety 2.0は国連のSDGs（持続可能な開発目標）と同時期に提唱され、その狙いはSDGsの17ある目標のうちの特に目標3「すべての人に健康と福祉を」と目標8「働きがいも経済成長も」と同じです。具体的には、導入現場での生産性や効率を犠牲にすることなく労働災害や事故のリスクを低減しながら、作業者や関係する人に安全と安心を提供し、ウェルビーイングの向上に貢献しようとするものです。IGSAPは、この新たな安全原則、そしてウェルビーイング・テックを世の中に広く浸透させることをミッションとして発足し、前述したSafety 2.0適合審査登録制度を立ち上げました。

図表5-15は、同制度に関わるステークホルダーのベネフィットを示したものです。ここで特に注目してほしいのは、「従業員に対して」のところ。「安全、健康、ウェルビーイング提供と生産性・効率の維持向上との両立」とあるように、同制度はウェルビーイングの向上に大きく貢献します。元来、働く人にとってのウェルビーイングとは与えられるものではなく、何らかの方策が講じられた結果として自らが体験し感じ取るもの。この意味において、ウェルビーイング・テックの主要技術であるSafety 2.0は、安全・安心をベース

にして働く人にウェルビーイングを感じてもらうための必要条件であり（図表5-16）、このことを審査・登録を通じて世の中に広く認知・浸透させるのが同制度の役割なのです。

　Safety 2.0 適合審査登録制度を運営して分かったのは、協調安全／Safety2.0 の効果的な

図表 5-15 主なステークホルダーに対して想定される制度活動のベネフィット（出所：セーフティグローバル推進機構）

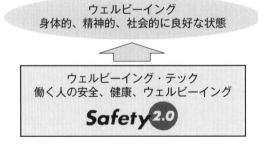

図表 5-16 ウェルビーイング・テックと Safety 2.0（出所：セーフティグローバル推進機構）

導入により、安全・安心な環境の中で生き生きとやりがいを持って働けるウェルビーイングな職場には、物質的な満足を超えた本当の意味での意識変革が訪れるということ。実際に、協調安全／Safety2.0の導入前後で従業員と管理者の意識にどのような変化が起きたのか、2つのケースを紹介しましょう。

1つ目は、トンネル工事における重機接触災害リスク低減システムを導入した清水建設[3]。同システムの構成などは次ページの**図表5-17**をご覧いただくとして、ここではその効果について述べます。導入後、管理者は不安全行動に対する見過ごしや意図的でない誤使用・誤操作、意図的な不安全行動に関して、作業実務者は特に健康意識や精神的ストレスに関して改善がみられました（**図表5-18**）。このことは、同システムの導入が、安全性の向上や安全意識の変化だけではなく、生産性の向上や精神的ストレスの緩和にも寄与していることを示しています。

2つ目は、自動停止装置を備えたタイヤローラ、ホイールローダを導入したNIPPO（**図表5-17**）。導入後、運転者においては、ヒューマンエラー対策が最も改善され、心身の健

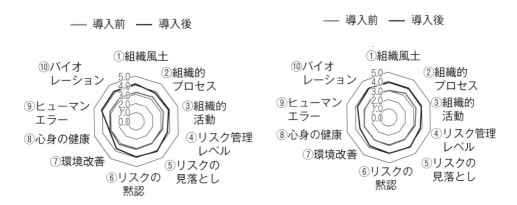

図表5-18 協調安全／Safety 2.0を導入した清水建設のトンネル工事の現場における管理者（左）と作業実務者（右）のアンケート結果（出所：清水建設）

図表 5-17 Safety 2.0 適合審査登録制度に登録されている主な事例と導入効果（出所：セーフティグローバル推進機構）

対象スコープ	登録内容	Safety 2.0 適用内容
トンネル工事における重機接触災害リスク低減システム	登録事業者 清水建設	 ①切羽エリアでの接触災害リスク低減システム
目的	システム登録内容	
トンネル工事の先端部分の切羽付近で稼働する重機と人との接触による災害リスクの低減	①③ IDEC ・作業者・車両位置検知システム ・重機動作表示システム ②ニシオティーアンドエム ・カメラ式人検知システム	② AI カメラによる人検知システム　③重機の動作表示システム
自動停止装置を備えたタイヤローラ、ホイールローダ	登録事業者 NIPPO	 ① IC タグによる作業者検知停止システム
目的	システム登録内容	
①道路舗装現場での、タイヤローラと人との衝突、巻き込まれ災害リスクの低減 ②ホイールローダの後退時の作業者や障害物への衝突防止	① IC タグを保有した現場作業者を検知した場合のタイヤローラ緊急停止システム ②ステレオカメラによる、作業者、障害物への衝突防止システム	 ②ステレオカメラによる衝突防止システム

システム構成	Safety 2.0 採用効果
①トンネル内作業者のヘルメットに無線タグを装着。 ②あるいはカメラにより、切羽内の重機の作業エリア内に重機運転者以外の作業者が立ち入った場合に、警告照明機器から高照度の発光と大音量スピーカーから警報を発報し、それにより重機のオペレータに運転を停止させ、重機との接触災害を防止。 ③重機の動きが外部から分るように、重機の動作に合わせて、ライトを点灯あるいは点滅。	・Safety 2.0の採用により安全確保に対する職場の一体感や信頼感が醸成された。 ・管理者は、リスクの見落とし、禁止行動やヒューマンエラーへの懸念が減少し、組織風土の改善を実感。 ・作業実務者は、組織的活動や安全管理レベルの向上、作業環境の改善を実感しており、自身の身体的な安全と精神的ストレスの減少により、心身の健康改善によるウェルビーングの向上に寄与する結果となった。 ・警報システムの採用により、人の不良侵入回数や重機運転者の降車回数が減少し、作業が中断することなく生産性が向上した。
①タイヤローラ自動停止装置では、ローラ後方から発生する一定エリアに限定した磁界内に、ICタグを装着した作業者の侵入を検知した場合にタイヤローラを停止させ、衝突を防止。 ②ホイールローダ自動停止装置では、ローダに距離を計測できるステレオカメラを取り付け、作業者や車両、障害物を検知すると、警報ブザーを発すると同時に自動ブレーキが作動し、衝突を防止。	①アスファルト舗装工事は限られた空間での作業のため、タイヤローラと人が接近して作業する機会が多く、衝突、巻き込まれの危険性に絶えず注意しながらの作業となる。Safety 2.0によるタイヤローラ自動停止装置の採用で、安心して作業を行うことが可能となった。 ②アスファルト合材や土砂をダンプトラックへ積み込むホイールローダは、後方の視界が限定されており、周辺の作業者や車両、障害物への接触、衝突の危険性が高い。Safety 2.0による衝突防止システムを採用し、運転者の精神的ストレスの低減や作業効率の向上により、心身の健康の改善効果が顕著となった。

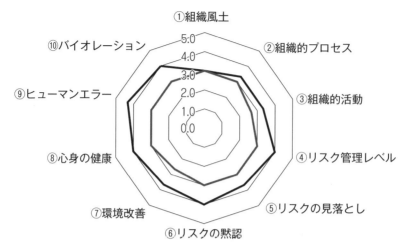

図表 5-19 協調安全／Safety 2.0 を導入した NIPPO の道路工事の現場におけるタイヤローラ、ホイールローダの運転手のアンケート結果（出所：NIPPO）

康（身体的健康と精神的ストレス）も大きく高まりました（**図表 5-19**）。清水建設と同様、協調安全／Safety 2.0 が働く人の意識改革やウェルビーイング向上に大きく貢献することが明らかになったのです。

将来はウェルビーイング認証制度へと進化・発展

少子高齢化や労働力不足が表面化している昨今、労働力の多様化に伴って、こうした安心感への配慮や取り組みが雇用や人員配置に際して不可欠になっていると同時に、働く人のウェルビーイング向上に貢献すると期待されます。こうした中、Safety 2.0 適合審査登録制度はウェルビーイング・テックを支える社会的仕組みとして、今後二つの観点から大きく伸びていくものと考えられます。

一つは、適用分野の拡大です。同制度はこれまで、ロボットなどを活用して自動化を推進するものづくり分野や、人と重機が近くで作業せざるを得ない建設分野などへの適用が中心でした。しかし同制度はもともと、分野横断的に開発・設計されたものであり、今後は農業、医療・介護、住宅などさまざまな分野に広く浸透していくと見込まれています。

　もう一つは、「ウェルビーイング認証制度」への進化・発展です。既に、本書で何度も述べてきたように、2022年5月には日本がホスト国となってビジョン・ゼロ・サミット　ジャパン2022が開催されました。このサミットにおいて協調安全／Safety 2.0は、それまでの労働安全衛生中心の取り組みから、「Vision Zero for All」の旗の下、すべての人を対象にした取り組みとして認識されるようになりました。そして、世界中のあらゆる分野でウェルビーイングが叫ばれる中、Safety 2.0適合審査登録制度はウェルビーイング・テックのバックボーンを形成する仕組みとして認められるようになったのです。かくして同制度は将来、いわゆる「ウェルビーイング」認証制度へと進化・発展していくことが想定されます。ただし、そのためには以下の点をクリアする必要があります。

1)　「安心」や「ウェルビーイング」の概念を、適合性評価の基本要素となる定量的な評価尺度に置き換えることは可能か、あるいはこれに代わるものはないか

2)　上記1)の代替手段として、技術的、人的、マネジメント的な側面から包括的なアプローチの結果として事業者の総合的な「ウェルビーイング提供能力」認証が可能か

3)　上記1)、2)の認証制度が産業界から認知され、社会的価値を生み出すもの、SDGsの実現に貢献するものとして国際標準化が可能か

これらの課題のハードルは決して低くはありませんが、ウェルビーイング・テックの普及、ウェルビーイング認証制度の実現に向け、さらなるチャレンジが続きます。

5-5 協働ロボットは働く人のウェルビーイングを高めるか

　ウェルビーイング・テックの3つ目の技術要件「人間のウェルビーイングが維持・向上する」のくだりで、ウェルビーイングの計測の難しさと客観的・統一的指標がない現状について触れました。だからといって、手をこまぬいているわけではありません。水面下では既に、客観的・統一的指標づくりの準備が始まっています。

▶ 職場のウェルビーイングとは何か？

▶ 職場のウェルビーイングはどのように測るのか？

▶ 作業者のウェルビーイングをより高い状態で維持させるためにはどのような方法があるのか？

　本章の最後に、こうした課題を解消する取り組みの一つを紹介します。

職場で働く人のウェルビーイングは3種類

　職場でのウェルビーイングの状態を客観的かつ科学的に評価することを目的に、ウェルビーイング・アセスメントの研究・開発を進めるのは、労働安全衛生研究所と長岡技術科学大学、並びに企業グループです。具体的な取り組みを説明する前に、改めて、ウェルビーイングについて整理しておきましょう。

　第1章でも述べられているように、ウェルビーイングは、学術的には3種類あります。一つ目は、医学的ウェルビーイング（MWB：Medical Well-Being）。心身ともに病気でなく、機能障害もなく、幸福感が得られている状態です。二つ目は、主観的ウェルビーイング（SWB：Subjective Well-Being）。感情に関するもので、おいしいものを食べた時、あるいは安全・安心感を得た時に感じる幸福を指します。職場が安全であると安心でき、幸福

感に繋がります。三つ目が、心理的ウェルビーイング（PWB：Psychological Well-Being）。心身の潜在能力の発揮、人生の意義、やりがい・働きがいなどと表現され、困難な場面を克服する、あるいは努力によって結果を得たときに感じる「達成感」のようなものです。

　職場において、働く人がウェルビーイングを十分に感じているかどうかを知ること、そして先に述べたウェルビーイング・テックに基づく施策や設備の導入により、ウェルビーイングがどう変化したのかを見極めることはとても重要になります。もし、働く人のウェルビーイングが高ければ維持・増強し、低ければ改善しなければなりません。しかしながらウェルビーイングは、主観的な判断要素が大きく第三者による判定が困難なため、職場で働く人のウェルビーイングを定量的に測定することは極めて難題とされ、抽象的な概念での判定にとどまっていました。

　これまでの職場でのウェルビーイングに関する研究を見ると、どちらかと言えば主観的ウェルビーイングに焦点が当てられ、心理的ウェルビーイングに目が向けられるようになったのは最近のことです。それだけに、心理的ウェルビーイングの観点から「職場での幸福」を捉える尺度はまだ存在していません。

　一方、企業経営においては、従来は労働安全マネジメントシステムなどを構築し「事故のない安全な職場づくり」を目指してきました。しかしながら今後は、ウェルビーイング経営の観点から「安心で、健康的なやりがい・働きがいのある職場づくり」が求められ、それが事業者責任であるということが最近徐々に認識され始めています。実際、本章の冒頭で述べたように、働く人が自身の仕事の状況に満足して高い幸福を感じることができれば、高い創造性と生産性の実現に加え、定着率が高まり事故・災害リスクも減少するはずです。

　こうしたことから、職場で働く人の3つのウェルビーイングを調査および評価することは非常に重要な取り組みといえます。

トヨタでの実験、人と協働ロボットの共存作業における心理的ウェルビーイング向上

　筆者らのグループは現在、「ウェルビーイング・アセスメント」と名付けた研究を実施しています。具体的には、医学的ウェルビーイングはバイオマーカーと呼ぶ健康指標で測定し、主観的ウェルビーイングと心理的ウェルビーイングについてはアンケート方式で評価します。加えて、ウェルビーイング・テックの導入により、働く人の3つのウェルビーイングがどのように変化したのかを定量化・視覚化しています。心身の健康のみならず、感情として幸せを感じる、社会的に良好な状態を維持しているなど「すべてが満たされている広い意味での健康」が、ウェルビーイングを端的に表すことを可能にする初の試みといえます。

　本項では、トヨタ自動車で実施された、人とロボットの共存作業におけるウェルビーイング・アセスメントの結果を紹介します。

　まず、筆者らが着目したのは、約3kgのドライブピニオンという自動車部品をパレットから取り出し、運搬用のシュータに入れる作業でした。協働ロボットが導入される以前は人力のみで作業を行っており、その作業時間は0.5〜1時間当たり約5分間に設定されていました。この作業を協働ロボットに置き換えて24時間の稼働を可能にしつつ、人との共存作業におけるウェルビーイング・アセスメントを実施しました。

　導入したウェルビーイング・テックは、協働ロボットの動きを知らせる安全・危険信号と一時停止ボタンおよび一時停止センサ（以下、一時停止機能）です（図表5-20）。協働ロボットの速度は遅く安全に配慮されているとはいえ、人とペアで作業する場合には、約3kgのドライブピニオンの落下や協働ロボットとの接触などの新たなリスクや、信号による行動制限や人の判断で協働ロボットを一時停止させることによるストレスやウェルビーイングへの影響が予想されます。果たして、協働ロボットおよびウェルビーイング・テッ

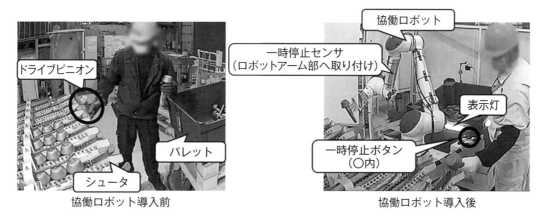

ドライブピニオン

シュータ

パレット

協働ロボット導入前

協働ロボット

一時停止センサ
（ロボットアーム部へ取り付け）

表示灯

一時停止ボタン
（○内）

協働ロボット導入後

図表 5-20 実験現場の様子。協働ロボットの導入前（左）と導入後（右）。導入後には、安全・危険信号と一時停止機能を設置している（出所：長岡技術科学大学）

クの導入が、働く人にとって本当に望ましい状態であるのか——。このことを調べるために、筆者らは、作業者の主観的ウェルビーイング、心理的ウェルビーイング、ストレスの変化と、部品投入数と安全行動を併せて測定しました。

図表 5-21 が、ウェルビーイング・アセスメントの結果です。「部品投入数」「安全行動」「抗ストレス性（ストレスに抵抗する力）」に加え、「主観的ウェルビーイング（安心感）」と「心理的ウェルビーイング（働きがい）」を一つのレーダーチャートにまとめました。

　図中の破線は実験条件ごとの各項目の全体平均を1として表しています。薄い灰色の線は、協働ロボットを導入したものの、安全・危険信号や一時停止機能がない状況。つまり、作業者が危険にさらされても、そのことを知らせる信号もなければ、協働ロボットの動きを止める一時停止機能もありません。一方、濃い灰色の線は、安全・危険信号や一時停止機能がある状況です。協働ロボットが作業者に近づくなど危険な時には赤いライトが点灯し、安全な時には緑のライトが点灯します。そして、安全上もしくは作業上の観点から、

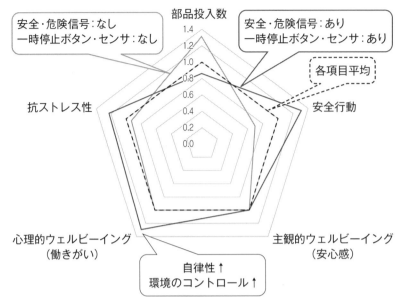

図表5-21 アセスメント結果。濃い灰色の線は安全・危険信号や一時停止機能あり、薄い灰色の線は安全・危険信号や一時停止機能なし（出所：長岡技術科学大学）

作業者自身の判断により協働ロボットの動きを止めることができる一時停止機能が配置されています。

　まず、部品投入数と安全行動を見てみましょう。部品投入数は、安全・危険信号がなく作業が制限されない薄い灰色の線の方が高く、安全行動については、安全・危険信号が作業者の不安全行動を抑制する濃い灰色の線の方が高いという結果が得られました。一見、薄い灰色の線の方が、部品投入数が多いと感じられるかもしれません。しかし、そうではありません。薄い灰色の線の方では、協働ロボットが近づいてきて危険な距離になっても、作業者はドライブピニオンに手を伸ばす不安全行動が多く、その結果として部品投入数が多くなりました。本来であれば、このような不安全行動をすると、リスクの大きさに

応じて作業自体を停止させる必要があります。従って部品投入数に関しては本来的に、薄い灰色の線と濃い灰色の線の差はほとんどないといえます。

　続いて、主観的ウェルビーイング（安心感）、心理的ウェルビーイング（働きがい）、抗ストレス性を見てください。まず、主観的ウェルビーイングは、薄い灰色の線も濃い灰色の線も同じ値となりました。これに対し心理的ウェルビーイングは、濃い灰色の線の方、すなわち安全・危険信号と一時停止機能がある方が非常に高い値を示したのです。これは一体、何を意味するのでしょうか――。筆者らは、次のように解釈しています。

　研究パートナーであるトヨタ自動車は日本を代表する企業で、日ごろから徹底した安全管理を行っています。このことを肌で感じている作業者は、日常的な作業に関しては安全であると安心感を持って取り組んでいると考えられます。すなわち、安全・危険信号と一時停止機能があろうがあるまいが、作業者の主観的ウェルビーイングは既に担保されていたと考えられます。

　一方、心理的ウェルビーイングには、安全・危険信号と一時停止機能のあるなしが大きく反映されたと推測しています。特に一時停止機能を配置したことで、作業者は、もしもの時には自らの判断で協働ロボットを停止させることができます。このことを通じて、作業者自身が「環境をコントロールできている」と感じていたと考えられます。

　さらに、安全を示す緑のライトと危険を知らせる赤のライトの点灯も、心理的ウェルビーイングに影響を及ぼしていると考えられます。作業者は、「赤のライトが点灯したら、手を出さずに待つ」「緑のライトが点灯したら、ドライブピニオンを取り上げる」といった具合に、自身で行動を制御します。この結果、心理的ウェルビーイングの要因の一つである「自律性」が高まったと考えられます。このような心理的ウェルビーイングの高まりにより、濃い灰色の線の方が安全・危険信号により行動的制約が課されていたものの、作業者自身はストレスを感じにくく、抗ストレス性が押し上げられたのではないかと考えられ

ます。

　こうしたウェルビーイング・アセスメントを通し、うれしい、悲しいなどの感情に関する快楽主義的な側面を持つ主観的ウェルビーイングと、自己実現や潜在能力の発揮、やりがい・働きがいなどに関する心理的ウェルビーイングの二つが、労働安全衛生における作業者のウェルビーイングを理解するうえで非常に親和性の高い、有意義な指標であることが分かりました。研究はまだ始まったばかりですが、現場における3つのウェルビーイング[6]の観点から目に見える形で科学的データを収集し、ウェルビーイング・アセスメントの手法開発、客観的・統一的指標づくり、そしてウェルビーイング・テックの普及につなげていきたいと思っています。

経営層や管理層にはやるべきことがある

　本章では、ウェルビーイング・テックを定義し、その代表格として、職場のウェルビーイング向上に効果的とされる協調安全／Safety 2.0を中心に紹介してきました。これまでの労働安全衛生の取り組みや、リスクを受け入れ可能なレベルに低減する機械安全方策からさらに歩みを進め、働く人のウェルビーイングを高めていくためには、協調安全／Safety 2.0のようなウェルビーイング・テックの活用がとても重要になってくると考えられます。

　働く人がどのようなウェルビーイングの状態にあるのかは、個人の主観的な判断になりますが、経営層や管理層にはやるべきことがあります。まずは、事故や災害が発生するリスクを可能な限り低減した職場づくりをすること。ネガティブ要因を排除する、つまりマ

＊6　安全・危険信号と一時停止機能のある場合とない場合の両条件において、主観的ウェルビーイング、心理的ウェルビーイングだけではなく、医学的ウェルビーイングも測定。その結果、作業者が健康な状態であること、作業が身体への負担や疲労にならないことが確認されました。

イナスからゼロへの施策をしっかりと実行し、働く人の安全と健康を確保します。

　次は、やりがいと生きがいを持って意欲的に働ける労働環境を整備すること。ポジティブ要因を促進する、すなわちゼロからプラスへの施策をきちんと講じます。これこそが、ウェルビーイング職場に他なりません。そこで働く人は安心して、やりがいを持って、そして創造性を発揮して会社や社会に貢献する――。特に経営層がリーダーシップを発揮して推進すれば、これは決して夢物語では終わりません。

　実際、働く人のウェルビーイングを高める施策を経営層が本気で考えていることが従業員に伝われば、現場ではアイデアが活発に出され、PDCA が回転していくはずです。すなわち、組織に属する人全員がウェルビーイング・リテラシーを高く持ち、企業・組織の価値、自らの価値をイメージしながら、ウェルビーイングな状態を実現・維持するためにやるべきことを意識し続けることが重要となるのです。そして、その成果は、業界や地域、国などを超えて広く共有するようにします。なぜなら、ことウェルビーイングに関しては、企業間あるいは組織間の競争領域ではないからです。「協奏」と「共創」の気持ちで取り組むこと、これが何より大切と考えます。

　本章の最後に、人と機械のシステムの研究と設計に焦点を当てた認知システム工学の先駆者であるエリック・ホルナゲル氏が提唱する「Safety-Ⅰ」「Safety-Ⅱ」を紹介したいと思います。

　Safety-Ⅰは、「失敗の数が可能な限り少ない」「受動的で、何か許容できないことが起こったら対処する」という考え方であるのに対し、Safety-Ⅱは、「成功の数が可能な限り多い」「プロアクティブで（先取りして）、連続的な発展を期待する」という考え方です[4]。後者の Safety-Ⅱは簡単にいえば、危険事象の芽を摘む対応はきちんと実施したうえで、うまくいかなかったことを数えるのではなく、うまくいったことを探し出して、それに合わせて能動的に行動するという安全方策を示しています。

誤解を恐れずに言うならば、あら捜しをして責めるよりも、いいところを見つけて褒めて伸ばすという前向きな考え方です。これからのウェルビーイング社会には、とてもマッチしていると考えます。

参考文献

1）『DIAMOND ハーバード・ビジネス・レビュー』2012 年 5 月号、ダイヤモンド社、pp. 58-65.

2）産業技術総合研究所、https://unit.aist.go.jp/harc/（2023 年 3 月 26 日閲覧）

3）『建設協調安全　実践！　死亡事故ゼロ実現の新手法』、日経 BP、p. 21.

4）『Safety- I & Safety- II』エリック・ホルナゲル著、北村正晴／小松原明哲 監訳、海文堂出版 .

第**6**章

ウェルビーイング・ベストプラクティス

*各事例は「第2回ビジョン・ゼロ・サミット ジャパン 2022」
　（2022 年 5 月開催）の講演を基に作成

メルセデス AMG F1
労働安全衛生問題をレーシングマシン用語で語り、価値共有

「メルセデス AMG・ペトロナス・フォーミュラワン・チーム」(メルセデス AMG F1) は、メルセデスベンツ・グランプリ・リミテッドのフォーミュラ 1 (F1) チームです。同チームの持続可能なレジリエンスと労働安全衛生の取り組みは、F1 の世界だけではなく、一般企業からも注目されています。

メルセデス AMG F1 における F1 カー製作を担う製造部門の工場には、1000 人以上の従業員が在籍し、納期とコスト、信頼性のすべてにおいて妥協が許されない厳しさの中でものづくりをしています。年間で 23 戦ある F1 レースでは常に高い成果が求められるため、同チームの従業員たちには強い精神的プレッシャーがかかります。とりわけレース前の週末は激務とされます。なぜなら、「レース開催日」という納期は絶対にずらすことができないからです。

こうした心身ともに大きなプレッシャーのかかる職場環境に置かれる、メルセデス AMG F1 の製造部門は、労働安全衛生の課題を多く抱えていたといいます。

そもそも、労働安全衛生への取り組みは、サーキット内外にかかわらず、パフォーマンス向上および維持につながり、それが F1 チームとしての競争力につながると考えています。そのためには、チームのミッションやビジョン、価値観、精神についてチーム全体でどう捉え、どう感じているのか、その整合性を取ることが重要であるとしています。

そこでまず、メルセデス AMG F1 の製造部門が安全のロールモデルとなり、その価値を

認識した上で、安全を実践したメンバーをほめたたえるという労働安全衛生文化をつくり上げたのです。こうしていくことで、チーム全体が模範的な労働安全衛生の取り組みを実施できるようになるといいます。レースと同様、労働安全衛生においても、目標を掲げつつ、意図や理由を持ってそこを目指すことを重視しているのです。

■ 責めるべきは人ではなく、問題である

労働安全衛生活動が、目に見える形でチームメンバー全員に明確に伝わるようにするためには、リーダーシップが大きな役割を担っています。また、メルセデス AMG F1 のモットーである「見て、声をあげて、直そう（See it, Say it, Fix it）」という報告を重視する業務方針は、労働安全衛生活動の源泉といえます。例えば、継続的な改善に焦点を当てた「もう１％、安全な考え方」という取り組みでは、チームのメンバー一人ひとりが労働安全衛生に関するオーナーシップを持ち、互いを事故や障害などから守る約束を明確にしているのです。

メルセデス AMG F1 の安全管理委員会は全社のシニアリーダーで構成され、労働安全衛生の持続可能な取り組みを促進するために、以下の６つを重点分野としています。

▶ 「見て、声をあげて、直そう」：従業員たちが、恐れずに発言する風土を醸成する

▶ ウェルビーイング：「思いやりはクルマの走りを加速する」とし、自分自身と互いに気を配る責任を持つ

▶ コンピテンス：リスク暴露に対して適切な労働安全衛生コンピテンスを全レベルにおいて提供する

▶ 安全な職場：賢明かつ適切なリスクマネジメントの取り組みとして、重大なリスクに照準を合わせて努力し、自分のリスク許容度を把握する

▶ カルチャー：労働安全衛生は、チームの文化の一部であることを皆が認識する

▶ リーダーシップ：リーダーシップを見える化し、持続可能なレジリエンスへのコミットメントについてチームの全員に明確に伝達する

　こうした取り組みをすることにより、メルセデス AMG F1 では仕事と労働安全衛生を文化の一部として取り入れることができると考えています。実際、従業員たちは「何を見たのか、なぜそれが重要なのか、それを解決するために何をしたのか」というヒアリングを受けます。そして、解決するために支援が必要な場合には、それを確実に受けられる仕組みが整えられています。結果、報告時におけるトラブルがなくなったといいます*1。

　メルセデス AMG F1 では、「責めるべきは人ではなく、問題である」という考え方が浸透しています。まず、若手に対しては、問題点や改善点を上司に報告するよう促し、それを基に安全な環境を実現します。そして、リーダーが自分の欠点を認めたら、皆が「次はもっとうまくやれる」という機運になるといいます。

　こうした考え方を日常的に実践できる環境をつくることができれば、F1 チームに限らず、どんなビジネスの場面においてもイノベーションの起爆剤になると、同チームは考えています。

■ 従業員のパフォーマンスを発揮・維持するための「PEAK」

　メルセデス AMG F1 は、労働安全衛生に加え、人の能力を発揮させるウェルビーイングプログラム「PEAK」にも取り組んでいます。具体的には、従業員が最適なパフォーマンスを発揮し、それを維持するために、PEAK では「身体」「回復」「精神」の3つのコア要素を

━━

*1　メルセデス AMG F1 では現在、報告の3分の2以上がメッセンジャーアプリ「WhatsApp」経由で行われています。

重視。各コア要素に対し、人間の最適なパフォーマンスを実現するための項目として、以下のようにそれぞれ5つずつ定めています。

▶ 身体：「心肺持久力」「身体組成」「筋力」「筋持久力」「柔軟性」
▶ 回復：「栄養」「水分補給」「睡眠」「十分な回復」「計画的な休養」
▶ 精神：「認知機能」「注意力のコントロール」「感情のコントロール」「前向きな気持ち」「自己認識」

　同チームでは、これらを組み合わせることにより、従業員が最高の能力を発揮できるよう支援しているといいます。

■ 経営トップによる労働安全衛生に関するリーダーシップ

　メルセデスAMG F1における労働安全衛生部門は、人事部の管轄です。つまり労働安全衛生責任者と最高人材活用責任者（CPO）とがコミュニケーションを取りやすい環境であって、経営トップにも直接話が伝わる態勢になっています。労働安全衛生担当者は、業務には直接かかわらず、チームにおいては中立とみなされています。

　こうした態勢により、労働安全衛生部門は人事部から従業員のプレッシャーなど組織全体における多くの情報を入手します。さらに、労働安全衛生部門と人事部は共同で目的を定め、関係者に最大化した価値を提供できるようにしています。もちろん、チームにとって重要なプログラムやメッセージを効果的に伝達するための支援もしているといいます。

　興味深いのは、労働安全衛生の問題については、チームにとってなじみのあるレーシングマシン関係の用語を中心にして説明されるという点です。これにより、労働安全衛生の問題とその重大性について、チームの理解を深めることができるといいます。

例えば、メルセデス AMG F1 チームにおける「Owning your tenth of a second（10 分の 1 秒でもより速くするために全力をつくすこと）」というモットーは、チーム全員がクルマの能力を上げる責務を負っていることを示しています。平たくいえば、「どこで働いていようと、どのような作業をしようと、レースのパフォーマンスに貢献しよう」という考え方になります。翻って、これは、同チームにおける労働安全衛生活動にも通じ、他チームとの差別化を図るためのチャンスが全従業員に与えられていることを示唆しています。チームとしての価値観と労働安全衛生の価値観との間で整合性がきちんと取れていれば、チーム全員が「何を達成するのか」を理解できるようになるのです。

　元レーシングドライバーでメルセデス AMG F1 の最高経営責任者（CEO）を務める、トト・ウォルフ氏は自ら、労働安全衛生方針やスタッフハンドブックをまとめています。さらに、テレビ番組のインタビューを通じて労働安全衛生方針に関して重要なメッセージを発信し、それを全従業員が視聴します。

　一方、機械技術者であり同チームの最高執行責任者（COO）を務めるロブ・トーマス氏は、全チームのスタッフミーティングで労働安全衛生やウェルビーイングプログラムの価値について語り、従業員が前述の「見て、声をあげて、直そう」モットーに参画してくれていることに対して感謝の意を伝えています。

　メルセデス AMG F1 の労働安全衛生活動では、こうして組織のトップリーダーが自ら労働安全衛生のメッセージをよく理解し、活動を促進するよう働きかけているのです。このことは極めて大事であると、同チームは考えています。

BMW グループ
健康は最も重要な財産であり、人生の喜びのベースである

　BMW グループは、事業戦略の中に「安全、健康とウェルビーイング」を掲げ、その取り組みや成果については年間リポートやサステナビリティ・リポートを通じて定期的に報告しています。さらに同社は 2 年に 1 度、グローバルで従業員調査を実施。リーダーシップ、文化、戦略、プロセスだけではなく、資格制度や職場環境も評価対象に加え、結果は継続的な改善プロセスに反映しています。

　BMW が身を置く自動車業界では、とりわけサステナビリティに対する関心が高まっています。これを受け、同社では 2020 年会計年度の年間リポート（2021 年発行）から、サステナビリティの取り組みについて継続的に報告するようにしました。同社における経済的、環境的、社会的なサステナビリティの目標は、より一層拘束力が強く、重要性が増しているといいます。

　この年間リポートの中には、「ヘルス＆パフォーマンス」の章を設け、従業員の健康を促進、維持するための取り組みについて詳細に報告しています。例えば、労働安全の改善に一貫して継続的に取り組み、健康状態に関する透明性を保つために、全世界の拠点において 100 万労働時間当たりの災害発生率と疾病発生率を計測しています。

　同社では、こうした取り組みは職場環境や、管理職層と従業員一人ひとりの行動に影響を与えることから、組織から始めるべきであると考えています。さらに、労働安全衛生および業績に関して従業員の利益を考慮することを指針に据えています。これらに関するこ

とは「職場環境と健康 (Working environment and Health)」という部署に集約され、この組織のリーダーが人事部長に直接報告することになっています。

　こうした仕組みは、グローバルで活用できるように「標準」を構築する動きへと発展。前述の部署は、ドイツの国内拠点における標準の運用を管理する立場でもあることから、質の高さと健全なレベルを両立させることが可能になるといいます。

■ 企業戦略としての安全、健康への取り組み

　BMW グループにおいて、健康とは「最も重要な財産」であり、「個人のパフォーマンスや人生における喜びのベースである」と定義されています。そのため、安全と健康への取り組みが、社会的サステナビリティの一部として企業戦略に盛り込まれているのです。

　そんな同社では、「状況」と「行動」という 2 つの側面が常に密接に健康に関係していると考えています。「状況」は、会社側が従業員の健康を可能な限り考慮して最善の職場環境を整備することを示します。一方、「行動」については、主に行動の当事者である従業員の責任の範囲になります。

　社内の従業員に対し、「健康を意識した生活には意義がある」という意識を高めてもらうためには、管理職層の参加が非常に重要になるといいます。職場環境を整備する責任者であると同時に、その人自身の行動が従業員に対して大きな影響を与えるためです。

　ドイツ国内の BMW グループに属する約 5 万 8000 人の従業員は、同社の健康保険に加入しています。その情報から毎年、筋骨格系障害や精神疾患のような重要度が高い診断データを匿名で集め、管理職層は産業医や人事部と協力して、目標を立てながら状況改善に努めています。

　こうした施策は、「意識の向上と知識の蓄積」「現状把握／判断」「施策の実施」「効果測定」という PDCA サイクルを経て実践されています。BMW グループでは、それを「IG

（Initiative Gesundheit＝イニシアチブ健康）サイクル」と呼んでいます。

　さらに同社では、実際に何かに変化をもたらすためには計測と目標設定が必要だと考え、健康、職場環境、労働安全の分野において多くの指標を設けて成果を計測しています。具体的には、従業員の労働状況を主観的に評価する国際基準「WAI（Work Ability Index：作業適応能力指標）」や、10年間の冠動脈疾患の発症リスクを予測する「フラミンガム・リスクスコア」、安全と人間工学にかかわるリスクを評価する「SERA（Safety & Ergonomics Risk Assessment：安全性と人間工学のリスク評価）」などです。

　同社は、全職場において人間工学に基づいた労働環境を実現するため、包括的かつ革新的な方策を導入しています。例えば、BMWの生産現場での各工程における作業の様子は長時間記録され、人間工学を用いた改善につなげています。このような改善は常に従業員の関心事であり、しかも従業員の行動変容にも直接作用するといいます。

　こうした取り組みを実践することにより、同社では、休業災害度数率は2016年から継続的に低下し、従業員の疾病率も業界最低レベルになっているとしています。

■ **コロナ禍でも事業を継続**

　BMWでは、新型コロナウイルス感染症の問題など危機的な状況下においても、全従業員の健康とウェルビーイングのために可能な限り最善の方法で事業継続できたのは、これまでの徹底した施策の賜であると考えています。

　実際、新型コロナウイルスが世界に報告され始めた当初から、中国の工場や開発現場、販売組織ではさまざまな課題に直面し、中国の社内医療サービスとドイツにある中枢機能との間で、非常に早い段階から緊密なやり取りが行われました。コロナハンドブックの作成をはじめ、拠点間の調整、労使協議会との緊密な調整、9万通におよぶ感染症対応に関する通知の作成および更新、感染症対応一覧の作成などを手掛けています。

さらに、コロナコンピテンスチームを設置し、セッションを189回、特に重要な個別テーマに関する分科会を253回開催。また、コロナ情報ヘルプデスクを置き、14分野にわたる40人の専門家チームが4400件を超える問い合わせに対応したといいます。

ピレリ
安全はすべての人によって取り組まれるべき課題

　自動車・二輪車向けタイヤメーカーであるイタリアピレリは、全世界で12カ国・19カ所の生産拠点に計3万人以上の従業員を抱えています。そのため、安全衛生活動の内容は各地域の文化や法律に合わせて変わってきます。サステナビリティ（持続可能性）事業にも積極的に取り組み、それが人々の安全・環境・ウェルビーイングにも関係してくるといいます。さらに同社では、休業災害度数率（LTIFR）を過去7年間で50％、過去10年では90％減少させることに成功しています（図表6-3-1）。

　ピレリにおけるサステナビリティ事業では、「経済」「社会」「環境」の3つの観点からアプローチしています。そのカギは「人」。人材管理において、以下のような3つの要素が重要であるといいます。

▶ 従業員やステークホルダーとの対話
▶ 製品と従業員が関わるプロセスのイノベーション
▶ サステナビリティ関連における好事例の追求

　その上で、OHSAS18001（労働安全衛生マネジメントシステム）やISO45001「労働安全衛生マネジメントシステム―要求事項及び利用の手引」といった代表的な労働安全衛生マネジメントシステムの活用により、企業のガバナンスを確保しつつ、組織の通常の業務プ

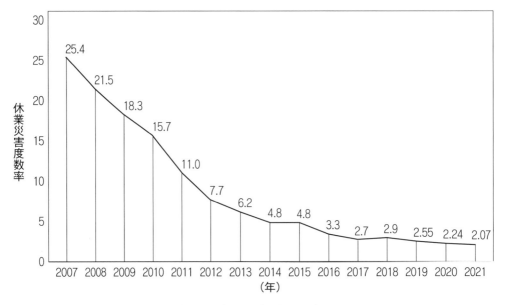

図表 6-3-1 過去 7 年間の休業災害度数率（LTIFR）の推移（出所：ピレリ）

ロセスの中に安全に関する項目を組み込んでいます。

　同社は、世界が激しく変化し不確実性もますます高まる中、10年後に向けてよりレジリエント〔強靱（きょうじん）〕な組織になっていくことを目指しています。その成功のためのカギも、「人」であるとしています。なぜなら、人は会社の運営方法だけではなく、会社の活動に関連するリスクや機会をどのように管理すべきかといった課題に対して意識を持ち、準備を行い、取り組むことができるからです。

　加えて、全サプライチェーンにおいて、職場のさまざまな側面を考慮した上で、人権を保障するようにしています。具体的には、SDGs（持続可能な開発目標）達成に向けた人権の取り組みとして、生産に影響を与え得る潜在リスクを分析し、そのリスクの未然防止や軽減のための施策に取り組んでいます。

そして、問題が発生したときには迅速に対応し、速やかに修正できるようにしています。従業員やステークホルダーの前でも、透明性の高いアプローチや明確な方針を示すことが重要だとしています。

■ 個々のニーズに合わせたウェルビーイングイニシアチブ

　ピレリでは、従業員を大切にし、安全な職場を確保し、社内外において健康的なライフスタイルを送ることを推進しています。これは、生活のあらゆる場面において安全管理に関する学びや成長を期待するアプローチであると同時に、従来の福祉プログラムから個々のニーズに合わせたウェルビーイングイニシアチブへの移行を示しています。特に新型コロナウイルス問題により変化した環境には、より高い柔軟性と自律性が求められるといいます。

　私たちの世界は常に変化しており、どこに向かって進んでいるのか——。このことを、従業員は自ら以前にも増して認識する必要があり、能力向上のためのスキルアップやリスキリングの重要性を説いています。同社ではその一環として、熟練者の知見を活用すべく社内に専門アカデミーを設け、従業員やマネージャの安全管理上の知識増進を支援しています。

　さらに、社会的包摂（ソーシャルインクルージョン）を重視し、地域社会との連携や自治体との協力などを通しての社会的価値の促進、コミュニティや会社における生活水準の向上のための活動に取り組んでいます。

■ 人を「資源」から「活動の主体者」に変える

　安全において、あらゆる問題を回避するのは人であり、人は「資源」である——。こう考えるピレリは、「従業員のニーズが何であるかを理解しようとすること」が大切であるとしています。

ただし、従業員のコミットメントや参加を促すには、彼らを「資源」から「活動の主体者」へと変容させることが必要であるといいます。「活動の主体者」は、解決策を提示したり社内で行動を起こしたりして、結果として同社における「資源」となるのです。こうした「資源」を管理するためには、ビジョンを提供できるリーダー、あるいは優れたトピック管理を提案できるリーダーが必要となります。いずれにせよ、同社において、安全を正しく管理する上での解決策は、常に人にあります。

　同社では、安全文化における主要ニーズに対応するグローバルプログラム「Excellence in safety」を構築し、13年間にわたり適用してきました。このプログラムは、安全文化をグローバルに調和・強化し、成果の持続可能性を確保するものといいます。

　こうした世界共通のアプローチを採用することにより、安全向上のための明確かつグローバルなロードマップを構築できるといいます。標準的な活動だけではなく、地域のニーズに合わせて柔軟に対応したり、優れた安全慣行を世界中に広めたり、さらには安全活動へのリーダーシップの発揮とマネジメントの明確な関与を確保します。同社では、前述した「休業災害度数率90％削減」という成果は、このプログラムの実践によるものであると考えています。

　こうしたExcellence in safetyのポイントは以下の3つです。

▶ アセスメント（リスクアセスメント、ニーズや組織のアセスメント）
▶ 計画の実行
▶ 振り返り

　ピレリにおいて、安全は人事部門だけの取り組みではありません。安全はすべての人に

よって取り組まれるべき課題であると考え、組織に属する全員がオーナーシップ（個人が当事者意識を持って向き合う姿勢）を持つこと、そしてExcellence in safetyへ参画することが必要であるとしています。つまり、従業員こそがExcellence in safetyの最初のプロモーター（推奨者）として、またそれを開発する立場として、最前線にいる必要があると考えているのです。同社では、学びに対して多くの投資をしており、従業員が成長してより多くの気づきを得ることができる環境を提案・促進しています。

こうした取り組みに関して、同社は安全文化構築のための戦略のすべてではないといいます。安全文化構築には人の行動面における戦略だけではなく、組織のハード面における戦略も必要だからです。例えば、プロセスや設備の設計段階からのリスク発生源の管理や、人間工学的な側面の改善などの取り組みが、それに該当します。

人と機械が共存する環境においては、人を中心に考えることが大事な要素の一つであると、同社は考えます。そのために、現場だけではなく、安全面で工程に影響を与える可能性のある人たちにも安全知識を広めています。例えば、プロセス設計者は生産に直接かかわるわけではありませんが、労働安全の改善には大きな影響を与えるからです。

同社は今後、組織に影響を与える可能性のある未来のあらゆる状況に対応できるよう、組織と従業員との結束を高め、よりレジリエントな組織を構築し、引いては「負傷者ゼロ」の達成を目指していくとしています。

■ コロナ禍で安全研修の在り方が変化

ピレリが2021年に実施した研修では、全170万時間のうちの約15％に当たる25万時間が安全研修でした。安全研修に多くの時間を割いた背景には、各拠点のある国ごとに安全規制などが異なり研修内容が複雑になることや、新型コロナウイルスが大流行したことなどがあります。特に、世の中の誰もが予測できなかった、新型コロナウイルスの大流行

は、安全研修戦略の開発・管理の見直しを迫りました。

　安全研修に最も大きな影響を及ぼしたのは、「ソーシャルディスタンス（人と人の間に距離を取る考え方）」が推奨される動きでした。感染が始まった当初、社内の会議室はすべて閉鎖し、研修も中止。その後、研修を再開する際には、会話の際の飛沫を防止するアクリル板の設置が必須となりました。研修以外にも、職場に出勤する従業員の数を減らしたり、テレワークを実施したりと、社内の働き方にも大きな影響が出ました。

　新型コロナウイルスの影響により、1部屋にたくさんの人を集めて実施する従来型の研修が困難になりましたが、「研修自体をやめる」という選択肢はあり得ないと、同社は考えていました。なぜなら、研修は安全戦略にとって不可欠なものだからです。そして感染状況が落ち着き、従業員が現場に戻ってきた際には、安全な環境で研修が受けられるようにと、常時の換気や、研修室や設備の消毒などを義務付けました。

　こうしたコロナ禍においては、研修や実業務での緊急性と日常性のバランスの取り方が課題となりました。さらに研修では、対面でのやりとりが激減したため、講師と従業員との間で共感が生まれにくいなどの問題が生じました。

　こうしたコロナ禍特有の問題を解消するために、同社では安全研修をどのように実施するかを一から考え直すことになったといいます。テレワークの採用で従業員の生活や仕事が大きく変化したため、さまざまな活動を実施する場所やタイミング、スピード感が以前とは変わりました。研修の実施も、こうした状況に合わせなくてはならなくなったのです。大きな変化の例としては、実地研修時のマスク着用や、一部研修のオンライン化です。特にオンライン化は、比較的簡単かつ迅速に導入できたため、緊急事態においても研修を中断せずに済みました。

　実地研修がオンライン研修に置き換わり、全体の研修量が増加したとともに、講義内容やアプローチの見直し、講師の指導方法の工夫が必要になりました。例えば、オンライン

研修では、画面越しでも理解しやすい内容や進行を心がけて研修生のやる気や共感力を高める、オンラインならではのコミュニケーションを取る、といった点です。「オンライン講師」には、デジタルへの対応力や、映像や画像、ゲームなどを活用したレクチャーが求められるようになったと、同社はいいます。

　実際、研修生とのやりとりを増やすために、ゲームを活用しつつ、具体的な経験をさせるように努めています。さらに、コーチングをしながら、新しい安全研修方法が研修生にとって効果的か、あるいは調整すべきかを検討した上、必要に応じてフォローアップを実施します。併せて、文化を異にする世界中の従業員同士の交流も促しています。

　テレワークの普及による、新たなリスクへの対応も求められたといいます。具体的には、ノートパソコンに長時間向かい合って仕事をするストレスなど精神的な問題や姿勢などの人間工学的な問題、ワークライフバランスといったことです。こうした問題に関しても、研修プログラムの中に組み込んでいくといいます。

■ 研修における VR や AR の活用はますます重要に

　ピレリの研修では、VR（仮想現実）や AR（拡張現実）を活用しています。ただ、3万人以上に上る従業員全員に対してのシステム提供が現実的でないことや、全員に適したコンテンツの用意が難しいことなどの課題も抱えているようです。

　この他、①デジタル化への対応能力にはバラつきがある、② VR や AR によるコンテンツは視覚中心であるため、実物に「触れる」体験を意図的に増やす必要がある、③ VR や AR を活用した研修コンテンツの作成には多くの労力がかかる、といった課題があるといいます。しかし将来は、デジタル化に対応できる人の比率が今より確実に増えるため、将来を見据えれば、研修における VR や AR の採用はますます重要になっていくと、同社は考えています。

トヨタ自動車
協働ロボットの導入と作業者のウェルビーイングの関係を測定

　トヨタ自動車は、さまざまなウェルビーイングの取り組みを展開する中で、作業者のウェルビーイングや生産性、安全性の変化を明らかにする実験にも取り組んでいます。自動車部品をパレットから取り出し、運搬用のシュータに入れる作業現場に協働ロボットを導入したら、作業者のウェルビーイングはどうなるか──。詳しくは、第5章「5-5　協働ロボットは働く人のウェルビーイングを高めるか」を参照ください。

日揮グローバル
作業者の気持ちを動かす施策でウェルビーイングを高める

　世界的なプラント建設会社である日揮グローバルの海外プロジェクトでは、"作業員の笑顔が安全文化の指標"と位置付け、「すべての人が、健康で安心して働き、家族のもとへ無事帰る」という基本理念の下、工事管理者と作業者の接点に力点を置いたさまざまな施策を展開しています。詳しくは、第4章「4-3　ウェルビーイング実践に必要なフレームワーク」を参照ください。

ボッシュ・レックスロス

BBS「5つの基本原則」の実践、まずは行動を変える

　ドイツのローアアムマインを拠点とするボッシュ・レックスロスは、ボッシュの傘下のエンジニアリング企業です。同社の従業員は6000人ほどで、そのうちの約3000人が産業安全行動分析学に関連する部署に在籍しています。ドイツ国内に3カ所の生産拠点を有し、その総面積は約12万8000m^{2}に及びます。

　そんな同社では2018年以来、組織行動セーフティマネジメント（BBS：Behavior-Based Safety）を導入してきました。ただ、これを大規模な生産拠点で推進することは容易ではないといいます。

■ リーダーシップが極めて重要

　ボッシュ・レックスロスは、「BBSを導入するに当たってのチェック事項」を定めています。

▶ 経営者が積極的に目に見える形でBBSをサポートしているか

▶ あらゆるレベルの幹部、管理者、リーダーたちに、十分なリーダーシップ能力が備わっており、BBSの導入が有意義であることを理解しているか

▶ 安全文化が全社に浸透し、尊重されているか

▶ 技術的・組織的な安全性レベルが優れているか

▶ 効果的なリスクアセスメントやリスク管理を行っているか

▶ 資格認定や研修を定期的に実施しているか

▶ 事故が起こった場合には調査し、是正措置を取っているか

　これらがBBSを導入する前提条件となり、仮にこの中の何かに問題があれば導入前に解決するようにしているといいます。

　BBSにおいては、リーダーシップが極めて重要であり、その点についてはいくら強調しても仕切れないといいます。従来にはなかったような新しいスタイルのリーダーシップとマインドセットが、健全で効果的なBBSのために必須であると考えているのです。

　親会社のボッシュの取締役会でも、リーダーシップの重要性を認識し、以前から規範「We LEAD Bosch10」を導入しています。これは、例えば経営者が自らオープンかつ頻繁にコミュニケーションを取りながら、信頼と尊敬と共感を持ってリードするという考え方を示したもの。同社の各拠点の現場管理者も、この考え方の重要性をよく理解しているといいます。

　そうとはいえ、旧態依然としたリーダーシップの問題は今後もなくならないと思われることから、今後、新たに管理職に就く従業員に対してはリーダーシップ教育を確実に実施していくことが重要であるとしています。

■ BBSにおける5つの基本原則の実践

　ボッシュ・レックスロスでは、「5 BBS Core Principles（BBSの5つの基本原則）」を採用し、BBSの実践において、以下の5つの基本原則のサイクルを回すべきであると考えています。

1. Define behavior：行動定義
2. Observations：観察
3. Feedback：フィードバック
4. Set goals：目標設定
5. Reinforcement：補強

　この概念は、クリストフ・ボードライン氏の著書『Verhaltensorientierte Arbeitssicherheit（産業安全行動分析学）』の中で解説されています。同氏は、ドイツの心理学者で、ヴュルツブルク　シュヴァインフルト工科大学　一般心理学・臨床心理学・行動指向行動理論の教授を務めています。実は、同社では、このボードライン氏から産業安全行動分析学についての指導を受けているのです。

　BBSの5つの基本原則を実践するに当たっての第一ステップは、「知識を身に付けること」。同社では、従業員を対象にBBS研修を実施し、BBSと5つの基本原則について説明します。研修はオンライン会議システムあるいは対面で実施し、ここで身に付けた知識はワークショップで実践します。そして、いよいよ5つの基本原則の実践です。

　まず、「行動定義」において、行動を変えるために「期待される安全行動とは何か」を明確にします。それには、社内の「安全ではない行動」（何らかの問題や部署内の悩みの種を引き起こす行動）を見つけて書き出します。事故やインシデントに関する報告書を調べたり、ヒヤリハット報告や安全監査、安全点検、安全講話なども検討したりします。

　現場では、日々の安全活動の中で管理者が潜在的な問題に気づき、先回りして対処することがあります。このため、インシデント報告やヒヤリハット報告として顕在化しないことが、返ってリスクを招くケースがあると、同社はいいます。こうした隠れた問題を洗い出すためにも、現場を見ている管理者などへのヒアリングは重要となります。過去の苦情

やもめごと、仕事や成果に関する不満、操作説明書と作業指示書の内容などもチェックします。

　このように、チェック項目は多岐にわたりますが、従業員たちが負担を感じないように、無理のない範囲でゆっくりと着実に進めていくことが重要であるといいます。こうした活動を通して、社内の管理者や従業員たちは仕組みを次第に理解していきます。そして、実践や訓練を重ねていくことで「実践者としての自覚」が芽生え、労働安全衛生部門や安全管理者のサポートが不要になり、引いては安全行動や行動目標の数を増やすことにつながっていくのだといいます。

　こうした活動をした上で、いよいよ「行動定義」に歩を進めます。その際、「どうすれば安全なのか」が明確に定義されていないと、物事が正しく行われないと、同社は考えます。そこで重要になるのが、「具体的である」こと。例えば、「溶接作業をする際には、保護メガネと保護手袋を着用してください」といった具合に、どうすれば安全なのかを具体的に示します。さらに、安全行動を定義するときのポイントとしては、禁止事項ではなく、安全行動を示すこと。例えば、「パレットをマーキングの外に置いてはならない」というのではなく、「パレットは必ずマーキング内に置いてください」とするのです。

　加えて、行動定義では、「オブザーバビリティ（可観測性）」が重要になります。行動定義の次の「観察」をする人には、安全行動がきちんと観察できなければなりません。従って、「関係者以外立ち入り禁止」など、観察が容易でない場面での行動定義は避けます。「従業員は常に高い集中力を保って働き続けなければならない」といった行動定義も回避しなければなりません。なぜなら、他人の頭の中は直接見ることができないためです。

　表現も大切です。具体的には、「私（主語）は、職場に（場所）入るとき（時）、安全眼鏡（目的語）をかけます（述語）」といった具合に、特に主語、述語、目的語を明確に表現するようにします。

こうした行動定義において重要なのは、従業員たちをこのプロセスに参加させることに他なりません。従業員には、自分たちが実践しなければならないことに同意できるか、達成可能であるかを聞き、判断しなければならないからです。

■ 観察し、ポジティブな表現でフィードバック

行動定義の次は「観察」です。まず、各部門の現場における観察タイミングと所要時間を決定した上で、観察活動が必ず実施されるよう検討します。ボッシュ・レックスロスでは、全シフトについて検討し、週に2～3回の観察を行うようにしています。現時点では、リーダーや幹部が観察をしていますが、将来的には、従業員同士が観察を実施することも考えているようです。

観察の後には、BBS の核ともいえる「フィードバック」のステップに進みます。文字通り、観察したことをフィードバックします。同社においては、観察活動は管理ではありません。従って、観察の過程で得られた情報に基づいて何かしらの懲戒処分が下されるといったことは一切なく、情報はすべて匿名で取り扱われます。

このフィードバックにおいて重要なのは、ポジティブな表現を使うことです。同社はかつて、ネガティブな表現でフィードバックをしていたといいます。間違いやうまくいかないこと、危険な行動などは発見しやすく、フィードバックしやすいからです。しかしボードライン氏は、ネガティブなフィードバックは行動変容を促すことにはつながらないと、心理学的に分析し、ポジティブなフィードバックを勧めています。

■ 取り組み半ばであるものの、早速事故率が減少

現在、ボッシュ・レックスロスはフィードバック情報の文書化を進めているフェーズにあります。ただし、大規模な組織の膨大な情報を扱っていこうとしたら、今の Excel ベー

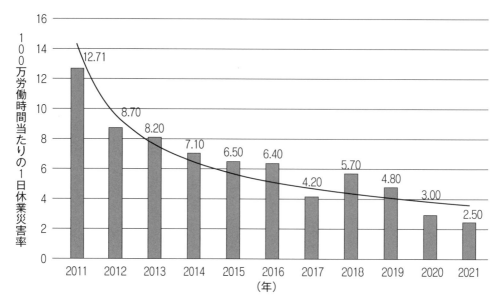

図表 6-6-1 2011～2021 年における 100 万労働時間当たりの 1 日休業災害率の推移（出所：ボッシュ・レックスロス）

スでの管理は間違いなく限界に来ており、このままでは活動が継続できなくなります。その ため同社では、フィードバックしたデータの収集や評価などが行える IT システムの導 入を検討しているといいます。この IT システムを導入した後に、BBS の 5 つの基本原則 の次のステップである「目標設定」、そして「補強」へと歩を進めるとのことです。

　このように、同社における BBS の取り組みはまだ道半ばにあるものの、これまでの取り 組みで既に事故・災害が減少。100 万労働時間当たりの 1 日休業災害率は、2018 年の 5.70 に対し、2021 年は 2.50 と半減したといいます（**図表 6-6-1**）。

清水建設
ICT の力で建設現場の省人化・生産性・安全性をかなえる

　清水建設では、建築・土木において、協力会社を含む建設プロジェクト関係者全体が一丸となり、経営トップから現場にいる一人ひとりまで、安全衛生に関する日ごろの声掛けや、仲間を守る行動の実践を徹底しています。こうした取り組みが職場の安全確保とともに、ウェルビーイングの実現にもつながっていると同社はいいます。

　同社は 2020 年 9 月に「健康経営宣言」を発表し、企業としての社会責任を果たすととも

安全朝礼風景

経営トップによる安全指導

真剣な表情　　　リーダー会安全活動

健康経営
・診療所・専任産業保健スタッフの
　設置
・メンタルヘルスケア
・喫煙対策
・感染症対策
・海外赴任者フォロー
・食堂メニューによる健康づくり

図表 6-7-1　清水建設の安全衛生基本理念「人命尊重」「人間尊重」（出所：清水建設）

に、従業員一人ひとりの働きがいや幸福度の向上を実現するとしています(**図表6-7-1**)。そこで、従業員の健康増進および職場環境の改善に向けて、社長を委員長とする専門委員会を設置した全社的推進体制を整備。2022年には、経済産業省が定める「健康経営優良法人2022」に認定されました。

■ デジタル技術とものづくりの知恵の融合

建設業界では、熟練技能者の大量離職が懸念されており、入職者の確保と生産性の向上が喫緊の課題です。生産性の向上は、賃金改善や休日拡大などの処遇改善のカギを握ることから、国土交通省は2016年より、建設現場における情報化施工〔ICT(情報通信技術)施工またはICT土工〕を前提とする「i-Construction」の導入に着手しています。清水建設も、この流れを踏まえたさまざまな取り組みを実施しています。

例えば、「ものづくりの心を持ったデジタルゼネコン」の名の下、ICTを用いてサイバー空間とフィジカル空間を連携させるデジタルツインのプラットフォームを構築しています。そのプラットフォームを活用して計画から運用に至るまでのプロセスにおいてICTを用いて対象物の見える化と計画段階におけるフロントローディングによって生産性や安全性の向上を目指しています(**図表6-7-2**)。

さらに建築分野においては、資材搬送用の「ロボキャリア」、鉄骨を自動溶接する「ロボウェルダー」、天井と床仕上げに用いる多能工「ロボバディ」を開発しています。これらのロボットの特徴は、自律性を有している点。作業場を移動できること、対象物を認識・計測できること、作業計画を作成・調整できること、複数のロボットが連携できること、そして仲間として人と協働作業ができることをかなえています。

実際、清水建設の次世代型生産システム「シミズ・スマート・サイト」では、BIM(ビルディング・インフォメーション・モデリング)を核とする情報化施工で、最先端技術を搭載

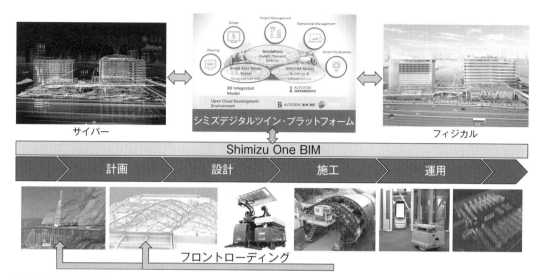

図表6-7-2　清水建設が推進するデジタルゼネコン（ロボット化、自動化、AI、IoT）（出所：清水建設）

した自律型ロボットと人がコラボしながら工事を進めています。このシミズ・スマート・サイトを実践しているのが、地上64階、高さ330mのメインタワーを含む「虎ノ門麻布台プロジェクトA街区新築工事」となります。最先端のデジタルなものづくり技術とリアルなものづくりの知恵を融合させることで、超大規模現場の施工にチャレンジしているのです。

　一方、土木分野においては、i-Constructionと人間、機械、環境が互いにデジタル情報を共有し協調安全を実現する方策「Safety 2.0」を連携させることにより生産性と安全性の向上を図っています。清水建設では、Safety 2.0に適合した「人と重機の接触災害リスク低減システム」を開発し、山岳トンネル工事現場で実装しています（第5章「5-4　ウェルビーイング・テックを支援する社会的仕組み」を参照ください）。非常に危険であるトンネル工事の最先端である切羽（きりは）での掘削作業においてICTやIoT（モノのインターネット）、AI（人工知能）を活用し、危険な作業中における非関係者の侵入防止や、重機運

転手の降車検知などを行い、深刻な事故を予防するようにしています。

　清水建設の建設現場では現在、55台のロボットを導入しています。当該作業において70％、工事全体では2％の省人化を達成。将来的に、ロボットの適用を増やすことでさらなる省人化を進め、生産性と安全性の向上に取り組むとしています。

case**8**

NIPPO
作業者検知で自動停止、重機運転手のストレス軽減

　重機が行き交う中で多くの作業者が働く道路工事現場——。道路舗装業界最大手の
NIPPOは、作業者に安心して働いてもらうため、作業者を近くで検知したら自動停止す
るタイヤローラなどを導入しました。導入後、運転者にアンケート調査をしたところ、
ヒューマンエラー対策が最も改善され、ストレス軽減につながったといいます。詳しく
は、第5章「5-4　ウェルビーイング・テックを支援する社会的仕組み」を参照ください。

case**9**

大和ハウス工業
ウェルビーイング・テックで高所作業者に安心感

　大和ハウス工業は、作業者のウェルビーイング向上を実現するために、ウェルビーイン
グ・テックを駆使した取り組みを実施しています。高所作業車での死亡事故をゼロにする
という明確な方針を掲げ、挟まれ事故のリスクを低減することにより、作業者のウェル
ビーイングは確実に高まっています。詳しくは、第5章「5-3　ウェルビーイング・テック
を代表する協調安全／Safety 2.0」を参照ください。

積水ハウス
幸せな会社からイノベーションが生まれる

　住宅メーカーの積水ハウスにおける企業理念は「人間愛」であり、それは「人間は夫々かけがえのない貴重な存在であると云う認識の下に、相手の幸せを願いその喜びを我が喜びとする奉仕の心を以って何事も誠実に実践する事である」としています。また同社のグローバルビジョンとして"「わが家」を世界一幸せな場所にする"を掲げています（**図表6-10-1**）。

図表6-10-1 積水ハウスのグローバルビジョン"「わが家」を世界一幸せな場所にする"（出所：積水ハウス）

そうしたビジョンの下、積水ハウスは、米国ネバダ州・ラスベガスで2019年に開催されたエレクトロニクス見本市「CES2019」で、「プラットフォームハウス構想」を発表しています。「人生100年時代の幸せをアシストする家」を実現するためのプロジェクトです。

　人生100年時代を心豊かに暮らすためには、現預金や不動産といった有形資産だけではなく、心身の「健康」、友人や家族との「つながり」、さまざまな体験・スキルによる「学び」といった無形資産が大切です。同プロジェクトでは、これらをサービスとして、住まいにインストールすることで、顧客の人生100年時代の幸せの実現を目指します。

■ まずは、従業員のわが家「職場」を幸せにする

　"「わが家」を世界一幸せな場所にする"というビジョンを目指し、顧客や社会に「幸せ」を提供するためには、まず従業員にとっての「わが家」ともいえる「職場」を幸せにすることが大切であると積水ハウスはいいます。さらに同社は、従業員の幸せについても「健康」「つながり」「学び」の要素を軸にして考えています。

　「健康」については、現場の従業員で構成された幸せ健康プロジェクトメンバーによる「幸せ健康経営」において、「チャレンジ6」の取り組みを推進しています。この活動では、「適度な運動」「バランスの良い食事」「適度な飲酒」「質の良い睡眠」「禁煙」「ココロしあわせ」の6つを目指しています。

　従業員が「チャレンジ6」からどのチャレンジを選択するかについては、AI（人工知能）による健康診断結果予測シミュレーションを基に計画するようにし、「自分ごと」として取り組めるようにしています。そしてスマートホンアプリを活用し、進捗を確認していくようにします（図表6-10-2）。

　例えば、適度な運動であれば、グループ全社で活用している「ウォーキングチャレンジ」で自分の歩数の社内順位が確認できるため、競いながら楽しく取り組むことができるよう

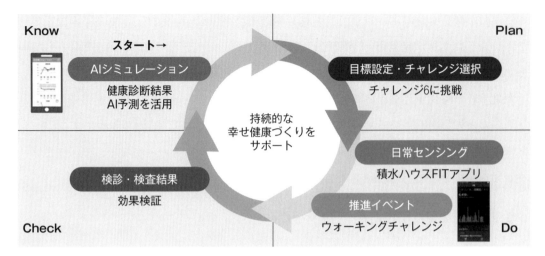

図表 6-10-2 AI シミュレーションを活用した健康づくりの仕組み（出所：積水ハウス）

に工夫しています。個人ごと、職場ごとで目標を立てて取り組み、さらにその効果検証をすることで、従業員の持続的な幸せ健康づくりをサポートしていけるようにしています。

そして、健康診断結果の予測プログラムの「ヘルシーチャレンジ」では、AIが「このままの生活習慣を続けていると、3年後には、肥満になったり血圧が上昇したりしますよ」などとリスクを予測しながら、お勧めの生活改善まで提案。それを実施した場合の、改善後の結果予測シミュレーションも表示されるようになっています（**図表6-10-3**）。

■ 個人の幸せと組織の幸せを統合的に診断

さらに積水ハウスでは、2020年よりグループの従業員約2万7000人を対象に、従業員と職場の幸せを多面的に計測して相関を分析する調査「幸せ度調査」も実施しています。この調査データを活用して、ワークショップを実施したり、ポジティブ心理学の学習会などを実施したりしています。

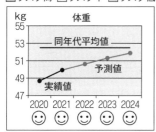

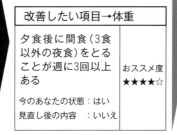

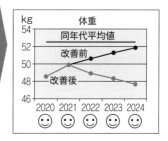

図表6-10-3 健康診断結果の予測プログラム「ヘルシーチャレンジ」の概要（出所：積水ハウス）

　この調査は、幸福経営学の研究者である慶應義塾大学大学院教授の前野隆司氏の監修によるものであり、慶應大とはぴテックが共同開発した「Well-Being Circle（個人の幸せ診断）」と、同じくパーソル総合研究所と共同開発した「Well-Being／Not Well-Being At Work（はたらく幸せ不幸せ診断）」が用いられています。

　この取り組みのうち、Well-Being Circle（個人の幸せ診断）では、多面的評価の項目として「心身の健康」「家庭や職場環境」「金や社会的地位」などを計測します。アンケートの項目に回答することで、各項目に対する数値やWell-Being Circleというレーダーチャートのようなグラフで可視化し、一般平均と自分の結果を比較することが可能になります。

　このように、Well-Being Circleが個人を診断する仕組みである一方、Well-Being／Not Well-Being At Workは組織を診断するものです。Well-Being At Work（幸せ診断）では、自己成長やチームワーク、他者貢献など7因子を、Not Well-Being At Work（不幸せ診

断）では、協働不全、評価不満、オーバーワークなど7因子をそれぞれ分析しています。

　この調査結果について、積水ハウスが評価したところ、前野氏が提唱する「幸せの4因子」において、「ありがとう因子（つながりと感謝）」「やってみよう因子（自己実現と成長）」「なんとかなる因子（前向きと楽観）」「ありのまま因子（独立と自分らしさ）」の順に高かったといいます。その結果から、同社では企業理念の根本哲学である「人間愛」の考えが浸透していると評価しています。

■ 調査結果を生かし、チャレンジを推奨する風土に

　積水ハウスは、「顧客に幸せを提供するためには、まず従業員の一人ひとりが自分の幸せを主体的に考えることが必要である」といいます。そして、心理的安全性のある職場であれば、コミュニケーションが活性化し、イノベーションが生まれやすい職場風土がつくれると考えています。

　そんな同社では、従業員と職場の幸せを可視化したものである幸せ度調査の結果を活用し、職場での対話の機会を増やす取り組みを行い、自分と職場の未来づくりに向けた行動変容を促しています（**図表6-10-4**）。

　例えば、社内アプリ「スカイデア」に社内での事業の成果や実績、イノベーションアイデアなどを従業員に応募してもらい、そこから優れた案件を表彰する「創発型表彰制度『SHIP』」では、誰もが気軽に投稿できるプラットホーム（アプリ）の仕組みを設けています。第1回SHIPではイノベーション部門796件、パフォーマンス部門366件の応募が集まったといいます。

　さらに同社では、ESG（環境、社会、ガバナンス）経営を全従業員が自分ごととして理解するために、「幸せ」や「イノベーション」、「社会貢献活動」などをテーマに全従業員で対話する「ESG対話」を実施しています。対話による気づきとして、「環境に配慮した住宅を

「幸せ」対話

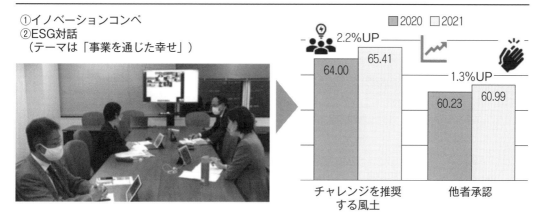

①イノベーションコンペ
②ESG対話
　（テーマは「事業を通じた幸せ」）

2020　2021

2.2%UP
64.00　65.41

1.3%UP
60.23　60.99

チャレンジを推奨
する風土

他者承認

図表6-10-4　「幸せ」対話の概要（出所：積水ハウス）

提供することが、サステナブルな社会に貢献していることを改めて実感した」など、事業を通じた社会貢献やESG経営の理解につながったという意見が多く寄せられたようです。こうしたESG対話は幹部から全従業員に広げており、各職場での幹部が従業員の「幸せ」を考えるきっかけにもなっているといいます。

　こうした取り組みの影響もあり、「チャレンジを推奨する風土」が前年比で2.2％アップし、他者から見てもらえているという「他者承認」の項目も同1.3％アップしています。定期的に実施しているワン・オン・ワンやキャリア面談によっても、職場での対話が増えているとしています。

case **11**

AGC
経営トップが積極関与、メッセージを繰り返し発信

　30以上の国と地域でグローバルに事業を展開するAGCは、事業活動を通じて以下のような5つの社会的価値を提供しようと取り組んでいます[1]。

- ▶ 安全・快適な都市インフラの実現への貢献
- ▶ 安心・健康な暮らしの実現への貢献
- ▶ 健全・安心な社会の維持への貢献
- ▶ 公正・安全な働く場の創出への貢献
- ▶ 持続可能な地球環境の実現への貢献

　さらに、地球や社会とAGCの事業の持続的発展において重要となる課題（マテリアリティ）として以下の10項目を掲げ、長期経営戦略などを策定しています。

- ▶ 気候変動問題への対応
- ▶ 資源の有効利用
- ▶ 社会インフラの整備
- ▶ 安全・快適なモビリティの実現
- ▶ 食糧問題への対処

- ▶ 情報化・IoT 社会の構築
- ▶ 健康・長寿社会への対応
- ▶ 社会・環境に配慮したサプライチェーン
- ▶ 公正・平等な雇用と職場の安全確保
- ▶ 地域社会との関係・環境配慮

　こうした中、同社の安全活動は、以下の4つの取り組みによりビジョン・ゼロにおける7ゴールデンルール（第4章参照）を網羅できるよう工夫されています。

- ▶ 経営トップの積極関与および安全衛生管理方針（ゴールデンルール1）
- ▶ 安全衛生（OHS）管理システム（同4および3）
- ▶ 「リスクを下げる」活動（同2および5）
- ▶ 「意識を上げる」活動（同6および7）

　ここの最初の取り組みにあるように、同社では、経営トップが安全衛生管理に積極的に関与しています。代表取締役兼 社長執行役員 CEO である平井良典氏は社内外に対し、「『安全』『環境』『品質』『コンプライアンス』は事業の前提」「公明正大な企業活動により、社会的責任を果たす」というメッセージを繰り返し発信し続けています。それだけではありません。平井氏は同社の各拠点の現地視察を積極的に実施し、従業員と直接コミュニケーションを取っているのです。

　同社における安全衛生方針としては、「安全なくして生産なし」という安全衛生ポリシーに基づき、その上で、「重篤災害の発生リスクを下げる」「安全衛生にかかわる意識を上げる」という2つの側面から、安全活動に取り組んでいます。

■ 第三者専門機関の診断を活用し、組織の弱点を顕在化

　AGC の安全衛生管理システムでは、SDGs（持続可能な開発目標）における「ゴール 8：働きがいも経済成長も」と、「ターゲット 8.8：すべての労働者の権利を保護し、安全・安心な労働環境を促進する」に沿って、PDCA サイクルを回しながら安全で衛生的な職場環境の継続的改善を推進しています。さらに、ISO45001（労働安全衛生マネジメントシステム）を基軸とした、AGC グループ OHSMS（労働安全衛生マネジメントシステム）ルールを運用。OHS 統合情報管理システムも導入し、必要に応じて内部監査やコンサルティング活動を実施しています。

　社外の第三者専門機関の診断を活用し、組織の弱点を顕在化し、優先的に改善を進める活動にも力を入れています。例えば、**図表 6-11-1** に示した「安全文化の 8 軸モデル」に基づいて作成されたアンケートを製造拠点の現場従業員に実施し、その回答結果を業界平均と比較して各製造拠点の強み・弱みを網羅的に把握しながら安全文化の改善につなげています。

　さらに同社では、国際安全規格に基づくリスク低減を積極的に推進しています。実際、ISO12100（基本安全規格）および IEC60204-1（機械類の安全性）などを基軸とする機械安全の推進を長年にわたって続けてきました。こうした活動に加え、最近では、熱中症予防システムや音響カメラによる騒音範囲の特定といった、リスク低減のための最新システムも現場に導入しています。

　現場の意識を上げる活動としては、各種の実習や VR（仮想現実）技術を活用した教育研修があります。各職場には啓発・価値観の共有を目的に、24 言語に対応した啓発ポスター「安全なくして生産なし」を掲示し、安全意識の向上を図ります。さらに認知と称賛も大事であると考え、優秀な活動に取り組む現場の表彰も行っているといいます。

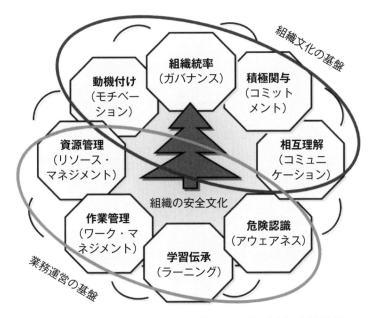

図表 6-11-1　安全文化の 8 軸モデル（出所：新潟大学工学部 東瀬朗 准教授資料）

参考文献

1）AGC、「長期経営戦略 2030 年のありたい姿」、https://www.agc.com/company/strategy/long_term_plan/index.html（2023 年 4 月 6 日閲覧）

IDEC
安全文化構築の活動で目指す、組織にかかわる「心地良さ」

　電気制御機器のメーカーの IDEC では、「世界で一番 安全・安心・ウェルビーイングの追究・実現を目指す企業になる」という目標を掲げています。ここで参考にしたのが、デュポンが示す、4つの段階を経て進化する「安全文化の発展モデル」です。

▶ 第 1 段階：事故が起きて初めて行動を起こす反応段階（反応）
▶ 第 2 段階：監督者の指示で活動する依存段階（依存）
▶ 第 3 段階：自ら活動する自主段階（自主）
▶ 第 4 段階：仲間同士が相互に啓発し合い、学ぶ段階（相互啓発）

　IDEC は現在、このモデルにおける 4 番目の段階を目指して活動を進めています（**図表6-12-1**）。
　この活動の支柱となるのが、第4章で触れた、ビジョン・ゼロの「7 ゴールデンルール」に他なりません。

1. リーダーシップをとり、コミットメントを示しましょう
2. 危険源を同定し、リスクをコントロールしましょう
3. ターゲットを定めてプログラムを作成しましょう

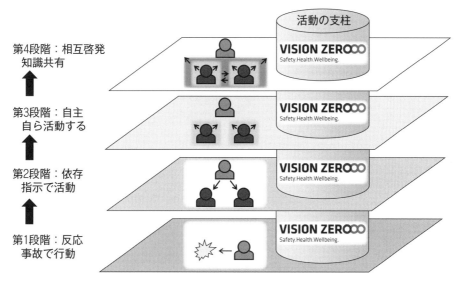

第4段階：相互啓発
知識共有

第3段階：自主
自ら活動する

第2段階：依存
指示で活動

第1段階：反応
事故で行動

活動の支柱

VISION ZEROOO
Safety.Health.Wellbeing.

図表 6-12-1 安全文化の発展モデル（出所：IDEC）

4. 労働安全衛生体系を整備しましょう

5. 機械、設備、作業エリアの労働安全衛生を確保しましょう

6. 従業員の資格を向上し、能力を開発しましょう

7. 人材に投資し、参加を通じてやる気を高めましょう

　この中でとりわけ強く求めているのが、安全文化構築の最も大きな推進力となる「リーダーシップ」です。実際、IDEC の経営幹部がリーダーシップを発揮する取り組みには、大きく 2 つあります。

　1 つは、同社が定める安全基本方針です。全社員の健康と安全を確保することを最優先事項と定め、社員との協議と参加の下、労働災害と健康障害を防止するための活動に積極

的に取り組み、安全で健康的な職場環境の維持に努めるとしています。社員も、労働災害や健康被害を防ぎ、安全かつ健康的な職場環境の構築と維持に努めていくとした上で、さまざまな形で社会の安全に貢献することを掲げています。具体的には、製品の安全性を維持し、機械やシステムの安全な運用を確保するために役立つソリューションと製品を提供しています。

もう一つは、同社の経営幹部が自ら、安全の考え方や具体的な目標について、社内にメッセージを発信する姿勢です。経営幹部が社内会議で安全衛生にコミットする様子は、全社員に向けてイントラネットで動画公開しています。さらに、幹部自ら講師となってウェルビーイングに関するウェビナーも動画配信しています。

■ 安全活動を日常業務になじませる仕組みづくり

IDECは、安全活動を日常業務の中に組み込み、組織的かつ継続的に運用するためにはマネジメントシステムを構築することが必要不可欠であると考えています。そこで、同社の国内5カ所（滝野、福崎、尼崎、竜野、木場）の事業所で、ISO45001「労働安全衛生マネジメントシステム」の認証を取得しています。

さらに、同社では、安全文化構築活動のためのツールを開発し運用しています。2つ紹介しましょう。

1つ目は、気付き報告書「Safety Tweet」（**図表6-12-2**）。社員が現場で働く中で、安全、品質、生産性に関して気付いたことを"つぶやき"として投稿できる仕組みです。現場に潜む多くの問題点のうち、管理者が見つけられるのは氷山の一角に過ぎません。そこでSafety Tweetの投稿から、現場の作業者しか知り得ない問題を抽出できるようにし、その内容については現場の掲示板に張り出すようにしているのです。こうしたSafety Tweetの取り組みにおいては、解決策などの提案の記入までは要求しない、それを見た管理者が

気付き報告 職場で気付いたことを報告しよう!			
氏名	○○○○	日付	2021.9.21

区分(レ)

安全	✓ 不安全事象(ヒヤリ、ハット)	✓ 不安全箇所	その他
品質	やりにくい作業 見落としそうになった事	間違いそうな作業 不明確な作業内容	
生産性	頻繁に停止する設備、箇所 手間のかかる作業	壊れそうになっている箇所 重複作業、ムダな作業	

説明

どこで?	新工場の2階溶接ライン
いつ?	機械の保護柵の中からから出ようとしたとき
どうなった?	ドア部のバーに、つまずきそうになった
何が原因だと思いますか?(任意記入)	ドア部の床上にフレームバーがある
どうすればよいと思いますか?(任意記入)	フレームバーを切除する

マネージャー コメント	ドア部のフレームバーの切除完了(9月24日) 気付きと提案をありがとうございました。	マネージャー ○○ 9.24

左の注記：
- 安全 / 品質 / 生産性
- 提案は任意
- 管理者からの感謝の言葉

図表 6-12-2 Safety Tweet の概要(出所：：IDEC)

必ず感謝の言葉を書くなど、社員が気兼ねなく投稿できるような工夫を施しています。

2つ目のツールが、「リスクアセスメント活動シート」です(**図表 6-12-3**)。現状分析、リスク評価、改善案策定、リスク再評価、最終結果といった一連のリスクアセスメント活動について、写真も添えながら一目で分かるようにしています。実際には、このシートを使って、リスクを「重症度」「発生頻度」に基づいた科学的手法で評価。それをクロスファンクショナルチームで議論し、解決策を見いだします。ここで使用するシートは、「記入しやすい」「理解しやすい」「運用しやすい」を徹底したフォーマットにしているといいます。

さらに、安全文化の構築には人材育成も欠かせません。相互啓発できるようになるためには、個人個人の安全に関する知見を高めることが重要と考える同社では、技術者には「セーフティアセッサ」資格[1]、管理者には「セーフティオフィサ」資格[1]といったように、職種に応じた安全資格の取得を奨励。2020年度末の時点で、資格取得者数は実に799

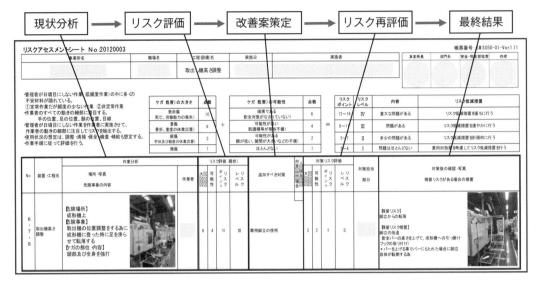

図表 6-12-3 リスクアセスメント活動シートの例（出所：IDEC）

人に上ります（**図表 6-12-4**）。

■ 自分らしく能力を発揮して、組織と心地良くかかわる

上述したように、IDEC の国内 5 拠点で ISO45001 の認証を取得したことにより、各拠点の現場で PDCA が確実に実践されるようになり、継続的改善ができるようになりました。加えて、安全活動を日々の業務に統合するなど、当初の狙い通りの成果があったといいます。リスクアセスメントの実践によるリスク抽出とリスク低減、ドキュメント化によるノウハウ蓄積なども、認証取得の効果であるとしています。

＊1 「セーフティアセッサ」資格は、主に機械の設計者を対象にした、国際安全規格に基づく機械安全の知識・能力を認証する安全資格。一方、「セーフティオフィサ」資格は、企業トップを含む経営層および管理者層、スタッフを対象に、安全に対する知識や理解の確認を目的としたマネジメント安全資格。

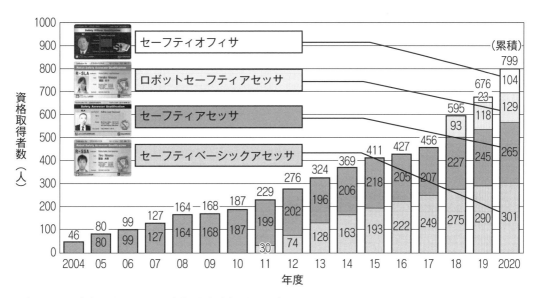

図表 6-12-4 安全文化構築に関する資格取得者数（出所：IDEC）

　安全文化構築活動のために活用している2つのツールも、現場での活用が着々と浸透しています。実際、投稿された気付き報告書の数は、2018年に236件だったのが2020年には680件と、右肩上がりで増えているといいます。これらのツールを日々の業務で使いながら、同社の社員同士で客観的かつ建設的な議論をし、互いが啓発し合える安全文化の醸成に役立てているのです。

　さらに同社では、冒頭で触れた、ビジョン・ゼロにおける7ゴールデンルールを活用し、安全文化構築活動の到達度を測定しています。具体的には、7ゴールデンルールの110項目の指標に基づき、毎年、経営層と現場責任者の2つのグループごとに自己評価し点数化しています。その結果を到達度とし、スパイダーチャートで可視化しているのです。

　それが、**図表6-12-5**。7角形のチャートは2018年、2019年、2020年と、年を追うご

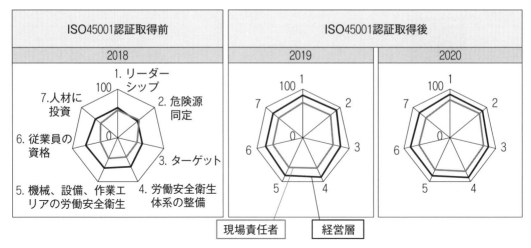

図表6-12-5 7ゴールデンルールを活用した、安全文化構築活動の到達度（出所：IDEC）

とに外側へと拡大している様子が分かります。これは、到達度が年々向上し、安全文化構築の進化段階が確実に高まっていることを示しています。

　なお、経営層と現場責任者との間には認識のギャップが見られます。同社によれば、現場をよく知っている現場管理者の方が、到達度については厳しく評価する傾向があるということです。

　以上、見てきたように、IDECでは安全文化構築活動において社員の参加を促しながら、社員たちの声をしっかりと尊重し、さらにクロスファンクショナルチームでの議論で知識共有が実践できる環境を整えてきました。こうした環境の中で、社員たちは自分らしく能力を最大限に発揮しながら、組織にかかわれる「心地良さ」を感じるようになります。それこそが、ウェルビーイングにおいて重要な要素であると、同社は考えます。

荏原グループ
しっかりとしたガバナンスなくして OSH なし！

　祖業のポンプ製品を中心とする建築・産業、インフラおよびエネルギー、環境プラント、精密・電子の5つの事業をグローバルに展開する荏原グループでは、2020年に長期ビジョン「E-Vision2030」を発表しました。同ビジョンは、10年後のあるべき姿とそれに向かう道筋である「価値創造ストーリー」として策定。「技術で、熱く、世界を支える」というスローガンの下、SDGs（持続可能な開発目標）をはじめとする社会課題の解決に事業を通じて持続的に貢献し、社会・環境価値と経済価値を向上させていくことで企業価値を高める「グローバルエクセレントカンパニー」を目指しています。ガバナンス改革は、長期的には企業価値の創造につながるということから、同社では「Governance to Value」と呼んでいます。

　荏原グループにおけるコーポレートガバナンス基本方針では、全地域における従業員や、ビジネスに関係する人々を重要なステークホルダーと位置付けており、労働安全衛生（OSH）への取り組みも取締役会における課題の1つとなっているといいます。多くの企業の場合、取締役会は労働安全衛生にあまり高い関心を寄せていません。これに対し同社は、しっかりとしたガバナンスなくしては、労働安全衛生の確保はなしえないと考えています。

　冒頭で紹介したE-vision2030では、5つの重要課題の1つとして「人材の活躍促進」を掲げています。競争し、挑戦する企業風土を具体化する、多様な社員が働きがいと働きやす

さを感じて活躍できる企業グループとすることを目指し、取締役会はそれに対してコミットメントを表明するとともに、経営陣による労働安全衛生の実行にも注視しています。

■ 社員の多様性とサプライチェーンを強く意識

荏原グループでは、労働安全衛生に取り組むに当たって2つの側面を意識する必要があると考えています。

1つは、荏原グループにおける社員の多様性。「多様な人材なくして、これからの不透明な市場やビジネス環境を生き抜くことはできない」と考えています。同グループでは2019年より「One EBARA HR」制度を導入して、性別や国籍などにとらわれない多様な人材が働きがいと働きやすさを感じながら現場で活躍するための組織づくりや人材育成を行ってきています。例えば、グローバルキーポジション（GKP）の現地社員比率を向上させ、海外の優秀な人材の抜てきや早期選抜・育成を実施し、海外事業展開を加速させています。また、さまざまな人事施策を海外のグループ会社へ導入することなどにも取り組んでいます。

もう一つは、サプライチェーンマネジメントです。荏原グループでは、グループ会社によるグローバル調達について、人権や労働環境などまで含めたモニタリングを開始。この取り組みは恒久的な制度として今後も継続していく予定としています。

取締役会は労働安全衛生を主導し、執行側を支援しています。また、取締役会の労働安全衛生へのコミットメントを具体化するために、報告、データ共有、意思決定のための体系的な枠組みを設定しており、モニタリングは取締役会およびサステナビリティ委員会で行われる取締役との議論を通じて効果的に実施されるようにしています。

さらに、従業員一人一人が心身ともに健康であることを目指すため、健康経営推進に向けた安全衛生計画を作成し、PDCAサイクルを運用しています。各事業所の安全衛生計画は、荏原グループ全社の安全衛生活動の推進を図る中央安全衛生委員会において審議した

上でサステナビリティ委員会に報告され、全社横断での継続的な改善に取り組んでいます。また、労働安全衛生法による 50 人以上の事業所だけでなく、49 人以下の全拠点で「従業員の意見を聴取する会」を毎月 1 回開催し、労使で意見交換を実施。そこから生まれた有効な施策については国内グループ会社に展開しています[1]。

　新型コロナウイルス対策としては、荏原グループにおける感染拡大防止と事業継続のため、社長を本部長とする新型コロナウイルス感染対策本部を設置し、グループの感染状況を週次で確認しながら、感染予防策を継続的に講じています。可能な限りのリモートワークの導入など、ウィズコロナ期間における新しい働き方も実践しています。

　各拠点では各国政府・地域の方針に準じて感染拡大防止に努めるとともに、職域でのワクチン接種に参加するなど、社会や産業に製品・サービスを提供する企業として、顧客の事業や生活への影響を最小限に抑えるべく事業活動を継続しているといいます。取締役会としては、リスクシナリオシミュレーションなど不確実性への準備、中長期的なインパクトを俯瞰した対応策の検討を行い、執行の取り組みを強く支援しています。

参考文献

1）荏原、「健康経営」、https://www.ebara.co.jp/sustainability/social/information/occupational-safety.html
　（2023 年 4 月 10 日閲覧）

Grupo Energía Bogota
従業員に恐れやストレスを与えず、愛と信頼に基づいて会社を築く

　中南米のエネルギー系コングロマリットである Grupo Energía Bogota（GEB）は、「持続可能かつ競争力のあるエネルギーで人々の生活を向上させる」というウェルビーイング戦略を掲げています。同社が事業展開する各国の従業員が皆、潜在能力を存分に発揮しながら、生活の質を向上できることを目指しているのです。

　同社の従業員や協力会社は、SDGs（持続可能な開発目標）の目標3「すべての人に健康と福祉を」と同8「働きがいも経済成長も」に沿った取り組みを実践しています。同社においては、エネルギー事業が主軸かつ発展の原動力。それとともに、SDGs の取り組みが同社の事業運営における成長基盤として作用し、ポジティブな影響を最大限に高めて価値を生み出す機会をつくると考えています。例えば、株主たちに対しては魅力的な配当が受けられるようにする、地域社会には低コストを実現する競争力のある企業経営で貢献する、全従業員の命を第一とする、といった取り組みです。

　このように企業としての高みを目指すべく、同社は組織文化の枠組みを確立する企業価値を以下のように定義しています。

▶ **全従業員の命が第一**

▶ **威厳**

▶ **個人の貢献によるチームワーク**

▶ 結果にフォーカスする

▶ 共感

　最後の「共感」については、コロナ禍において非常に重要であるとしています。

■ 従業員の満足を企業活動の基本柱の一つに

　GEBでは、ビジョン・ゼロにおける7ゴールデンルールの考え方を安全衛生戦略の中核に置き、全従業員と協力会社の安全、健康、ウェルビーイングを推進しています。そのマネジメントモデルは、以下のような、PDCAアプローチの11の実践事項に基づいています。

1. リーダーシップを取り、コミットメントを提示：経営層および全管理職は、チームの安全と健康に責任がある。ロールモデルとなり、自らが模範となり、この活動をリードする

2. 危険源を同定し、リスクをコントロール：リスクアセスメントにより事故や生産のダウンタイムが発生する前に危険とリスクを同定する。その取り組みがリスクの評価と安全方策の実施につながり、さらには文書化に役立つ

3. ターゲットを定めてプログラムを作成：ゴール志向かつプログラムベースのアプローチを用いる。事故件数を継続的に減らすという目標を設定し、それを達成するために定期的なコミュニケーションを取る

4. 従業員や請負業者の能力向上および能力開発：すべての従業員および請負業者がそれぞれの立場の職務を遂行できるために必要なトレーニングや継続的教育を提供する

5. 法令順守と従業員の参画：法的要件などへの準拠を評価するためのプロセスを確立、

実装、および維持し、労働安全衛生管理システムを遂行する

6. 協力会社の管理：調達プロセスを請負業者と調整して、危険を洗い出し、労働安全衛生におけるリスクを評価・管理する。請負業者の労働安全衛生文化を強化するためのプロジェクトを開発する

7. 危険の排除と労働安全衛生リスクの低減：「制御の階層」により危険を排除し、労働安全衛生リスクを低減するためのプロセスを確立、実施、維持する。重要なリスク管理プログラムと疫学的監視システムを開発し、実施する

8. 緊急事態への備えと対応：潜在的な緊急事態に対応するために必要なプロセスを確立、実施、維持する

9. モニタリング・測定・分析・パフォーマンス評価：労働安全衛生管理システムの監視や測定、分析、パフォーマンス評価のプロセスを確立、実施、維持する

10. インシデント、不適合および是正措置：事故や不適合を判断し管理するための報告、調査、行動を含むプロセスを確立、実施、維持する

11. 継続的な改善：労働安全衛生管理システムの適合性、妥当性、有効性を継続的に改善する。労働安全衛生における説明責任とコーポレートガバナンスを実行する

　GEBは、トップダウンで安全衛生文化を構築するためには、リーダーの参画が不可欠であるといいます。このため、すべてのリーダーはチームの安全、健康、ウェルビーイングに対するコミットメントを毎年宣言し、現場におけるリーダーシップを目に見える形で表明しています。

　こうした同社では、リスクマネジメントのリーダーに権限を与えて、2021年には800回以上の「Safety Walk and Talk」を実施。また、請負業者の安全衛生を評価・改善するために恒久的なシナリオを作成し、請負業者の安全衛生に関する会議を600回以上開催してい

ます。さらに、ハイリスクな作業に対しては安全衛生チームによるアプローチと介入を強化し、作業前検査を3000回近く実施しているといいます。

ビジョン・ゼロを達成するために、同社は「安全文化の醸成と学びが重要であり、変化に対する動機づけの状態を理解、発展させることが必要」と考えています。さらに、コンシャス・キャピタリズム・インクの共同創業者で、米ベントレー大学のマーケティング教授であるラジェンドラ・シソーディア氏らがまとめた「コンシャス・キャピタリズム・実践ガイド」の中の「時間の経過に伴う組織のコミットメントの段階」から、同社は、安全文化の醸成と学びの過程には大きく3つのステージがあると説明しています。

▶ 第1ステージ：KNOWING（コンタクトと気づき）
▶ 第2ステージ：DOING（理解、関与、受容）
▶ 第3ステージ：BEING（コミットメントと内面化）

シソーディア氏らは著書の中で、このステップが従業員に対して恐れやストレスを与えず、愛と信頼に基づいて会社を構築することを可能にすると説いています。同社では、こうした考えに基づき、従業員の満足を企業活動の基本柱の一つに据えているのです。

以上のような安全文化の醸成を目指す取り組みの成果として、同社では4年以上死亡事故が発生しておらず、かつ4年間で休業災害度数率（LTIFR）が大幅に減少したと明かします。

ノボ・ノルディスク
従業員のストレスを最小限に抑えるよう仕事を設計・管理する

　ノボ・ノルディスクは、世界80カ国に約4万5000人の従業員を有するグローバル製薬企業です。生産拠点はデンマーク、ブラジル、中国、フランス、米国にあり、糖尿病治療薬などを製造しています。

　同社では、従業員の能力を向上させるためには心理社会的に整った職場環境が必須であり、それが精神的ウェルビーイングを守る重要な要因であると考えています。さらに、仕事でのストレスは、同社における業務上のリスクとして捉えています。同社には、「何百万人もの患者の元に早く医薬品を届けたい」という強い使命感を持つ従業員がたくさんいるといいます。しかし、このことが過度な精神的ストレスにつながる恐れがあり、ウェルビーイングの観点からは好ましくないとしています。

　そんな同社は、従業員のストレスを管理するだけではなく、職場の心理社会的なリスクを管理することも、会社側の責任であると考えます。そのため、同社の安全衛生戦略では、各エリア担当の副社長がストレス症状を訴える従業員の割合を年間で10％削減することをコミットし、継続的な改善に取り組んでいます。

　実際、同社は従業員意識調査を実施し、ストレス症状について質問しています。その際には、「ストレスを感じるかどうか」と漠然と聞くのではありません。従業員に尋ねるに当たってはまず、「ストレスとは、緊張したり、落ち着かなかったり、神経質になったり、悩んだり、常に問題のことを考えて夜も眠れなかったりする状態を指す」という定義を示し

ます。

そして、「現在、このようなストレスを感じていますか」と尋ね、「全く感じない」「少し感じる」「かなり感じる」「とても感じる」のいずれに該当するかを答えてもらいます。2021年4月に実施した調査では、この問いに対して、全体の16％が「かなり感じる」もしくは「とても感じる」と回答したといいます。

この16％の従業員に対しては、「どのくらいの期間、ストレスを感じていましたか」と質問しています。特に、3カ月以上にわたりストレス症状が続く従業員については要注意であるとし、追跡調査を検討しています。さらに、「ストレスの主な原因は何ですか」という質問には、大多数が「職場の状況によるもの」と答え、一部が「仕事とプライベートの組み合わせによるもの」と回答したといいます。

こうした調査結果から、企業側が組織として、かつ雇用者として、従業員のメンタルヘルスと健康を確保するために職場のリスクをコントロールする責任があると、同社は考えているのです。

実は、同社では、こうしたストレス症状に関する聞き取りを2014年から実施してきました。2019年までは、強いストレス症状を訴える従業員が安定的に減少してきましたが、2020年には少し上昇し、2021年には再び減少に転じました。2020年に一時的に上昇した背景には、新型コロナウイルスの問題があるとしています。

■2次予防よりも1次予防に注力

ノボ・ノルディスクは、精神的ウェルビーイング戦略に基づいてストレス症状の予防に取り組んでいます。具体的には、ストレス症状がある、あるいはそのリスクがある従業員を発見し、何らかの支援をします。これにより、従業員のストレス症状の悪化による燃え尽き症候群や欠勤などを防ぐことができます。ただし、これは2次予防です。同社が最も

力を入れているのは、1次予防になります。

　同社の考える1次予防とは、ストレス症状を最小限に抑えるように仕事を設計・管理すること。職場における心理社会的なリスク要因を特定し、軽減することが重要となります。さらに、「健康的で魅力的な職場環境を確保することは、すべての人の責任である」という考えから、組織内で責任分担をして1次予防に取り組んでいます。特にラインマネジャーは、仕事がうまくいっていない社員や個人の面倒をみるだけではなく、心理社会的なリスク要因を特定し対策を講じる予防的な仕事に大きな責任を持っています。

　一方、同社の安全衛生部門は、安全衛生のためのツールの提供、人事部門の訓練、年次モニタリング、安全衛生組織の訓練・サポートを担います。各拠点のP＆Oや人事部門と密接に連携しながら、同社のガイダンスを現地のプロセスに適用し、職場のウェルビーイングや心理社会的要因に取り組むよう、各組織のマネジャーをサポート・訓練しています。

■ ウェルビーイング維持のための組織、リーダーの取るべき行動

　ノボ・ノルディスクでは、職場における心理社会的リスクを捉えるに当たり、以下の6つの要因について、ポジティブ（＋）であるかネガティブ（マイナス）であるかを評価します。

✓ 影響および制御：（＋）説明責任／（−）無力

✓ 社会的支援：（＋）社会的なアンカリングと統合／（−）孤独や隔離

✓ 予測可能性：（＋）安全性と確実性／（−）不安と不確実性

✓ 認識：（＋）個人の尊厳と価値観／（−）欲求不満と無価値

✓ 意味：（＋）一貫性の感覚と内なる満足／（−）疎外と無意味さ

✓ バランスの取れた要求：（＋）個人の成長と幸福／（−）ストレスと無関心

良好な心理社会的職場環境とは、「従業員が自分の業務に関して影響力や発言力がある と感じられる」「社会的支援を受けている」「自分の仕事の状況をある程度予測できる」「仕事 に打ち込んだ努力が認められている」「正当な評価を受けている」「自分の仕事に意味がある と感じている」「バランスの取れた要求を経験できる」ことを特徴とします。こうした環境 であれば、従業員のメンタルヘルスにプラスの影響を与えます。逆に、そうでなければ、 従業員のメンタルヘルスにマイナスの影響を与えて体調不良を誘発し、結果として職場の 繁栄につながりません。

　同社は、エンゲージメントサーベイを心理社会的職場アセスメントと位置づけ、毎年実 施するワークプロセスの中に組み込んでいます。これは年に1度、全従業員に対して18の 質問をする簡単な調査で、上記の6つの心理社会的要因を用います。そして、その結果は、 組織やチームの対話に生かされます。調査やアンケートは情報を与えてくれるだけのもの であり、真の価値は、各チームにおいてその情報を管理者とともに議論することにあると 考えるからです。そのため、同社経営陣も、現場に対して対話を推奨しています。

　同社では、こうした取り組みに当たって「Evolve」というエンゲージメント評価サービ スを利用しています。このツールは、データを提供し、チームや組織として何がうまく機 能しているか、何を改善すべきかについて、コアタスクのオフセットと一緒に議論しても らうためのものです。

　さらに、各チームが職場環境の改善に対してどのように取り組めばよいのかを考えるた めに、「IGLO」のアクションプランのテンプレートを活用しています。このテンプレート では、「Individual： 個人」「Group： グループ」「Leadership： リーダーシップ」 「Organizational：組織」の4つの視点、すなわち「個人でできること」「グループでできるこ と」「リーダーシップとしてできること」「組織レベルでないとできないこと」について考え ていきます。例えば、現場のマネジャーは、職場のウェルビーイングに影響を与えるもの

すべてを完全にコントロールできるわけではありません。こうした問題については、組織レベルで考えていくことになります。

　従業員が精神的ウェルビーイングを維持できるようサポートするために、組織が取るべき行動として、同社は次のような例を挙げています。

✓ 組織変革を実施するペースが適度かどうかを見直す

✓ リソースと期待のバランスを取る

✓ 目標と期待を調整する

✓ 優先順位を明確にする

✓ スキル開発をスケールアップする

✓ 一般的なリーダーシップスキルに加え、特に遠隔リーダーシップを向上させる

✓ 業務において健康的な習慣を促進、会議の回数を制限、十分な休憩時間を与える休憩文化を正当化する

✓ 従業員が自分の本音を「あえて共有する」環境を育む

　一方、ストレスを予防するための効果的なリーダーシップのアプローチについては、次の例を挙げています。

✓ マネジャーが好奇心を持ち、オープンな質問をし、耳を傾ける継続的な対話を行う

✓ 職場環境のストレスとリソースのバランスに関する従業員の経験を継続的に振り返る

✓ 肯定的で発展的なフィードバックを行う

✓ メンタルヘルスと仕事の両方について1対1で対話する機会を設ける

✓ 社内の文化やタブーにも触れ、チーム内でメンタルヘルスについて話し合う

✓ 健康的な仕事の習慣を自分で実践し、ロールモデルとなる

✓ リーダーが自分の弱みを見せることがプラスになることがある

　こうしたことの実践がチーム内の心理的安全性とチーム内の「文化」にプラスの影響を与えると、同社では考えています。

ロレアル
すべての活動の中心に「人」を据える

　フランスの化粧品大手であるロレアルは、人間工学的な改善やウェルビーイングの促進を通して、公私にかかわらず従業員の生活にポジティブな影響をもたらせると考え、「安全、健康、ウェルビーイング」の文化の醸成に取り組んでいます。

　さらに、多様なステークホルダーのニーズに応えることも重要であると、同社は考えています。世界150カ国で事業展開する同社にとって、多様な社員に対応することは重要であり、それを可能にするために同社の労働安全衛生部門には同じくらいの多様さが求められるといいます。

■「未知の未知」の同定と軽減の取り組み

　ロレアルでは、「事故は必要ない」というモットーを掲げています。これは、「事故の発生は、1回でも多すぎる」という考えになります。同社では「未知の未知（the unknown unknowns：いまだ発生したことがない潜在リスク）」を常に探し求める姿勢が大切であるとしています。将来起こり得る可能性が非常に低いとされるリスクでも、確実に同定することが重要であると考えているからです。そうした、「未知の未知」の同定と、それを軽減するための取り組みを継続しています。

　さらに、安全と健康の面でも、「（安全）レベルが低くなってきている信号」や「（元気が）弱っている信号」をキャッチしたら、すぐに取り組む必要があるといいます。実際、こう

した取り組みが全従業員に気づきや学びの機会を与え、応急処置が必要な事態の発生など を抑制することにつながっていきます。

「弱っている信号」に関しては、今後組織として進む方向、あるいはステークホルダーや 顧客のニーズに応えるために進むべき方向を見極める「道しるべ」としても活用されてい るといいます。

■ 誰でも「安全、健康、ウェルビーイング」の推進リーダーになれる

ロレアルにおける安全、健康、ウェルビーイングの改善推進においては、「誰もがリー ダーになれる」というメッセージを発信しています。従業員は、職場以外にも生活があり ます。職場では、管理職でなかったとしても、私生活では、地元フットボールチームの キャプテンであるかもしれません。これは、公私にかかわらず、誰もがリーダーになり得 る機会があるということ。すなわち、誰もが安全文化を目に見える形でリードする「安全 衛生のリーダー」になれるのです。

そんなロレアルでは「Safe at Work, Safe at Home」というビジョンの下、社内だけでは なく、従業員の家族や地域コミュニティー、周囲の企業にまで影響を与えるべく、同社に おける安全文化の発信に努めています。こうした考えが、同社がビジョン・ゼロ・ビジネ ス・カウンシルに参画している動機の一つであり、ビジョン・ゼロを支持している理由でも あるのです[1]。

---

[1] ロレアルでは、実際にはビジョン・ゼロを導入していません。しかし、過去の活動を振り返っていくと、ビジョン・ゼロの7ゴールデン ルールで説いている内容と同じであるといいます。こうしたことから、ロレアルでは、7ゴールデンルールは労働安全衛生活動において 極めて有効なツールであり、焦点を当てるべき領域をカバーしているとしています。

■ ブラッドリーカーブにおける「相互啓発型」を目指すために

デュポンが提唱するブラッドリーカーブでは、安全文化の成熟度について、「反応型」「依存型」「自主型」「相互啓発型」の4段階を定義（第6章「IDEC」参照）。ロレアルは、最も成熟したレベルである相互啓発型を目指しています。

そのためにロレアルでは、まずすべての活動の中心に「人」を据えています。優秀な人材の獲得と確保はすべての企業にとって重要ですし、社員を会社により貢献できるような人材に育て上げることもまた大切です。こうした競争の激しい人材獲得においても、同社は安全、健康、ウェルビーイングの取り組みが強みになると考えています。

安全をコストとみている組織はいまだに多くありますが、ロレアルでは「安全はビジネスの推進力になり得る」と考えます。そこで同社では、事故を起こさないように安全を守るだけではなく、社員の士気や能力に与える影響など有形無形の価値を示すことで、これまでの考え方を変えていく必要があるとしています。

ロレアルは、ブラッドリーカーブが示す段階に応じて導入できるツールがあるといいます。安全衛生文化が十分に成熟していない段階では、先進的なツールを試しても機能しません。実際、人を中心とした行動システムや動的なリスクアセスメントを導入しようとしても、安全文化がそれを活用できるほど成熟していなければ機能しません。仮に半年程度はうまくいっても、長期的には機能しないことを、同社は過去に経験しているといいます。

さらに、「死亡事故や取り返しのつかない事故を確実に回避することの重要性に目を向けることを怠ってはならない」と、同社は指摘します。労働安全衛生部門の限られたリソースでは、行動ベースの安全や安全文化への取り組みを進めていく中で、「確率は低いものの起こり得る、取り返しのつかない事故」のことをつい忘れてしまうことがあります。だからこそ、限られたリソースで活動を行う上では、死亡事故を起こさないこと、取

り返しのつかない事故を起こさないことを最優先するように考えているのです。

■「Safe at Work, Safe at Home」が相互啓発型へたどり着くための推進力

このような相互啓発型の安全文化の構築に向けた推進力が、「Safe at Work, Safe at Home」プログラムになります。これには、ブラッドリーカーブのどの段階でも取り組め、活動に参加した人には誇りを与え、周囲には安全をもたらすことができます。

まず、家庭内では家族と安全について話します。地域社会では安全文化を広める活動に取り組みます。これにより、職場とは異なる居場所において、自分自身にリーダーとしての誇りが感じられるようになるのです。

リーダーは、目に見える形でリーダーシップを発揮しなければなりません。それには、有言実行すること、約束を守ることだけではなく、「ここぞ」という場面で実行することが不可欠。そして、これが、真のリーダーであるか否かの試金石になるといいます。ロレアルでは、従業員がこうした経験を積むことで、組織における安全アンバサダーやリーダーの育成につながっていくと考えています。

もう一つ重要なことが、リスクマネジメントです。死亡事故を起こさないようにするためには、現場の一人ひとりのエンゲージメントとオーナーシップ（個人が与えられた職務やミッションに対して主体性を持ち、取り組む姿勢やマインド）を高めることが大事であるといいます。

労働安全衛生の取り組みは、管理職だけではなく、オペレーターや技術者、研究者、現場作業者たちにまで広く浸透させる必要があります。「安全に働いてほしい理由は、会社のためだけではありません。社員たちには愛する人がいます。森を散策したり、サッカーをしたりと、仕事の他にも大切なことがたくさんあります。だからこそ、安全でいてほしいのです」──。従業員に対して、安全がなぜ必要なのかを、このように伝えることで視

点がらりと変わり、社員との会話、そして理解が深まったといいます。

　併せて、ガバナンスが重要であることも、同社は強調しています。

■ RoSPA とタッグを組み、世界中の死亡事故を減らす

　多様な人々、文化、言語が存在するロレアルの事業において、全従業員が労働安全衛生の側面で同じ基準の恩恵を受けられるよう最善を尽くす一方、誰一人として置き去りにすることなく進めていくのは、同社単独では困難であるという見方をしています。そこで同社は、2018年から英国王立災害防止協会（RoSPA）*2とパートナーシップを結び[1]、同協会の力を借りながら、職場や家庭におけるあらゆる場面での事故防止に努めています。

　ロレアルとRoSPAによる研究の最初のステップは、インターネット検索などを活用し、さまざまな情報源から世界各地域の事故に関する数字を洗い出すことでした。

　例えば英国では、2016〜2017年に発生した業務中の死亡事故は137件、家庭でのそれは約6000件〔英国安全衛生庁（HSE UK）のデータより〕。実に、家庭での事故は業務中の事故よりも40倍以上多かったのです。原因は、転落、火傷、窒息、飲み込み、溺死などさまざまですが、多くは未然防止できたと考えられています。

　中国と香港では、「家庭での死亡事故の原因としては転倒が多い」というデータがありました。香港に限れば、「子どもの死亡事故の3分の1が電池のような危険な異物を口にしたことによる」という独特なデータも確認できたといいます。

　ブラジルでは、2018年に1〜4歳までの子どもが900人以上死亡（保健省のデータより）。

＊2　RoSPAは2017年から、職場や家庭の中だけではなく、道路を移動したりレジャーを楽しんだりしているときも対象に、事故の発生状況や広がりを把握するための研究を開始しています。2017〜2020年にかけて実施した調査によれば、「仕事」「道路」「レジャー」での事故件数が多い年代は20〜35歳。一方、「家庭」での事故件数は若年層と高齢者層で特に多く、平均では人口1000人当たり約10件を下回ることはないといいます。同協会では、5歳以下の幼い子どもたちを守ることで事故率を下げると同時に、安全教育を実施する取り組みを進めています。こうすることで、子どもたちが成人する頃には、人為的な過失による事故を中心に、事故件数を減らしていけると考えています。

事故の犠牲者として2万7000人以上が入院しています。こうした事故の多くも、普段から警戒し事故防止の意識を高く持っていたら回避できたと、ロレアルは考えています。

中国とブラジルのロレアル現地法人では以前から、安全性に関して若い世代を取り込む方法を確立してきました。具体的には、事故防止や安全について、画像を交えつつさまざまな言語でメッセージを発信することで、若い世代がその考え方に適応し、自分で学習できるようにしているのです。

さらに、中国の現地法人では最近、5歳以下の子どもを持つ保護者を対象に、冊子やガイダンスを通じて注意を促すテーラーメイドのキャンペーンを実施（**図表6-16-1**）。それと並行して、創造力と才能にあふれる若い頭脳を募り、彼ら自身が自信を持ち、警戒心を高め、親も安心できるようなアプローチを構築しています。

今日の子どもたちが明日の労働を担い、親となります。従って、今、彼らに安全につい

図表6-16-1 中国現地法人における事故防止キャンペーン（出所：ロレアル）

て教育することが重要であり、そうすることで彼らが生涯に渡り良い習慣を持ち続け、未来の死亡事故件数の減少につながっていくと、ロレアルは考えます。引いては、それが国の負担を軽減することにもつながっていくはずである、と。

ナイキ
「誰もケガをしない」職場を、サプライヤー企業と一緒につくる

　スポーツメーカーのナイキは、安全で健康的な職場はレジリエントと柔軟性を高め、会社の成功に多大に寄与すると考えてきました。特にコロナ禍で、こうした考え方をさらに強化したといいます。

　同社では、「安全で健康的な労働力はリーダー（管理者）から始まる」とし、管理者自身が会社の倫理的な方向性を示し、「誰も職場でケガをしない」という原則を確立しています。このことは社内だけに閉じず、社外のバリューチェーンを構成するサプライヤー企業とも共通ビジョンとして共有しています。

■ 労働災害ゼロを掲げるビジョン・ゼロ・ファンドと連携

　そんなナイキでは、ビジョン・ゼロ・ファンドと協定を結んでビジョン・ゼロの推進に取り組んでいます。同ファンドは、政府、雇用者団体、労働者団体、企業を結びつけ、重大かつ致命的な労働災害をゼロにするというビジョンの実現に取り組む国際組織。同ファンドが掲げるビジョンは、同社の「誰も職場でケガをしない」というビジョンと軌を一にするものといえます。

　ナイキがビジョン・ゼロ・ファンドと連携するメリットは大きく二つあります。一つは、同ファンドのこれまでのさまざまな取り組みやリソースを結集することで、安全衛生上の課題を体系的に研究・特定し、解決に向けてサプライヤー企業の能力を高めることができ

る点。もう一つは、同ファンドのベターワークプログラム「Better Work, Better Business, Better Lives (より良い仕事、より良いビジネス、より良い生活)」*¹ のような、国際労働機関 (ILO) など他の団体が実施している素晴らしい活動を活用し、それを他の国や地域にも展開できる点です。

　実際、ナイキが同ファンドと連携して最初に着手するプロジェクトは、交通と車両の安全性をテーマにしたものになる予定です。実は、このプロジェクトは、ILO の事業計画「ベターファクトリーズ・カンボジア (カンボジアのより良い工場) 計画」*² の経験と学びを生かしたもの。業務中以外の、職場と家を行き来する通勤時などの安全確保も、対象としています。

■ 各国のサプライヤー企業と取り組む変革的リーダーシッププログラム

　ナイキにおけるグローバルサプライチェーンは非常に複雑です。同社では製造委託先業者と協力し、世界 40 カ国以上にある 450 超の生産拠点において最終製品を製造しています。各国のサプライヤー企業が現地で雇用する従業員は、実に 100 万人以上に及びます。

　同社では、サプライヤー企業と密接に連携し、ナイキの行動規範に従いながら現地の法律を順守するための適切な計画を立て、それに見合ったリソースを確保するようにしています。これにより、各国のサプライヤー企業には、労働安全衛生や環境にプラスの影響を与える取り組みを実践してもらっているといいます。

　こうした取り組みを推進するに当たり、同社は、サプライヤー企業 11 社が参加する「サプライヤーサステナビリティ協議会」を結成しています。同協議会には、ナイキとサプラ

---

*¹ 国際労働機関 (ILO) と世界銀行グループのメンバーである国際金融公社 (IFC) によるパートナーシッププログラム。多様なグループ (使用者、工場所有者、労働組合、国際的なブランド、政府機関) を結集し、世界的な縫製産業の労働環境の改善と競争力強化を図る取り組み。
*² 労働条件の改善を通じた、企業競争力の向上によるカンボジア経済の構築と貧困削減を目指した ILO の取り組み。

イヤー企業双方の最高経営責任者（CEO）、最高執行責任者（COO）、最高サプライチェーン責任者（CSCO）ら経営層が参加。フットウエアおよびアパレル製造業において、サステナビリティという今日のキートレンドに対する集団的行動を活性化することを目的としています。そして、こうした活動を長期戦略に組み込むことで、環境リスクを軽減しながら、未来の地球を守る行動を実践していこうとしているのです。

同協議会に参加するサプライヤー11社では、計50万人以上の従業員を雇用し、ナイキの最終製品の約半分を生産しています。こうした規模の連携を実現することにより、気候変動、人材、トレーサビリティー、安全衛生において業界をリードすることにつながります。

さらに同協議会では、安全衛生における「変革的リーダーシッププログラム」に取り組んでいます。同プログラムは、英国の労働安全衛生研究所（IOSH）と共同開発したもの。同協議会に参加するサプライヤー企業のリーダーたちが、企業レベルでの効果的な安全衛生マネジメント法と、倫理的な方向性を決定する上での自身の役割について学びます。

同プログラムの目的は、ガバナンス構造のギャップを自ら洗い出し、改善へのロードマップを作成することにあります。実際に同プログラムを受講したリーダーたちからは、「安全衛生分野だけではなく、ビジネスの他の分野においてもガバナンス強化に役立った」などと、非常にポジティブな反応が寄せられています。

現在は、同協議会メンバーであるサプライヤー企業11社すべてに適用していますが、将来的には同協議会メンバー以外にも広げていく予定といいます。

case 18

レゴ
リスクを未然に防ぐグローバルネットワークを構築

　デンマークのビルンに本社を置くレゴは、デンマークの他、ハンガリー、チェコ、メキシコ、中国の5カ所に生産拠点を、米国、英国、中国、シンガポールの4カ所に主要オフィスを構えます。そして、販売拠点は世界で37カ所、同社直営店は678カ所に及びます。自社工場では、プラスチック玩具の射出成型から組み立て、塗装、梱包（予備梱包と最終梱包）まで手掛けています。

　同社はウェルビーイングに関して、「身体」「マインド」「コミュニティ」「場所」の4つの柱で構成される、独自のフレームワークを持ちます。健康維持のためのサポート、福利厚生、メンタルヘルスなどへの取り組みは、従業員のレジリエンスを高め、過度な精神的ストレスを予防します。加えて、ワークデザインや職場環境面においては、安全で効率の良い職場づくりを目指しています。

　社内のコミュニティについては、多様性を重視。すべての人がその人らしくあるために、文化やリーダーシップといったアプローチを主軸に据え、安全かつ信頼できる空間を構築・醸成することが重要だと考えています。

■EU機械指令を社内基準とし、全世界で同レベルの安全確保

　レゴは、下記のビジョン・ゼロの7ゴールデンルールに基づく活動を実践しています。

1. リーダーシップを取り、コミットメントを示しましょう

2. 危険源を同定し、リスクをコントロールしましょう

3. ターゲットを定めてプログラムを作成しましょう

4. 労働安全衛生体系を整備しましょう

5. 機械、設備、作業エリアの労働安全衛生を確保しましょう

6. 従業員の資格を向上し、能力を開発しましょう

7. 人に投資し、参加を通じてやる気を高めましょう"

　まず、ゴールデンルール5「機械、設備、作業エリアの労働安全衛生を確保しましょう」では、新しい機械を生産現場に導入する際の許可と承認の方法を明確に定めています。「ステージゲートモデル」と呼ぶ、この方法は、アイデアの準備、仕様の作成、機械サプライヤーへの書類の作成など、機械の導入プロセスの中で必要な情報を、必要なタイミングで正確に提供。新しい機械の導入が決定したら、まず、サプライヤーの元で工場受け入れテストを行います。

　これが済むと、実際に工場に機械を設置して検証し、サイト受け入れテストを実施します。このプロセスにおいて重要なのは、「導入する機械がCEマークを取得できるか、あるいはCEマークを取得しているかを確認すること」といいます。すなわち、EU機械指令とその基礎となる規格に準拠していることが、安全の証しとなるのです。

　実は、同社では、EU機械指令を社内基準として定めています。例えば、メキシコや中国を拠点とする工場では、欧州の法規制であるCEマークの認証は必須ではありません。しかし同社では、全世界の生産現場で同レベルの機械を取り扱えるようにしたいという考えから、グローバルで欧州規格を社内基準として採用しているのです。こうしておけば、仮にメキシコからハンガリーに機械を持ち込んでも、スムーズに適用できるというメリッ

トもあります。

■ 単独での機械操作までにはハードルが幾つも

　次に、ゴールデンルール6「従業員の資格を向上し、能力を開発しましょう」を見てみましょう。

　レゴではこれまでも、社内で発生したすべてのインシデントを注意深く調査し、事故の根本原因を追究してきました。すると、根本原因は時として、当事者の能力の欠如にありました。こうしたことから、同社は仕事を安全に遂行するためには、従業員一人ひとりが自身の行動が持つ、あるいは引き起こす重大性や、一定レベルの能力を兼ね備える必要性について認識しなければならないと考えました。

　そこで構築したのが、「5ゲートモデル」です。例えば新入社員の場合、入社時に特定のワークステーションのプロファイルに基づいた、全世界共通のテストを受けます。これを通過すると、機械操作に当たって必要な安全に関する基本的な知識などを学習する機会が設けられます。この講義を受けテストに合格すると、それまで得た知識を職場で応用するための実践的な内容の講義を受講し、理解度テストに臨みます。これに合格すると、いよいよ監督下での機械操作の許可が下りるのです。

　そこからさらに従業員単独で機械を操作できるようになるためには、さらにテストを受けて合格しなければなりません。そのテストでは、与えられた課題に対し、実際に使用する機械で解決できるかどうかが試されます。そして最後に、ロールプレイ研修によるプロセス確認を何度も実施しながら、受講者たちが与えられたタスクを安全かつ着実にこなせる能力と資格を有しているかを確認します。

■リスク軽減プロジェクトの達成度を給与に反映

　最後に、ゴールデンルール7「人に投資し、参加を通じてやる気を高めましょう」の取り組みを一つ紹介しましょう。

　レゴの生産現場で働く従業員は、自分たちでリスクやハザードを見極めながら、リスクアセスメントに基づいた大小さまざまなリスク軽減プロジェクトに取り組んでいます。その推進に当たってはKPI（重要業績評価指標）を設定し、その達成度が給与に反映される「ボーナスKPI」という仕組みを取り入れているといいます。

■共有ネットワークは速やかに機能

　レゴは、リスク軽減の取り組みに参加した人たちはその学びを他者と共有することが大切であると考えます。それ故、インシデント発生時の原因究明やリスク軽減への取り組みを実施した場合、その学びについてはグローバルで共有する義務があるとしています。

　同社がこの取り組みを重視する理由の一つとして、ある場所で起きたインシデントが他の場所でも発生する可能性があることが挙げられます。過去の経験から得た学びを社内で共有することにより、最初に明らかになったリスクだけではなく、他の類似したリスクまで同定し低減できるようになります。このことがとても重要であると、同社は考えているのです。

　こうした、リスクを未然に回避するための共有ネットワークは、グローバルに構築されており、非常に速やかに機能しています。そのため、万一インシデントが発生しても、すぐにその情報をネットワークで共有し、同様の状況に対応してリスク軽減することができるといいます。

楽天グループ

「人々を幸せにする」責任者の役割と、哲学の共有

1997年に従業員6人による、インターネット・ショッピングモール「楽天市場」からスタートした楽天グループ[1]。今では、ネットショッピングに加えて、ホテル予約やゴルフ場予約、銀行、証券など、同グループのポイントプログラムである「楽天ポイント」を基盤とした事業を多角的に手掛け、世界30カ国・地域に展開する大手グローバル企業となりました。

同社の創業メンバーである小林正忠氏は、Eコマース事業の責任者を務めた後、同社米国法人やアジア法人で社長を歴任し、現在は「Chief Well-Being Officer（CWO）」として「人々を幸せにする」役割を担っています。社内では、下の名前「正忠（まさただ）」から「セイチュウさん」という愛称で呼ばれています。

そんな小林氏はプライベートにおいても、ウェルビーイングの活動をライフワークとし、母校に「セイチュウ奨学金」を設立したり、世界経済フォーラムの仲間たちと始めた児童養護施設の子どもたちを支援する財団やウェルビーイング財団を設立したりといった活動に携わっています。

■ 楽天グループにおけるウェルビーイングの活動

楽天グループでは、持続可能な未来のために積極的に社会に貢献するとして、「精神的」「身体的」「社会的」の3つの観点から健康であることを定義しています。そして、会社とし

て「楽天健康宣言：Well-being First」を発出し[2]、イノベーションを通じて人や社会をエンパワーメントし、従業員の心身の健康および社会的ウェルビーイングの向上を目指しています。こうした方針の下、小林氏はウェルネス部、エンプロイー・エンゲージメント部、サステナビリティ部を統率しています。

ウェルネス部は、従業員一人ひとりにおける心身の健康の向上・維持「インディビジュアル（個人の）ウェルビーイング」をミッションとしています。エンプロイー・エンゲージメント部では、個人の夢やアイデアを会社のミッションや価値観と組み合わせて組織単位でのウェルビーイング「コレクティブ・ウェルビーイング」を実現させます。さらにサステナビリティ部は、個人や組織だけではなく社会全体が真の意味で持続可能となるための「ソーシャル（社会の）ウェルビーイング」の実現を目指します。この3部門を通して企業価値の最大化を図るのが、CWOの役割となります。

楽天グループの「身体的」ウェルビーイングの取り組みには、従業員向けのウェルネスセミナーがあります。新型コロナウイルス感染が日本を含む世界中でまん延し始めた頃、同社はいち早くリモートワークを導入。オンライン形式のセミナーで、「マインドフルネス」「腸活」「プレコンセプションケア」など多岐にわたる健康関連のテーマを取り上げ、従業員たちから好評を得ました。

任意参加のウェルネスイベントとしては、ウオークラリーやヨガなども開催しています。そこには、従業員がこれらのイベントに参加することで、それぞれが健康を見直すきっかけづくりになればという狙いがあるそうです。

新型コロナウイルスが拡大し始めた2020年には、同社独自で作成した英語版ラジオ体操を企画し、毎朝経営陣や従業員たちがオンライン形式で集まってラジオ体操をする時間を設けました。任意参加とし、従業員だけではなくその家族も参加して楽しく盛り上がったとのことです。こうした楽しくて、しかも体に良いイベントが、楽天グループ社内のコ

ミュニティ意識の醸成にも寄与する、と小林氏は考えます。

さらに、従業員には「健康的な生活習慣を目指してほしい」と、健康情報が得られたり、健康増進の活動に参加できたりする機会づくりにも努めています。例えば、日本拠点の全従業員が参加する全体会議で一緒にストレッチする時間を設ける、各組織のミーティングの中でストレッチする時間をつくるといったことです。

■ ウェルビーイングは、お気楽な活動にあらず

小林氏は、ウェルビーイングという言葉が、「お気楽な、お花畑的な考え」であると誤解されがちであると指摘します。楽天グループにとってのウェルビーイングの活動は、「（行き過ぎたストレスではなく）適度なストレス」がある環境をつくることであり、またそれを基礎として、従業員の潜在能力を引き出して人生を充実させながら、前人未到の高い目標に挑む組織をつくることでもあるといいます。

同社は現在、70以上のサービスを手掛け、従業員も勤務地も多国籍化しています。組織には、小林氏のような創業当時からの古参もいれば、新卒入社や中途採用、再入社組の他、M＆Aなどがきっかけで同社に新たに加わった人たちも在籍しており、非常に多様性に富んでいるといいます。

しかし、個々がバラバラな価値観で行動していては、パフォーマンスを十分に発揮できず、ウェルドゥーイングにはつながりません。そこで同社では、価値観・行動指針である「楽天主義」を掲げ[3]、公平公正かつインクルーシブなチームとしての帰属意識を喚起し、従業員全員が共通の価値観に基づいて働くことを目指しています。

楽天主義のカルチャーを伝承する活動の一つが、朝会です。同社では毎週月曜日、日本時間の朝8時に全社員がリアルやオンラインで集まって朝会を開催します。内容は、各事業の進捗の共有や、新技術への取り組み、表彰、哲学の共有などさまざま。社内の他部門

が関わるサービスの成功事例を紹介することもあります。自分が所属する部門以外の取り組みに関心を持ち、そして全社のビジネスに関心を持つことこそが、ウェルビーイングであると考えるからです。

こうした朝会の場では、同社代表取締役会長兼社長の三木谷浩史氏の著書であり、同社における仕事の哲学をまとめた『BUSINESS-DO』の読書会を数分程度設けています。皆で同書を読みながら、三木谷氏自身が内容について補足し、従業員からの質問にも答えます。こうした活動を通して、従業員は同社における価値観についての理解度を深め、「なぜ自分が楽天グループで働くのか」を考えます。この価値観の接続が、ウェルビーイングのステップであるといいます。

さらに、朝会とは別に「楽天主義ワークショップ」も開催し[4]、多国籍で多様性のある従業員それぞれが持つ個人的価値観と、楽天主義という会社の価値観とのすり合わせを丁寧に行っています。会社が大切にしている価値を自分事として落とし込んでもらえるようにしているのだといいます。

楽天グループが従業員を対象に実施したウェルビーイングに関する調査では、「ウェルビーイングが高い従業員は、達成感も強く、かつ仕事のパフォーマンスも高い」ということが明らかになったそうです。このことはすなわち、ウェルビーイングが、これからの会社組織や事業にとって極めて重要なコンセプトであることを如実に示しています。

参考文献
1) 楽天、楽天の創業秘話、https://rakuten.today/rakuten-innovation-ja/founding-story-j.html?lang=ja (2023 年 4 月 6 日閲覧)
2) 楽天、従業員の健康・ウェルネス、https://corp.rakuten.co.jp/sustainability/employees/wellness/ (2023 年 4 月 6 日閲覧)
3) 楽天、楽天主義、https://corp.rakuten.co.jp/about/philosophy/principle/ (2023 年 4 月 6 日閲覧)
4) ミキワメラボ、「今、経営／人事が考える Well-being 的視点〜ニューノーマル時代を生き抜くために〜」、https://www.recme.jp/lab/entry/leaders-summit-4/ (2023 年 4 月 6 日閲覧)

ドイツ法定災害保険（DGUV）

幼少期からの安全教育が明るい未来をもたらす

　ドイツでは、教育機関における予防活動は社会福祉法に基づき実施されます。それによれば、保育施設をはじめ、初・中・高等学校、職業教育学校、大学において、予防担当者は、施設内および通勤中の災害や健康被害を回避するためにあらゆる合理的手段を講じることが要求されます。とはいえ、教育機関は主に教育と学習のプロセスに重点を置いています。従って、教育機関が教育活動の重要な課題として安全衛生を捉えるように支援すること、そして教育施設が安全で健康な、人生を豊かにする学びの場となるようにすることは、簡単ではありません。

　ドイツでは、国内法は主に労働者の健康に焦点を当てています。このため、企業の従業員を対象にした、安全衛生責任者や産業医を通じた法定ケアはあるものの、教育機関での学習者を対象にしたものはありません。そこで、我々ドイツ法定災害保険（DGUV）のような社会災害保険機関が教育機関の予防活動を支援することが重要となるのです。

　ここで、教育機関における予防の重要性について考えます。世界保健機関（WHO）によれば、健康は、身体的、精神的、そして社会的に満たされた状態（ウェルビーイング）と定義され、子ども、青年、若年成人の教育や発達に大きな影響を与えます。すなわち、健康は現時点でのウェルビーイングを決定するだけではなく、人格や能力を最大限に発達させるための重要な条件となるのです。

　教育機関は、①教育内容を通じて健康に関する知識を伝えること（健康教育）、②子ども

たちが安全で安心して学べる場を提供すること、の2つの責任を負っています。教育機関において安全と健康が日常的に優先されれば、そこで学ぶ子どもたちは健康増進に取り組む姿勢とスキルを身につけ、健康で豊かな生活を送り、自分の人生をコントロールすることができるようになるのです。

　このような、教育と健康は一体で、健康的な学習の場をつくることが重要であるという予防概念に基づき、社会災害保険機関は保育施設や学校の予防活動方針を策定しています。DGUVでは、行動の枠組みを示す予防措置10箇条（**図表6-20-1**）を用意しており、以下では、技術安全とメンタルヘルスという2つの重要な分野を取り上げながら、予防のあるべき姿と具体的な予防措置について説明します。

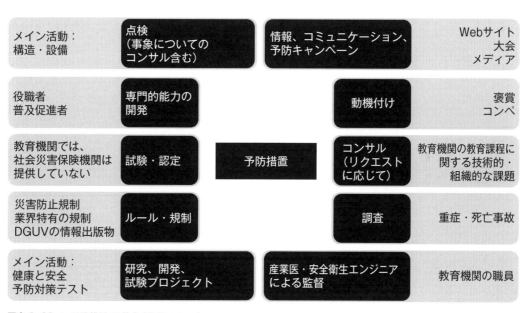

図表6-20-1　予防措置10箇条（出所：DGUV）

■コンサルティングによって技術的安全性をより高める

　教育機関における技術的安全性は、ドイツの法定災害保険機関の基本目標です。そのため、技術的安全性については、国の労働安全衛生法だけではなく、法定災害保険機関に関する法律の中でも詳細を規定しています。

　それだけではありません。DGUVの規則体系では、学校や保育施設での事故防止を目的とした構造・設備に関する規定や規則に加え、建築物の設計、学校での科学の授業、保育施設の遠足など、日常の教育現場で安全衛生を実践するための具体的な支援を示した書籍も用意しています。

　コンテンツは、使いやすい形で教育機関に提供されます。保育施設や学校、大学など分野別の規制が定められている場合には、教育機関が法的根拠の概要を必ず把握する必要があるため、それらの要件について具体的な実践方法と関連付けながら、安全衛生の側面として取り上げる方法について助言を加えています。

　このように、関連部門で経験を積み適切な訓練を受けた監督者によって、教育機関は支援を受けることができます。教育機関の第一義的な使命は教育なので、すべての安全衛生規則を実施するのは時に困難といえます。そのため、コンサルティングは大変有用な予防措置となります。必要であれば、モニタリングを行ったり、重大な事故が発生したときには調査を実施したりすることもできます。

　ルールや規則の内容や運用に関する疑問については、研究プロジェクトを通じて解決することも可能です。一例として、家具の角などにぶつかったときの傷害のメカニズムを調べる研究プロジェクトがあります。この研究データを基にすれば、保育施設にある家具の角を適切な形状や仕様に変更するなど、必要に応じて既存の規則を修正していくことができます。

■ メンタルヘルスは学校事故発生に直接的かつ決定的に影響

　健全で良い教育機関をつくるには、関係者全員のメンタルヘルスの向上を最優先とした、ホリスティックなアプローチが必要です。なぜなら、良好なメンタルヘルスは前向きな成長、学習の成功、資格取得のために不可欠な条件であるからです。メンタルヘルス向上のための対策は、関係するすべての人を対象とし、機関全体の組織から管理職、学習グループや教師グループ、さらには個々の職員、児童、生徒、青年、若年成人まで、さまざまなレベルで実施されなければなりません。

　実は、研究プロジェクト「健康行動と学童の事故発生・重症度」[1]により、メンタルヘルスが学校事故の発生に直接的かつ決定的な影響を与えることが明らかになりました。このときのパネル調査では、5〜10年（10〜16歳）の生徒を対象にモニタリングを実施。メンタルヘルスのレベルが高い生徒は低い生徒に比べて、学校での事故が有意に少なかったのです。

　こうしたことからも、DGUVでは、メンタルヘルスの向上は重要な目的、重要な活動分野と考えています。この目的を達成するために、社会災害保険機関はさまざまな活動を展開。中でも、ホリスティック・アプローチに基づく「マインド・マターズ」と呼ぶ、学校開発プログラムを推進しています（**図表6-20-2**）。

　一般に、メンタルヘルスを向上する対策としては、例えば、学校開発計画の内容や方法、学校のプログラム設計、多様性の促進、学校と地域社会のネットワークづくり、教師の健康促進、保護者との協力関係の組織化、きめ細かい指導単位による生徒の能力開発などが挙げられます。マインド・マターズは、健全な教育機関をつくるというビジョンの下、上述の対策の追加的な活動としてではなく、教育的使命をサポートするプログラムとして設計されたものです。

　具体的には、「友達づくり」「いじめやストレスの防止」といった学際的な分野だけでは

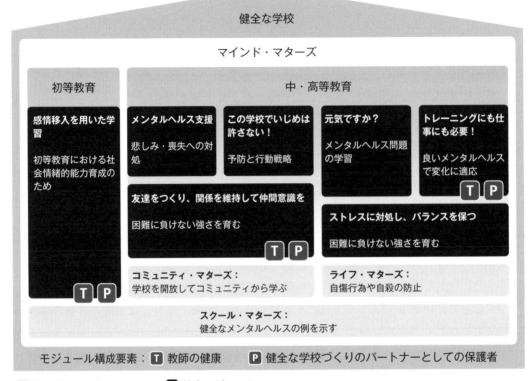

図表6-20-2 マインド・マターズの構成 (出所：DGUV)

なく、「心の病気の理解と対処法」といった実践的な分野も対象に入れています。さらに、年齢に応じた発達問題に焦点を当て、初等学校（6〜10歳）、中等学校（10〜16歳）、高等学校（16〜18歳）の各レベルに対応しています。

　実際、学校からのフィードバックや学術的な評価では、マインド・マターズの導入により予防文化の発展や社会環境の改善につながったとされています。同時に、教師たちは、

プレッシャーが軽減され、学習と教育の質を高められると感じているとしています[2]。

■ 子どもたちのリスク管理能力を高める

ドイツでは、幼少期からの事故防止が非常に重要であると考えられています。安全な環境を整備することはもちろん、子どもたちがリスクに対処できるよう、装備や準備を整えることが大切なのです。特に重要なのは、体を動かすように促すことと、社会性を育むことの2点。子どもたちが自分の能力と動きに自信を持ち、そして公正さと思いやりを学び、最終的には自分の行動に責任を持てるようにするためです。

教育機関や通学路では重大事故や死亡事故が発生します。これらは、絶対に避けなければなりません。そのためには、安全柵などの構造的（技術的）な対策や監督、ルール設定といった組織的な対策に加えて、子どもたちの安全に関するスキル、中でもリスク管理能力を高めることが有効になります。

早期安全教育においては、リスク管理能力を習得して安全に行動するようになることを目的に、子どもたちはリスクに対処する方法を学びます。リスクや危険の存在をある程度許容することは、ルールや禁止事項を設けることと同様に、子どもたちにとって重要な安全教育の一つといえます。

特に幼児期には、身体活動のリスクと向き合う必要があります。そして、そのリスクは、スキルを身につけることによっておおむね克服することができます。しかし、リスクや危険を受け入れることは、子どもたちのケガを受け入れることではありません。安全教育では、子どもたちの安全を最優先し、ケガという深刻な事態に陥ることなく、リスクを同定しコントロールする、すなわち課題を克服する現実的な力を授けるように導きます。そのためには、子どもたちが安心して学べる環境を整える必要があります。具体的には下記となります。

✓ 訓練されたスタッフ

✓ プロフェッショナルで責任あるプランニング

✓ 関連規格を順守した遊具

✓ 状況や子どもの発達に応じた監督体制

　子どもたちが安心して学べる環境は、子どもたちがリスクを取るために必要不可欠な条件です。ここでは、ケガをしない程度に危険を受け入れるのです。もちろん、安全を100％保証することはできないため事故は起こり得るのですが、重大な結果をもたらすことはありません。

　安全教育では、子どもたちの年齢が上がるにつれて、規則を守ることから、自身の能力と自立して行動する能力を現実的に理解することに重点をシフトさせていく必要があります。そうすることで思春期や青年期には、自分や他人にとって危険かどうかを判断したり、自分の健康を守ったり、危険を回避したりといった、安全に関するスキルが身につくようになるのです。

　重大事故の発生原因は主に、規則や法律を守らないことと、危険を過小評価することにあります。もし、子どもたちが早期から年齢に合ったリスクに対処する機会を得て、自らの行動が何をもたらすのかを教えられ、保護者が安全な行動の見本となれば、彼らの人生とキャリアの形成は明るいものになることでしょう。

参考文献

1）DGUV、「学齢期の健康行動と事故 617.0‐FP-0347」、https://www.dguv.de/projektdatenbank/0347/gus_abschlussbericht.pdf（2023 年 3 月 20 日閲覧）

2）MindMatters、プログラムについて、https://mindmatters-schule.de/erfahrungen.html（2023 年 3 月 20 日閲覧）

エピローグ

すべての人のためのビジョン・ゼロ宣言

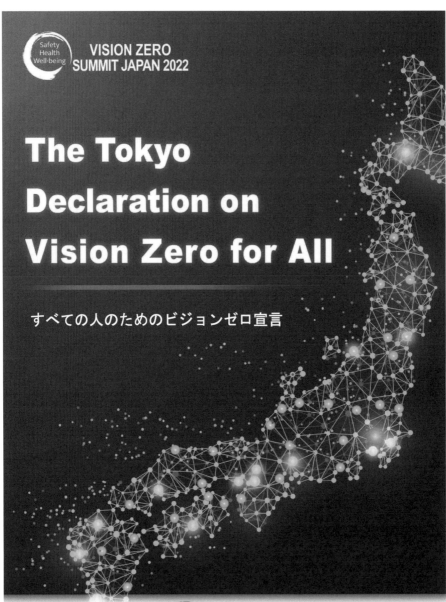

ビジョンゼロサミットは、

下記団体を共同主催者として、2022 年 5 月 11 日から 13 日まで第二回ビジョンゼロサミットとして会合し、世界の全地域への配信を行いつつ東京において開催され、

- セーフティグローバル推進機構 (IGSAP)
- 産業技術総合研究所（AIST）
- 労働安全衛生総合研究所 (JNIOSH)
- 労働安全衛生グローバル連合　ビジョンゼロ推進タスクグループ
- 国際社会保障協会 (ISSA)
- 国際労働衛生工学協会 (IOHA)
- フィンランド労働衛生研究所 (FIOH) 及び
- イギリス労働安全衛生協会 (IOSH)

開催にあたっては International ORP Foundation の支援を受け、上級専門家、雇用者の代表者、労働者の代表者、社会保障の代表者、政策立案者や管理者、そしてビジョンゼロの参画企業、パートナー、トレーナーが**参加し、**
デジタル化、ロボット化、自主的な取り組み、また標準化活動を通じて、労働における安全と健康を改善するための、国際的及び国内的な取り組みによって達成された進歩を**歓迎し、**
全ての経済分野において、特に農業、建設業、製造業、鉱業といった分野において、協調安全、人工知能、情報通信技術が新しい予防技術を開発・導入する上で実行可能な機会を提供することに**着目し、**

公衆衛生危機と経済危機をひきおこし、企業活動、行政、労災補償制度に大きな影響が及んだ世界規模のパンデミックの時代においても、国家による労働安全衛生制度と社会保障制度が発揮したレジリエンスを**認識し、**

主要な職業的危険因子への暴露に起因する労働災害・疾病が、少なくとも年間 290 万人の死者と 9000 万の障害調整生存年（DALYs）の損失をもたらしていると推定され、また毎年約 4 億 2000 万件の非致死的労働災害（4 日以上の欠勤につながる）が発生しているように、深刻な結果がもたらされていることを**認識し、**

労働者の保護、労働安全衛生の促進、労働災害と疾病の予防が、国際社会保障協会（ISSA）と労働安全衛生グローバル連合の中核的要素であることを**想起し、**

適切なアプローチと正しい努力により、すべての労働災害と疾病は予防可能であることを**再認識し、**

安全・健康・ウェルビーイングは、労働者、管理者、ビジネスリーダー、自営業者など、専門的な活動を行うすべての人が職場において担う主要な義務であることを**理解し、**

環境の保護は社会的責任であり、政府、企業、従業員、消費者のすべてが果たすべき役割であることを**あらためて明言し、**

予防における平等の促進におけるジェンダー主流化とジェンダー影響評価の重要性を**認識し、**

職業上のリスクに対処する能力は、提供された訓練に非常に大きく依存すること、したがって若年労働者は往々にして経験が浅いため高リスク集団を構成することを**再認識し、**

適切な安全衛生の枠組みの効果的な実施を確かなものとする政府の役割と、また大企業が自らのサプライチェーンや対中小企業、そして各々の市場分野において発揮できるリーダーシップを**再認識し、**

ビジョンゼロサミット 2022 で発表され、働く人の安全・健康・ウェルビーイングのためのマルチステークホルダーアプローチをまとめた「ビジョンゼロ白書」を参照し、

グローバルな予防文化の推進（2008 年の労働における安全と健康に関するソウル宣言、また 2011 年の労働における安全と健康に関するイスタンブール宣言）および、世界労働安全衛生会議（2017 年）におけるビジョンゼロ戦略の発足を想起し、

職場の安全・健康・ウェルビーイングは社会全体の責任であることを再確認し、

ここに、ビジョンゼロとは以下であることを宣言する。

1. 予防のための戦略であり、また包括的な考え方であって、グローバルな予防文化の促進・確立を望む共通の願望に基づき、労働災害と疾病を削減し、職場の安全・健康・ウェルビーイングを促進することを目的とするものである。

2. 安全・健康・ウェルビーイングに対する参加型のアプローチであって、企業における職場の労働リスクを低減するための、安全・健康・ウェルビーイングに向けた継続的な発展にコミットする変革の過程を支援するものである。

3. ディーセント・ワークの重要な側面として、安全で健康な労働条件を推進するものである。

4. 2030 持続可能な開発目標、特に SDG8（働きがいも経済成長も）、SDG3（すべての人に健康と福祉を）、SDG4（質の高い教育をみんなに）、SDG17（パートナーシップで目標を達成しよう）に資するものである。

5. 国際労働機関（ILO）の条約第 155 号、第 187 号や、国際社会保障協会（ISSA）の社会保障機関のための職業上のリスクに関するガイドライン（ISSA professional Guidelines on Occupational Risks）など、労働安全衛生に関する文書の実施を支援するものである。

6. 労働安全衛生における共通の機会と課題に対する具体的な戦略を生み出すための、労働安全衛生グローバル連合の目的を支援するものである。

7. ビジョンゼロ7つのゴールデンルールガイド、前向き先行指標 (PLI) ガイド、5Z カルチャー、ILO のビジョンゼロファンドの Collective Action Model 等の、企業レベルで安全・健康・ウェルビーイングという目標を達成するための実践的なツールやソリューションを提供するものである。

8. 人、機械、環境をデジタルでつなぐことで更に強化される協調安全の潜在力を再認識し、働く人の安全・健康・ウェルビーイングを促進するものである。

9. 職場の安全と健康を改善することにより、労働条件、生産性、経済、社会の発展に良い影響を与え、かつ予防による経済的利益 (予防効果) を促進するものである。

10. 安全・健康・ウェルビーイングに関する優良事例を通じた教育や e-ラーニング、研修、資格取得、コンサルテーションや情報交換を促進するものである。

11. 政府及び社会的パートナー、専門安全衛生機関並びに社会保障機関が、予防を促進し、治療し、支援及びリハビリテーションサービスを提供する上で、重要な役割を果たすことを再認識するものである。

以上のことから、ビジョンゼロサミットは以下を呼びかける。

政府、国際機関、労働組合、経営者団体、社会保障機関、労働安全衛生機関に対して、各々の法的枠組み、労働安全衛生規制、ガイドライン、行動計画において予防の原則を推進し、職場と社会における予防的な安全・健康・ウェルビーイング文化の推進を主導し、ビジョンゼロを国家的アジェンダの上位に据えることを。

企業に対して、7つのゴールデンルールを守り、OSH マネジメントシステムに関する ILO ガイドラインの原則に沿って、各々の OSH マネジメントシステムにビジョンゼロを導入

し、リスクアセスメント戦略を実施し、ビジネスにおいて模範を示すことを。

環境・公衆衛生機関に対し、製品やサービスの OSHE インパクトを減少するため、組織や企業における環境保護政策の一環として労働者の安全と健康を促進する持続可能なアプローチを開発することを。

学校、大学、職業訓練提供者に対し、学生と若年労働者の健康と安全を守るため、すべてのカリキュラムおよび日々の学校・大学生活に安全・健康・ウェルビーイングを盛り込み、学校から職場までの予防文化を促進することを。

大企業・中小企業に対して、環境を保護することと同様に、労働安全衛生は投資であると考えることを。

個人、労働者、雇用者、企業、ボランティア団体、地方自治体、各地域および国家政府に対し、安全・健康・ウェルビーイングをビジネスにおけるひとつの手段として、また人生におけるひとつの指針として受け入れることにより、「ビジョンゼロ」の原則にコミットすることを。

ビジョンゼロサミットの参加者は、これらの目標に対する進捗を、次回以降のビジョンゼロサミットで報告することを約束する。

おわりに

　ウェルビーイングへの注目が集まり、さまざまな立場からウェルビーイングが語られています。本書では、労働安全衛生分野において提唱されている「安全、健康、ウェルビーイング」に沿った視点で論述しました。この立場については、本書の1章で丁寧に説明しています。そこでは、さまざまな立場からのウェルビーイングを「狭義のウェルビーイング」とし、企業が目指すウェルビーイングは、安全、健康、ウェルビーイングを含んだ活動であり、これを「広義のウェルビーイング」と称しています。さらに1章では、「リスクを低減する」「健康な状態にする」そして「メンタルなヘルスを取り戻す」という、負の状態からゼロを目指すことが目標ではなく、安心して生産活動に取り組み、元気で、意欲を持って臨み、やりがいを感じるという、ゼロの状態から正の状態に向けた取り組み、すなわち、ポジティブな領域を目指した取り組みをすべきという広義のウェルビーイングの在り方を説明しています。

　広義のウェルビーイングは、企業活動が主な舞台となります。その企業活動とウェルビーイングの関係については、2章をご覧ください。環境（E：Environment）、社会（S：Social）、ガバナンス（G：Governance）の英語の頭文字を合わせた言葉にESGがあります。企業が長期的に成長するためには、経営においてESGの3つの観点が必要だという考え方が世界中で広まっています。今日の機関投資家も、短期の企業業績のみならず

持続的な発展性も重視し、ESG 評価に着目しています。ESG は、社会的責任（CSR）などのビジネス概念と補完し合うもので、株主やステークホルダに対して持続可能性の指標にもなっています。その ESG の S にウェルビーイングが深く関わります。したがって、企業関係者には、ウェルビーイングの結果に関連する多くの主観的データを重視し、客観的なウェルビーイング情報を充実させていくことが求められます。2 章では、企業活動の各ステークホルダとウェルビーイングとの関係も説明しています。

　「安全、健康、ウェルビーイング」は、「重大な労働災害や致命的な労働災害のない世界」を目指すビジョン・ゼロという活動と不可分の関係にあります。本書では、3 章でビジョン・ゼロについても詳述し、ウェルビーイングの背景を解き明かします。ビジョン・ゼロそのものは、国際労働機関（ILO）、国際社会保障協会（ISSA）がドイツ・フランクフルトで 2014 年に開催した世界労働安全衛生会議に端を発します。しかも、その考え方の背景には、日本の中央労働災害防止協会が推進してきた「ゼロ災運動」があるといわれ、我が国の労働安全分野の取り組みの面からも無視できません。

　その後、ビジョン・ゼロに関する多くの活動が関連機関によりなされてきましたが、2019 年 11 月には、フィンランド・ヘルシンキで「第 1 回ビジョン・ゼロ・サミット」が開催されています。そして、「第 2 回ビジョン・ゼロ・サミット ジャパン 2022」が、労働安全衛生グローバル連合 ビジョン・ゼロ推進タスクグループ（Global Coalition for Safety and Health at Work/Task Group on Vision Zero at Enterprise Level）、

セーフティグローバル推進機構の主催で開催されました。サミットには、41の国・地域から200人を超える関係者が講演し、聴講者も述べ7835人を数えるという、世界的にも大規模な国際会議となりました。サミットでは、ニューノーマルにおけるウェルビーイングの在り方が活発に議論されました。3章では、その中から貴重な講演や、実践事例もできる限り網羅し、適切な解説を加え、安全、健康、ウェルビーイングの全貌を紹介しています。ぜひ、世界的な潮流を汲み取ってください。

　「ビジョン・ゼロの活用法と『ゼロからプラスへ』活動のススメ」と題した4章は、具体的な実践の立場からウェルビーイングを解説しています。4章の前半では、従業員のウェルビーイングをより重視し、さらにそれを発展させるために欧州で開発された、「スカンディナビアン・レンズ」と呼ぶ手法を通じて、コンセプトとしてのウェルビーイングを提示し、その後、具体的なツールを使用して組織内のウェルビーイング度を測定し、かつ高めるための体系的な方法として、ビジョン・ゼロのフレームワークを紹介しています。

　また、ウェルビーイングを目指す安全文化構築の活動事例として、世界的なプラント建設会社である日揮グローバルの活動も紹介しています。同社の海外プロジェクトでは、"作業員の笑顔が安全文化の指標"と位置付け、「すべての人が、健康で安心して働き、家族のもとへ無事帰る」という「HSSE（Health, Safety, Security and Environment）基本理念」の下、工事管理者と作業者の接点に力点を置いてさまざまな施策が展開されて

います。これらの報告から、ビジョン・ゼロの活動を企業内で継続してきた中で具体論に発展した姿を読み取ることができます。「ウェルビーイングの重要性は理解できたが、それをどのように具体化するのか」という本質的な問いに対して、有力な情報となるはずです。4章で紹介した具体的な実践事例を参考に、自企業・現場の特徴や理念に沿った展開方法を探ってください。

　5章では、「活用の場広がるウェルビーイング・テック」としてウェルビーイングに有効な技術について論じています。4章のビジョン・ゼロの7ゴールデンルール中のゴールデンルール5「機械、設備、作業エリアの労働安全衛生を確保しましょう」では、技術の活用を推奨しています。これを受けて、安全、健康、ウェルビーイングを向上するための具体的な技術を紹介したものが5章といえます。

　具体的には、協調安全／Safety 2.0を重視してIDECが市場展開している、無線を利用した、非常停止アシストシステム「アシストE-STOP」、高所作業車での死亡事故をゼロにするとして大和ハウス工業が開発した、超音波センサーと3ポジション・イネーブル・スイッチを組み合わせた事故防止システムや、バイタルセンサーも駆使しながら「見守り安全で患者の異常をいち早く検出し、医療従事者・患者双方にメリットをもたらすシステム」などが紹介されています。さらに、列車との衝突事故が発生する踏切に対しても、地上制御装置と列車が無線で情報交換し、これまでの危険検出型の形態を、Safety 2.0の概念で安全確認型の制御方法に変え、事故防止を可能とした踏切の新しい制御技

術が紹介されています。協調安全を標榜する Safety 2.0 がウェルビーイングに有効利用できることと、安全、安心、ウェルビーイングにとって、ICT（情報通信技術）や IoT（モノのインターネット）など技術の進歩が有利な局面をもたらしていることが理解できると思います。そして 5 章では、「実際、働く人のウェルビーイングを高める施策を経営層が本気で考えていることが従業員に伝われば、現場ではアイデアが活発に出され、PDCA が回転していくはずです」とも記し、経営層に期待される方向性を示唆しています。

　既にウェルビーイングを目指したビジョン・ゼロの取り組みは、世界の多くの先進企業で進められています。その姿を「ウェルビーイング・ベストプラクティス」として 6 章で紹介しています。

　自動車界のレース、フォーミュラー 1（F1）に用いる F1 カーの製造を担うメルセデス AMG F1 の事例では、最高経営責任者（CEO）や最高執行責任者（COO）らによる労働安全衛生やウェルビーイングプログラムの価値についての働きかけにより、「責めるべきは人ではなく、問題である」という考え方が浸透し、問題点や改善点が報告され、それを基に恒常的に安全な環境を実現することに傾注するウェルビーイングへの取り組みが進展したといいます。

　BMW グループは、事業戦略の中に「安全、健康とウェルビーイング」を掲げ、その取り組みや成果については年間リポートやサステナビリティ・リポートを通じて定期的に報告しているほか、2 年に 1 度、グローバルで従業員調査を実施し、その結果を継続的

な改善プロセスに反映しているそうです。

　海外の企業ばかりではありません。ICT の力で建設現場の省人化・生産性・安全性を向上させようと取り組む清水建設や、「人間愛」の企業理念を掲げる積水ハウスなどの事例も紹介されています。積水ハウスでは、「顧客に幸せを提供するためには、まず従業員の一人ひとりが自分の幸せを主体的に考えることが必要である」とし、「心理的安全性のある職場であれば、コミュニケーションが活性化し、イノベーションが生まれやすい職場風土がつくれる」と述べています。企業で取り組むウェルビーイングが単に個人の健康にとどまらず、企業発展との関係からも無視できないようです。

　これらから見えてきたことは、経営陣が取り組むべきウェルビーイングが、生産現場の居室環境を整え、音楽を流し、働きやすい状況をつくり、生産性向上を図ることではないということでしょう。それは、一方的かつ「与える改善」で、本来の「働く者のやりがい・意欲の向上、満足感醸成」につながるものではありません。

　紹介してきた、企業に展開されるウェルビーイングの取り組みは、ステークホルダが協力してよりよい環境を求め知恵を絞る状況の創出が不可欠で、経営陣の努力はそこに集中されるべきなのです。

　まとめましょう。安全、健康、ウェルビーイング志向が職場に定着し、多くの従業員がウェルビーイングの状態で事業に取り組めば、もちろん生産性向上につながるはずで

す。しかし、企業としてのウェルビーイングは、それだけが目的でもゴールでもありません。本書の2章以降で説明したように、機関投資家は、もはや単なる財務的な経営状況のみで投資の適否を判断するのではありません。ESGといった非財務的データも企業の持続的発展を裏付けるものとして重視しています。すなわち、機関投資家は、企業が社会的課題に対峙する姿勢そのものが企業の長期的発展には不可欠と看破しているのです。もちろんSDGs（持続可能な開発目標）やカーボンニュートラルといった取り組みへの姿勢も同一です。そして、そこに目を向けるならば、従業員と経営者が一体となって目標に取り組み、成果を上げるというウェルビーイングを目指す姿こそ基本になるでしょう。

　ウェルビーイングを目指した企業での取り組みは、「課題解決を目指し、経営陣が先頭になり従業員とともにチャレンジする」という、日本にふさわしい生産活動を蘇らせるでしょう。そして、そこでの安全活動は、まさに創意工夫を凝らしてつくり出す能動的安全で、ここには進歩の著しいICTに依拠したSafety 2.0が多様に展開されるはずです。能動的安全にゴールはありません。より良い状態を目指して、より高い、生産性の上がる状況を目指した検討が恒常的に行われるのです。

　このような形態が醸成されると、働く人・職場・企業のどの断面で切っても、健康で充実したウェルビーイングの姿が見えるはずです。しかも、そのような実践的活動は、社会そのもののウェルビーイングにもつながります。

規定を根拠に、契約に従って個々人が責務を果たすことを求めていた社会では、為政者や篤志家に頼る以外に、社会の課題解決への展望は切り開けませんでした。しかし、本書で明らかにしたウェルビーイングの下では、ステークホルダが協力・協同して課題に取り組む本来の姿が生まれ、企業発展のみならず、社会的課題解決にも寄与するのです。

　自信をもって一歩踏み出す時期が到来しているようです。

『実践！ウェルビーイング』出版委員会委員長

日本大学 名誉教授 中村英夫

一般社団法人セーフティグローバル推進機構(IGSAP)

2016年7月21日設立。多数の海外機関・企業と連携し、未来の安全、健康、ウェルビーイングを人、技術、マネジメント、ルール形成の4側面から構築するホリスティック・アプローチを推進。特にウェルビーイング・テックでは、協調安全を軸に世界をリードする。

向殿政男(むかいどの・まさお)：はじめに、1章執筆

一般社団法人セーフティグローバル推進機構(IGSAP)会長。明治大学 名誉教授、顧問、工学博士。公益財団法人鉄道総合技術研究所 会長。明治大学大学院 工学研究科 電気工学専攻博士課程修了、明治大学 工学部 教授、同 理工学部 教授、情報科学センター所長、理工学部長などを経て現職。経済産業省 製品安全部会長、国土交通省 昇降機等事故調査部会長、消費者庁 参与などを歴任。主な著書に、『よくわかるリスクアセスメント』(中央労働災害防止協会)、『安全学入門—安全の確立から安心へ』(共著、研成社)、『入門テキスト安全学』(東洋経済新報社)、『安全四学—安全・安心・ウェルビーイングな社会の実現に向けて』(共著、日本規格協会)などがある。

中村英夫(なかむら・ひでお)：1章、おわりに執筆、『実践！ウェルビーイング』出版委員会委員長

日本大学 名誉教授。公財・鉄道総合技術研究所にて列車保安制御システムの研究・開発に従事し、自動列車停止装置ATSやコンピュータ式連動装置の開発・実用化を行う。研究室長として無線式列車制御システムの開発を行っていた1994年に日本大学に転職し、助教授・教授・特任教授を務め、2018年に日本大学名誉教授となる。この間、産業機械のフェールセーフ化の研究やSafety2.0の概念構築に参加、2018年から4年間、東京大学大学院 新領域創成科学研究科客員共同研究員として先端列車制御システムの研究やSTAMP/STPAの産業界への導入に関する研究に従事。現在、IGSAP Safety2.0適合審査判定委員会委員長を務め、Safety2.0を核としたウェルビーイング・テックをベースにした産業現場でのウェルビーイングについて取り組む。

アラン・スティーブンス(Alan Stevens)：2章執筆

イギリス労働安全衛生協会(IOSH)戦略的エンゲージメント部門長。安全かつ健康的、そし

てウェルビーイングな職場環境の推進を目的に、同協会の国際的な協働イニチアチブを開発・指揮。世界保健機関（WHO）、国際労働機関（ILO）、国連グローバル・コンパクト、英連邦、国際社会保障協会（ISSA）、さらに日本、韓国、シンガポール、ガーナ、ナイジェリア各国政府とともに、独創的で効果的な協働計画を構築し、各国の労働安全衛生・ウェルビーイングアジェンダ実現をサポート。複雑な社会システムへの深い造詣を生かし、あらゆる面で堅牢かつ持続可能な労働安全衛生・ウェルビーイングシステムを開発するべく、政府、投資家、規制当局、労働者の連帯をコーディネートしている。国家や組織文化の専門家としての講演依頼も多数。複雑な企業合併や紛争終結後の政府の能力開発を扱うトップクラスのコンサルタント会社を率いた経験を経て、5年前より現職。労働安全衛生グローバル連合 ビジョン・ゼロ推進タスクグループ・メンバーであり、企業価値向上を目的に、ESG観点でのビジョン・ゼロおよびウェルビーイングの重要性を発信するため精力的に活動を続ける。

マリヤナ・ジブコヴィッチ・ムテガ（Marijana Zivkovic Mtegha）：2章執筆

イギリス労働安全衛生協会（IOSH）戦略的エンゲージメント部門マネージャー。世界保健機関（WHO）、国際労働機関（ILO）、国連グローバル・コンパクト、ワールドベンチマーキングアライアンス、国際コーポレートガバナンスネットワーク、欧州復興開発銀行（EBRD）など、ウェルビーイングや労働安全衛生と社会の持続可能性に関心の高い世界的な組織やネットワーク、イニシアチブとのパートナーシップ形成、正式な協力関係構築、協働プラン実施時の調整など、同協会におけるウェルビーイング関連のハイレベルな戦略的エンゲージメントを推進・サポート。モンテネグロ大学で英語、イタリア語、文学の学部課程を修了した多言語話者であり、英ウェストミンスター大学で修士号（外交学）を取得。英外務省チーヴニング奨学金など、数々の国際奨学金を獲得した。15年間のモンテネグロ政府外交官時代に、在ロンドン・モンテネグロ大使館で上級職として4年間勤務。2020年から現職。

クリストファー・デイビス（Christopher Davis）：2章執筆

イギリス労働安全衛生協会（IOSH）ソート・リーダーシップ・マネージャー。安全衛生・ウェルビーイング分野における幅広い研究に携わる。専門は、職場におけるウェルビーイングの理論と実践、ディーセントで持続可能な仕事、人的資本マネジメント。英ノッティンガム・トレント大学で英語およびヨーロッパ研究の学士号（優等）を、英ウォーリック大学で比較文学研究の修士号と博士号を取得。これまでに多くの分野で論文を発表している他、ウェルビーイングにフォーカスした教育、ジャーナリズム、地域貢献活動にも携わる。

藤田俊弘（ふじた・としひろ）：プロローグ、3 章執筆

労働安全衛生グローバル連合 ビジョン・ゼロ推進タスクグループ アジア代表、セーフティグローバル推進機構 理事。大阪大学工学部応用物理学科卒、工学博士。1980 年パナソニック入社、1992 年には父親が創立者の一人である IDEC に入社、最高技術責任者（CTO）として機械安全、機能安全、協調安全等の開発を推進。日本電気制御機器工業会（NECA）副会長、日本ロボット工業会（JARA）理事、ファインバブル産業会（FBIA）副会長、日本認証代表取締役会長も務める。2015 年の日本発の協調安全概念構築に参画、世界浸透を図るため IEC 白書『セーフティ・イン・ザ・フューチャー』の 2020 年発行をリード。安全・健康・ウェルビーイングを三位一体で推進するビジョン・ゼロの重要性をいち早く認識し、ビジョン・ゼロ・サミット ジャパン 2022 の日本開催誘致を実現。さまざまな国際機関と積極的に連携し、働く人、全人類のウェルビーイング向上を目標に精力的に活動推進中。経済産業省による 2022年度「産業標準化事業表彰」の内閣総理大臣表彰を受賞。

ハンス - ホルスト・コンコレフスキー（Hans-Horst Konkolewsky）：
3 章特別寄稿 1 執筆

国際 ORP 財団 理事長。デンマーク出身。デンマーク・オールボー大学で社会・政治科学の大学院課程と国際関係の修士課程を修了。デンマーク労働環境監督署（DWEA）事務局次長、欧州労働安全衛生機関（EU-OSHA）初代所長、国際社会保障協会（ISSA）事務総長を経て 2019 年より現職。ISSA 事務総長時代に、労働安全衛生の予防文化形成と安全・健康・ウェルビーイングを目指すビジョンゼロ・キャンペーンを 2017 年より推進し、現在全世界で 1 万 6000 超のサポーターを擁する活動をグローバルに広めた立役者であり、ウェルビーイングの概念を労働安全衛生分野に導入した先駆者である。現在は、長年の活動で培われた国際的な人脈を生かし、毎年開催される ORP コングレスの主催や、ビジョン・ゼロ文化を継承する 5Z 文化（事故ゼロ、疾病ゼロ、廃棄物ゼロ、不平等ゼロ、無関心ゼロ）の推進に精力的に携わる。2006 年デンマークのダンネブロ勲章（デンマーク国元首・マルグレーテ 2 世女王より）、2019 年日本の向殿安全賞など、労働安全衛生をはじめ予防文化構築、社会保障における活動への功績が認められ数々の賞を受賞。

トンミ・アランコ（Tommi Alanko）：3 章特別寄稿 2 執筆

労働安全衛生グローバル連合 ビジョン・ゼロ推進タスクグループリーダー、フィンランド労働衛生研究所（FIOH）労働安全部門局長。博士（物理学）。フィンランド出身。フィリップ

ス・メディカルシステムズ研究者、フィンランド・タンペレ大学准教授を経て 2004 年にフィンランド労働衛生研究所入所。2016 年より現職。専門は労働安全・ウェルビーイング、リスクマネジメント、リスクコミュニケーション。ビジョン・ゼロマインドセットを推進し、労働安全、e-ラーニング、スマート PPE、VR アプリケーションへの新技術導入にも取り組む。フィンランド・ヘルシンキで開催された、働く場での安全・健康・ウェルビーイングのための「第 1 回ビジョン・ゼロ・サミット」成功に尽力した。

ラース・トーンヴィグ（Lars Tornvig）：4 章執筆

デンマーク・ヒューマンハウス 部長。デンマーク工科大学出身のエンジニア（建築・建設）。OSHAS18001 主任審査員。25 年以上に及ぶ安全衛生ウェルビーイングに関するコンサルティング経験を持つ。専門分野は安全衛生ウェルビーイングの戦略的マネジメントで、世界有数の国際企業でビジョン・ゼロ戦略を構築。デンマーク・ビジョン・ゼロ・カウンシルの創設者・代表を務め、国際社会保障協会（ISSA）のウェルビーイングと教育・研修国際委員会グループメンバー。イギリス労働安全衛生協会（IOSH）ビジョン・ゼロ・ウェルビーイング・コースを開発。ORP2022 国際評価賞を受賞。

スティーン・モースマンド（Stine Moesmand）：4 章執筆

デンマーク・ヒューマンハウス リーダーシップ・組織心理学部門マネージャー。デンマーク・コペンハーゲン大学組織心理学修士課程修了、作業療法学士。15 年に及ぶウェルビーイング観点での組織心理学実践経験を持つ。専門分野は、心のウェルビーイング、持続可能なリーダーシップとリーダーのウェルビーイング、ストレス、ハラスメント・いじめ・性差別、変革期における組織間のあつれき、エグゼクティブ・コーチング、心理社会的視点でのマネジメントチームの開発プログラム。

ペルニル・タウ（Pernille Thau）：4 章執筆

デンマーク・ヒューマンハウス ビジョン・ゼロ国際活動部 部長。コペンハーゲン・ビジネススクールで、企業経営学、異文化コミュニケーション、安全健康戦略的経営を学ぶ。企業経営コンサルティング、安全健康ウェルビーイング・コンサルティングに 15 年携わる。専門分野は安全健康戦略的経営で、ビジョン・ゼロ戦略・推進専門家。デンマーク・ビジョン・ゼロ・カウンシルの代表、国際社会保障協会（ISSA）のウェルビーイングと教育・研修国際委員会グループメンバーを務める。同協会が 2023 年 3 月に発行した『ビジョン・ゼロを通していかに

健康な職場環境をつくり、ウェルビーイングを向上するか』の共著者。同書にはヒューマンハウスが開発した、企業のウェルビーイング成熟度モデルが掲載されている。イギリス労働安全衛生協会 (IOSH) ビジョン・ゼロ・ウェルビーイング・コースを開発。ORP2022 国際評価賞、2015 国際労働安全衛生賞、2015 欧州労働安全衛生賞を受賞。

ラスムス・ラーベク・オルセン(Rasmus Raabæk Olsen)：4 章執筆

デンマーク・ヒューマンハウス 組織心理学者。デンマーク・コペンハーゲン大学臨床心理学高等専門職学位。組織・産業心理学・ウェルビーイングの実践経験は 15 年に及ぶ。専門分野は、ウェルビーイング、心理テスト（個人・チームの成長、人材採用）、行動設計と無意識のバイアス、持続可能なリーダーシップ、ストレスの予防と管理。

ニクラス・クロノウ(Nicklas Kronow)：4 章執筆

デンマーク・ヒューマンハウス 組織心理学者。デンマーク・南デンマーク大学心理学修士課程修了。個人・組織の心理的ウェルビーイング、ビジョン・ゼロの枠組みにおける心理的ウェルビーイングを扱う。専門分野は、ストレス、協調性、チェンジマネジメント、リーダーシップなど。臨床的な視点と組織的な視点を併せ持つ、心理学・ウェルビーイングに関するポッドキャストを運営し、好評を博している。

赤松浩二(あかまつ・こうじ)：4 章執筆

IDEC 常務執行役員。三菱電機にて Factory Automation 事業の中で開発部門と生産部門に携わる。IDEC で生産・SCM を担当する。品質改善、生産性改善、納期改善を日々求められる生産現場、サプライチェーンの現場において、安全衛生活動を推進することの難しさを実感。ビジョン・ゼロを支柱に据えて安全文化構築の重要性に着目した活動を推進。「安全衛生活動を継続的に向上させる文化の醸成に貢献した」として中央労働災害防止協会から IDEC が会長賞を受賞。安全文化構築の活動を「労働災害・疾病の防止を中心とした活動」から「組織に係わる心地良さ（ウェルビーイング）」を追究する活動へ発展させている。

中井龍暢(なかい・たつのぶ)：5 章執筆

IDEC 協調安全・Vision Zero グローバル推進部マネージャー セーフティアセッサ／ロボットセフティアセッサ。和泉電気（現 IDEC）入社後、電子系製品機構設計者として従事。小型 PLC（プログラマブル・ロジック・コントローラ）、タッチパネル式プログラマブル表示器の開

発に当たる。1995年、同社会長賞である舶木特別業績賞、および日本電機工業会の電機工業技術功績賞表彰賞発達賞を受賞。その後、ソリューション事業として注力していた顧客向けシステムの開発設計を担当し、工作機械、自動車製造ライン、ロボット向け等のHMI（Human Machine Interface）操作表示パネルの事業拡大に貢献。以降、製品マーケティング、マーケットコミュニケーション等を歴任し、現在は、全世界の職場のウェルビーイング向上に向け安全、健康、ウェルビーイングの全方向から広義のウェルビーイング実現のため、協調安全・Vision Zeroの普及に向けた活動を推進する。

梶屋俊幸（かじや・としゆき）：5章執筆

セーフティグローバル推進機構 理事。安全・安心・ウェルビーイングの技術的バックボーンとなる協調安全の国際標準化を担当。特にセーフティグローバル推進機構がスキームオーナーとなっている「Safety2.0適合審査制度」の規格と適合性評価制度開発に従事。パナソニック在職中はコーポレート部門にて世界の基準認証制度の適正化に努めるとともに、国際電気標準会議（IEC）適合性評価評議会の日本代表委員として長年にわたり制度の開発改善および適切な各国採用を推進し、2008年には産業標準化表彰にて経済産業大臣賞、2019年には内閣総理大臣賞を受賞。さらに2020年にはIECから長年の貢献に対し、日本人5人目となるロードケルビン賞を受賞。現在はIEC電気機器安全規格適合試験制度（IECEE）認証管理委員会の副議長を務める。

有山正彦（ありやま・まさひこ）：5章執筆

日本認証 セーフティアセッサ。IDEC 国際標準化・知財推進センター、日本電気制御機器工業会 防爆委員会委員長、IEC・TC31 国内委員会委員、IECEx システム国内委員会委員などを経て現職。平成22年度緑十字賞受賞。著書に「国際規格に準拠した防爆電気機器の安全設計とエンジニアリング」（共著、日刊工業新聞社刊）がある。現在、日本認証 事業企画推進部担当部長、セーフティグローバル推進機構（IGSAP）顧問。協調安全（Safety 2.0）に関する審査等に従事。

北條理恵子（ほうじょう・りえこ）：5章執筆

長岡技術科学大学 准教授。1984年看護師、1985年助産師免許を取得後、自治医科大学附属病院産科病棟に3年間、民間の産科病院に2年間勤務。その後、駒澤大学文学部心理学コースに入学。同大学大学院にて1996年修士（心理学）取得。博士後期課程在学中の1999年から

2004年まで米国ロチェスター大学でVisiting scientistとして行動毒性学を学ぶ。帰国後に東京大学にて博士（獣医）を取得。2004年国立環境研究所にポスドクとして勤務後、産業技術総合研究所、労働安全衛生総合研究所機械システム安全研究グループ上席研究員を経て、2022年1月より長岡技術科学大学 システム安全工学専攻に准教授として勤務。産業安全行動分析学研究室にて、働く人の目線からの安全制御システムの有効性評価、適切な作業行動のための行動分析学的介入、働く人のウェルビーイング評価に関わる研究に従事。日本行動分析学会会員、日本機械学会産業・化学機械と安全部門副部門長。

小林由美（こばやし・ゆみ）：6章執筆
ライター、編集者。アイティメディアで「MONOist」の立上げから参画し、編集記者として約12年間、技術解説記事の企画や執筆の他、広告企画および制作、イベント企画などに従事。2020年5月にfacetとして独立。製造業や製造業向けITに特化した取材活動や原稿執筆、編集支援などにかかわる。

アネット・ミヒラー・ハネケン（Annette Michler-Hanneken）：6章case20執筆
ドイツ法定災害保険（DGUV）教育機関部門・一般学校施設の専門委員会・分科会会長。スポーツ科学者。2012年までドイツのノルトライン＝ヴェストファーレン州の公的セクターを対象としたDGUVの学校部門で監督官として従事し、学校開発コンサルタントとして教育機関を支援。2012年から2020年までDGUV 教育機関部門・一般学校施設の専門委員会・分科会副会長を務める。2020年10月、同会長に就任。専門は、健康増進型の学校づくり（管理活動、予防の文化、安全と健康への関与による教育の質向上）、教師の健康（勤務状況アセスメント、リソース促進、ストレス軽減）、および学校での運動、遊び、スポーツ（事故発生状況、運動促進、安全な環境づくり）に関わるウェルビーイングの促進。

山田真理子（やまだ・まりこ）：2章、3章、4章、6章翻訳
IDEC 協調安全・Vision Zero グローバル推進部。空圧精密機器メーカーの海外事業部でグローバルな顧客およびサプライヤーとの交渉を担当した後、IDECに入社。製品のカタログや取扱説明書、仕様書の日英翻訳を行う。2018年より技術戦略部（当時）で海外の労働安全衛生機関との関係構築に主に翻訳を通じて携わる。社会的な動物である人間は、一人ひとりが自らの能力を発揮しながら分業し、支えあい、協力することで社会を構成しているという考えから、働く人がウェルビーイングであれば、顧客、環境、社会、ひいては世界中のすべ

ての人、そして世界全体のウェルビーイングが向上するという信念を持って、コンセプトづくりやコミュニケーションに言葉の面で貢献、橋渡しができるよう、日々努力している。

久保寿見子（くぼ・すみこ）：2章、3章、4章、6章翻訳
IDEC 協調安全・Vision Zero グローバル推進部。高校卒業後単身渡米。米国の大学では留学生の生徒会に参加し、国際色豊かなメンバーとともにさまざまなイベントを企画・運営。こうした海外経験において言葉や肌の色などの違いよりも、地球に住む仲間として共感できることの方がはるかに多いことを実感。理学士号（優等学位）取得。卒業後、大阪の児童養護施設に勤務。社会的養護下にある子どもたちの生きる、に寄り添う。国を超えたウェルビーイング、すべての人のためのウェルビーイングを切に願う。2021 年より IDEC 勤務。語学力を生かし、2022 年に開催されたビジョン・ゼロ・サミット ジャパンの準備に携わる。ベーシックビジョンゼロ認定トレーナー／国際社会保障協会 (ISSA)。

藤谷繁年（ふじたに・しげとし）：プロローグ執筆
IDEC 技術開発本部 次世代コア技術開発部 マネージャー。1992 年 IDEC 入社。HMI、安全関連製品の製品設計、技術開発を担当。協調安全／Safety 2.0 の新たな安全思想や要素技術開発の推進と併せ、世界にウェルビーイングを訴求すべく、誰もがその重要性を理解するために必要なグラフィックデザインを手掛けている。新しい考え方をかみ砕き、技術者でない人にも一目で理解してもらえる図やイラストの作成には、悩みがつきない。ロボットセーフティアセッサ。セーフティマネージャ。

松浦裕士（まつうら・ひろし）：『実践！ウェルビーイング』出版委員会副委員長
セーフティグローバル推進機構 事務局長。機械安全に関わる安全機器のマーケティングに約 30 年従事し、機械安全の要求力量規準などの国際電気標準会議 (IEC) や日本産業規格 (JIS) の開発、国内外での機械安全の資格制度の企画、開発に取り組んできている。現在、事務局長としてセーフティグローバル推進機構の基本方針である“安全な環境に囲まれて、幸せに暮らせる社会”の実現を目指して、業種、業界を超えて働く人のウェルビーイングの実現のため、広報や普及活動を推進している。長岡技術科学大学非常勤講師、安全安心センター客員研究員、システム安全エンジニア、令和 3 年度緑十字賞受賞。

* 所属・肩書きは 2023 年 3 月時点

実践！ウェルビーイング
世界最強メソッド「ビジョン・ゼロ」

2023 年 5 月 8 日 第 1 版第 1 刷発行

著　　者	一般社団法人セーフティグローバル推進機構
発 行 者	森重和春
発　　行	株式会社日経BP
発　　売	株式会社日経BPマーケティング
	〒105-8308 東京都港区虎ノ門 4-3-12
ブックデザイン	Oruha Design（新川春男）
制　　作	美研プリンティング株式会社
印刷・製本	図書印刷株式会社

ⓒ 2023 The Institute of Global Safety Promotion
ISBN978-4-296-20211-9 Printed in Japan

本書の無断複写・複製（コピー等）は著作権法上の例外を除き、禁じられています。
購入者以外の第三者による電子データ化および電子書籍化は、私的使用を含め一切認められておりません。

本書籍に関するお問い合わせ、ご連絡は下記にて承ります。
https://nkbp.jp/booksQA